本书的出版受到以下项目资助：

浙江树人学院"青年博士创新"项目（2019QC07）

杭州市哲学社会科学规划研究一般项目（Z17JC082）

浙江树人学院引进人才科研启动项目（2017R004）

浙江省哲学社会科学规划后期资助课题（22HQZZ33YB）

浙江树人学院横向课题（2022D2058）

浙江省"十三五"优势专业和浙江省一流专业建设项目（浙江树人学院市场营销专业）

浙江树人学院专著出版基金

BUSINESS MODEL CLASSIFICATION AND
EVOLUTION MECHANISMS OF
SCIENTIFIC AND TECHNOLOGICAL ENTERPRISES

FROM THE PERSPECTIVE OF
VALUE CREATION

科技型企业商业模式
分类及演进机制

基于价值创造视角

杨 卓◎著

ZHEJIANG UNIVERSITY PRESS
浙江大学出版社
·杭州·

图书在版编目(CIP)数据

科技型企业商业模式分类及演进机制:基于价值创造视角/杨卓著. —杭州:浙江大学出版社,2022.12
ISBN 978-7-308-23402-3

Ⅰ.①科… Ⅱ.①杨… Ⅲ.①高技术企业－商业模式－研究 Ⅳ.①F276.44

中国版本图书馆 CIP 数据核字(2022)第 243037 号

科技型企业商业模式分类及演进机制:基于价值创造视角
杨　卓　著

策划编辑	吴伟伟
责任编辑	陈思佳(chensijia_ruc@163.com)
责任校对	宁　檬
封面设计	雷建军
出版发行	浙江大学出版社
	(杭州市天目山路 148 号　邮政编码 310007)
	(网址:http://www.zjupress.com)
排　　版	杭州星云光电图文制作有限公司
印　　刷	广东虎彩云印刷有限公司绍兴分公司
开　　本	787mm×1092mm　1/16
印　　张	17.5
字　　数	265 千
版 印 次	2022 年 12 月第 1 版　2022 年 12 月第 1 次印刷
书　　号	ISBN 978-7-308-23402-3
定　　价	78.00 元

序

20 世纪 90 年代中期以来，随着电子商务的发展以及基于互联网的新型业务的涌现，商业模式研究日益受到学术界的关注，研究文献汗牛充栋。然而，现有研究仍不能解答如何构建商业模式的活动系统、如何进行商业模式创新，商业模式演化机制也尚未得以揭示。商业模式分类及其演进机制研究可以动态揭示商业模式要素间的动态一致性关系，从内核层面推进商业模式研究，为未来商业模式理论的发展和提炼提供广阔空间。从实践角度看，商业模式分类及其演进机制研究可以为企业在动态环境中设计、选择合适的商业模式提供理论指导，助力于良性商业生态系统的构建。因此，商业模式分类及其演进机制研究是纵深推进商业模式研究的不可逾越的环节。

大规模的商业模式创新率先爆发于科技型企业中，科技型企业具有很强的行业代表性，适合用于研究商业模式。本书使用逐步回归和遗传算法，在价值创造视角下，对科技型企业（以信息技术业上市公司为例）的商业模式要素、分类，以及演进展开研究，通过四个子研究逐层深入展开论述。

子研究一：价值创造视角下的商业模式研究理论框架构建

在分别对国内外研究成果进行梳理和分析的基础上，本书得到了价值创造视角下五个主要的商业模式研究主题，包括价值三维度、商业模式设计主题、商业模式治理、价值网络和价值创造动机。

本书立足于价值创造视角下的价值三维度研究框架，分析科技型企业的商业模式分类及其演进机制。在价值三维度研究框架中：价值主张是价值形成的源泉，它诠释了商业模式"从哪里来"的问题；价值创造是商业模式之魂，是一个企业商业模式的核心所在；价值分配与获取是商业模式的归宿，它揭示了商业模式"到哪里去"的问题。价值三维度研究框架围绕"价值主张—价值创造—价值分配与获取"这条主线进行，它诠释了商业模式的价值创造视角，揭示了商业模式运营的内在机理。

子研究二：价值创造视角下的科技型企业商业模式要素提炼

在价值创造视角下，基于对现有商业模式要素文献的提炼，本书得到了商业模式的六要素：顾客价值、市场定位、价值网络、资源禀赋、成本结构和收入模式。其中，顾客价值和市场定位属于价值三维度框架中的价值主张维度，价值网络和资源禀赋属于价值三维度中的价值创造维度，成本结构和收入模式属于价值三维度中的价值分配与获取维度。

根据所提炼出来的商业模式六大要素，本书对 2002—2014 年中国信息技术业上市公司的 ROA（总资产收益率）和 ROE（净资产收益率）进行逐步回归，得到了历年影响商业模式绩效的核心要素、商业模式要素间的动态一致性，以及商业模式要素对绩效的综合贡献度。

子研究三：价值创造视角下的科技型企业商业模式分类研究

根据历年的商业模式要素指标值、商业模式要素之间的动态一致性、商业模式要素对绩效的综合贡献度，本书采用横、纵向聚类的方法对科技型企业进行分类，得到四种主要的商业模式类型，分别是：猎豹型商业模式、集聚型商业模式、贫乏型商业模式和顾客型商业模式。

在跨年度商业模式聚类的基础上，根据不同年份的商业模式类型分布，本书聚类得到了科技型企业商业模式演进的三个阶段，并使用逐年的逐步回归方法，分析了在科技型企业不同类型商业模式的演进中，影响商业模式绩效的核心要素的变化规律。

子研究四：价值创造视角下的科技型企业商业模式演进模拟

本书使用商业模式演进的三大作用机制模拟商业模式演进过程，得到了四类典型的科技型企业商业模式演进中三大作用机制的变化规律。

通过科技型企业商业模式演进的模拟发现，随着选择机制的增加，集聚型商业模式的变异机制增加的频率高于遗传机制，猎豹型商业模式的变异机制和遗传机制变化的频率基本同步，贫乏型商业模式的变异机制发生的频率略低于遗传机制，顾客型商业模式的变异机制和遗传机制是交替进行的。

通过上述四个子研究，本书得到了以下主要结论：

科技型企业的商业模式可分为四种典型的类型，分别是猎豹型商业模式、集聚型商业模式、贫乏型商业模式和顾客型商业模式。在演进中，每种商业模式的三大作用机制有着不同的变化规律，影响商业模式绩效的核心要素也不同。

根据商业模式分类及其演进机制的研究成果，本书分析了每种科技型企业商业模式影响绩效的核心要素的变化规律和商业模式三大作用机制的变化规律，并探索性地提出了商业模式改进和完善的四点建议。

本书的创新点主要体现在以下几个方面。

第一，研究逻辑的创新。本书剖析了科技型企业商业模式分类及其演进规律，通过价值创造视角下的"商业模式研究框架→商业模式要素→商业模式分类→商业模式演进"研究路径，分析了每种商业模式影响绩效的核心要素的变化规律，以及每种商业模式三大作用机制的变化规律。

第二，研究切入点的创新。关于商业模式研究的切入点，现有研究大致可以分为四类：成本经济学、价值网络理论、长尾理论以及资源基础观。本书将组织生态学理论作为研究的切入点，结合商业模式演进的三大作用机制，即遗传、变异和选择机制，这是研究商业模式演进的新思路。

第三，研究方法的创新。现有商业模式演进机制研究多为案例研究，研究者通过追踪单个或多个企业商业模式的逐年变迁，归纳商业模式演进的规律。本书首次以面板数据作为研究样本，采用逐步回归和遗传算法，研究科技型企业商业模式要素组合的变化规律以及商业模式演进的三大作用机制的变化规律，首次实现了商业模式演进的动态化研究和商业模式演进过程的模拟仿真。

第四，研究结论的创新。本书得出了四个有创新意义的研究结论：一是通过文献梳理，得到了价值创造视角下，商业模式的综合研究框架；二是发现科技型企业有四种典型的商业模式类型；三是发现在不同年份，影响每种商业模式绩效的核心要素不同；四是通过模拟仿真，得到了科技型企业（以信息技术业为例）中，不同类型的商业模式演进三大作用机制的变化规律。

本书系浙江树人学院学术专著系列。

目 录

CONTENTS

第一章

引　言

商业模式研究伴随着互联网经济的兴起而日益受到学术界的高度关注，研究文献汗牛充栋。统计表明，1975—2000 年，各类管理文献中使用"商业模式"一词的有 1729 篇，而其中只有 166 篇是在 1975—1994 年发表的，剩下的 1563 篇均发表于 1995—2000 年。2001 年以来，商业模式研究持续了这种爆发式态势。然而，现有研究仍不能解答如何构建商业模式的活动系统、如何进行商业模式创新，商业模式演进机制也尚未得以揭示（李东等，2010；Zott et al.，2011；Zott and Amit，2013）。

商业模式分类及其演进机制研究可以有效地辨识和设计商业模式（Zott et al.，2011；程愚和孙建国，2013；Zott and Amit，2007），动态揭示商业模式要素间的动态一致性关系，从内核层面推进商业模式研究，为未来商业模式理论的发展和提炼提供广阔空间（Zott and Amit，2010）。从实践角度看，商业模式分类及其演进机制研究可以为企业在动态环境中设计、选择合适的商业模式提供理论指导，助力于良性商业生态系统的构建（李东，2008）。商业模式分类及其演进机制研究是向纵深推进商业模式研究的不可逾越的环节。

20 世纪 90 年代以来，新兴的商业模式井喷式爆发，形形色色的商业模式首先产生于科技型企业中，科技型企业的商业模式组成要素、商业模式分类，以及商业模式演进具有很强的行业代表性，可以为其他行业商业模式分类及演进机制研究提供良好的借鉴。

第一节　研究背景

一、现实意义

伴随着经济全球化浪潮，涌现出各种各样的商业模式。其中，淘宝的免费注册和开店模式，吸引了数以亿计的网民，仅 2015 年"双十一"，天猫商城的交易额就达 912 亿元。互联网商的平台商业模式大行其道，如：

快的打车为有出行需求的人们提供交通便利；读者可以在起点中文网上注册，并阅读自己喜欢的作品；全民 K 歌为每一个普通人提供了自由歌唱的平台；人们可以使用美拍制作属于自己的简短 DIY 作品；饿了么让人们足不出户点餐；团宝网的电子优惠券大大降低了人们的生活成本；股民可以在天天基金网上购买基金，查询自己的账户信息；开心消消乐可以帮助人们打发无聊的等待时间；迷路的时候，百度地图可以帮助人们寻找目的地，并同时规划最优路线和最便利的交通方式；有车一族可以使用高德导航直达目的地；大众点评为人们推荐各种受到好评的电影、餐馆；订酒店、飞机票可以直接上携程网，享受打折优惠；单身男女还可以上世纪佳缘寻找合适伴侣；微信的语音功能不仅方便了日常交流，还节省了话费；QQ 已经成为每个人除了电话之外的另一个必备的联系方式；工作一族登录网易邮箱，即可查收最新的邮件；找工作的人可以上智联招聘发布自己的简历，同时选择合适的单位；想看最新信息和名人状态，可以登录新浪微博；支付宝方便了日常转账和数字购物；需要购物的时候，可以上淘宝选择喜欢的商品；买药可以连线药店客户端，除了可以享受更多的折扣外，还有很多如何用药的温馨提醒；甚至连超市都有了 APP……早已名噪一时的戴尔直销商业模式，因为省去了很多销售的中间环节，节省了经销成本，可以为用户提供低价、高品质的笔记本电脑；此外，许多顾客选择在实体店体验却在线上购买物品，O2O（online to offline，线上到线下）模式以其便利性和廉价性征服了广大消费者；刀刃模式被广泛地运用于印刷业和摄影行业；苹果"iPod ＋ iTunes"和"iPhone ＋ App Store"的组合模式将人们带入了"互联网＋"时代……

　　然而，现有的商业模式分类研究呈现出零碎化、片段化的特点，难以解释商业模式实践中新生的形形色色的商业模式类型及其特点，阻碍了对商业模式的深入研究。

　　信息化浪潮也加速了企业商业模式的更新换代。经济全球化、技术变迁（Willamson，2010；Mcgrath，2010）深刻地改变了原有企业的竞争规则（Thompson and Macmillan，2010）。从以前的"水泥＋砖头"模式到现在的"鼠标＋水泥"模式，从多级分销的商业模式到现在的直销模式，从传统的大型超市到平价超市，从大型现场拍卖到电子拍卖，从报纸、电视媒体广告到现在的社会化网络营销，企业商业模式变革越来越频繁。

互联网技术带来了电子商务的线上经营模式（商业模式的变革），第三方支付技术为线上支付保驾护航（商业模式中收入模式的改变），云计算满足了海量用户同一时间的访问需求（商业模式中顾客需求的满足），移动互联网应用技术（如4G、5G技术）方便了人们的移动通信（商业模式中顾客价值的实现），电子钱包节省了人们的支付成本（商业模式中收入模式的改变）。处于20世纪商业模式创新前沿阵地的科技型企业，其商业模式首先受到了冲击。处于B2B市场风口浪尖的生意宝如何进行商业模式创新，才能更好地聚焦顾客价值，经受住来自市场挑战者中的新生力量的挑战和来自市场主导者的进一步挤压？在微信一步步取代原有电信市场的短信和电话业务的背景下，作为网络和通信业大佬的中国联通等又该何去何从？在风云变幻的股票市场上，大智慧和东方财富能否打破旧有的竞争格局，在竞争中合作，携手提供更好的用户体验？在"互联网＋"的大浪潮下，科技型企业如何有效地进行商业模式创新，已经成为企业是否能够长久保持竞争优势的最重要决策。不仅仅对于旧有的企业，对于新兴的科技型企业，如何设计一个能最大限度发挥自己的资源禀赋优势的商业模式，也成为企业能否在竞争激烈的市场中立足的决定因素。

在新经济浪潮下，企业的外部环境日新月异，传统企业遭遇了前所未有的竞争威胁，一成不变的商业模式已很难持续保证竞争优势。科技型企业商业模式分类及其动态演进研究为从内核层面理解科技型企业的商业模式演进提供了理论基础，有利于商业模式的结构化、系统化设计，以及为商业模式的变革提供指导。

二、理论意义

尽管商业模式实践蓬勃展开，商业模式理论研究却相对滞后。学者们对于商业模式定义、商业模式组成要素、商业模式分类，以及商业模式演进机制等都未形成一致认识。

现有的商业模式分类方法不一，细分类型也各异。一些学者基于文献梳理，从理论上寻找商业模式分类的依据。如 Timmers（1998）提出了基于互联网的商业模式的十种类型，即电子商店、电子采购、电子拍卖、电子商城、三方市场、虚拟社区、价值链服务提供商、价值链整合者、合作平台和信息中介。基于文献回顾，Dubosson-Torbay et al.（2002）从多个角度的面状分类来确定商业模式类别。Hodge and Cagle（2004）根据电子商务文献，将电商企业的商业模式分为七类，即源商业模式、私有商业模式、服务基础的商业模式、客户关系管理商业模式、供应链模式、交互模式与收入模式。但上述分类并不全面，不能描述所有的电商企业商业模式的类型。王翔等（2010）运用 ANOVA（方差分析）对 2008 年中国有色金属上市公司的样本数据进行了统计分析，从核心资产、价值链覆盖范围、目标市场范围和资本结构四个维度，对商业模式进行划分，共得到了十一类商业模式。项国鹏和周鹏杰（2013）从价值命题、价值创造和传递、价值实现三个维度，运用 ANOVA 对零售企业进行分类，共得到十四种主导的商业模式。此外，Morris et al.（2013）使用聚类法，研究了俄罗斯食品服务业的商业模式分类，得到了七种商业模式。吴晓波等（2014）使用聚类法对 2011 年底中国创业板上的 62 家现代服务业企业进行分类，共得到了六种商业模式，分别是系统化商业模式、二次创新式商业模式、非绑定式商业模式、免费式商业模式、多边平台式商业模式和长尾式商业模式。然而，目前学界还没真正建立起一个全面、公认、清晰、实用的商业模式分类体系。

现有的商业模式分类方法主要有三种：第一种是理论推演法（Timmers，1998；Hodge and Cagle，2004）；第二种是横截面聚类法，根据商业模式要素，对横截面数据采用聚类法划分类型（Morris et al.，2013；吴晓波等，2014）；第三种是要素穷举法，将商业模式看成一种要素的组合过程（王翔等，2010；项国鹏和周鹏杰，2013）。其中：理论推演法主观性较强，随意性大；横截面聚类法不能体现每种商业模式类型跨时间的演变过程；要素穷举法不能有机地体现价值创造的内部机制，难以有效指导企业的商业模式实践。

现有商业模式分类研究仍旧停留在静态层面，而静止不动的商业模式分类研究不能很好地指导企业实践。接下来，学者们开始探讨商业模式演进问题。原磊（2007）在其商业模式"3—4—8"体系的基础上，结合产业生命周期、环境的动态性、核心逻辑的改变程度，将商业模式的变革分为四种类型。李飞（2010）以民太安财产保险公估股份有限公司、三大石油公司、IBM和通用电气为例，根据企业不同的成长时期（创业期、发展期、成熟期），分析不同类型企业的商业模式演进。高峻峰和银路（2011）研究了网络企业在初始期、发展期、成熟期的商业模式演进过程。龚丽敏和江诗松（2012）也依据企业生命周期，从商业模式视角研究产业集群龙头企业的成长演进。罗小鹏和刘莉（2012）运用原磊（2007）的商业模式"3—4—8"体系，以腾讯为研究对象，对其在创业期、成长期和成熟期的商业模式创新及演变进行了案例研究。

进一步地，Lee（2013）开发出一种动态的软件，通过数据搜集与预处理、测试、构建形态学背景，发展动态网格，以促进技术驱动商业模式演进研究的一致性。Doz and Kosone（2010）认为，商业模式演进过程需要具备三个元能力，即战略敏感性、领导单元和资源流动性，这些元能力可以使企业的商业模式更具柔性。Demil and Lecocq（2010）整合了静态（旨在描述商业模式要素以保证良好绩效）和动态（研究商业模式跨期演进）两种观点，使用基于细节的RCOV（收入、成本、组织、价值）框架，通过考察商业模式核心要素之间的交互作用，研究商业模式演进，发现：一个商业模式要素变化，会影响其他要素，从而使商业模式处于不断变化中；也就是说，商业模式不是静止不动的，而是处于不断的发展和变化中的。在原磊（2007）的基础上，项国鹏和罗兴武（2015）在价值创造视角下的PCAA（价值主张、价值创造、价值分配与获取）研究框架下，将浙江物产集团的商业模式演进划分为三个阶段，分别是改革发展阶段的产权清晰化商业模式、转型发展期的流通产业化商业模式、提升发展阶段的一体两翼化商业模式。徐蕾（2015）在对万事利的商业模式演进研究中提出，设计驱动是商业模式演进的外部推动力。马凤岭和陈颉（2014）使用扎根理论方法，研究孵化器企业的商业模式演进机制，通过开放式编码、主轴编码和选择性编码三个步骤，发现孵化器企业的商业模式经历了从单一商业模式向复合商业模式变迁的过程。Bohnsack et al.（2014）以2006—2010年美国电动汽车企业作为研究样本，使用 Atlas.ti 6.2 软件和两阶段内容分析法，分析了美国电动汽车行业的商业模式演进，并根据不同的价值主张内容，将电动汽车企业商业模式分为四大类，发现在位企业与新创企业的商业模式演进路径并不相同。

另一些学者从组织生态学视角研究商业模式。基于这种视角的学者认为，差异（搜寻）、选择和维持是商业模式演进的三大作用机制（侯杰等，2011；李飞，2010；袁春晓，2002；刘洁，2010）。侯杰等（2011）认为：诱发企业进行变异，即生态位移动或跃迁的因素包括市场生存空间的扩大、资源禀赋优势的扩大，以及新商业模式的应用；在变异之后面对环境选择、提高企业生存率方面，企业采取提高合法性和积累资源禀赋两种策略来增大组织惯性。因此，企业商业模式演进是一个伴随着不断"试错"和创新的寻找合适生态位的过程。

然而，现有研究大多结合企业的生命周期，从企业表现形态分析商业模式的演进。这种研究停留在静态、截面的水平上，难以动态地反映商业模式演进，并未揭示企业商业模式演进的内部机制等问题。

商业模式概念的演进经历了四个阶段。第一个阶段是20世纪80年代，计算机信息系统文献中首次出现了商业模式的概念；第二个阶段是20世纪90年代，互联网上出现了大量的电子商务企业，涌现出各种不同类型的商业模式；第三个阶段是21世纪初，电商行业内部整合，大量企业倒闭，行业内的商业模式开始整合；第四个阶段是2008年以来，企业经营出现集约化的趋势，相关研究聚焦于商业模式的分析与运营（Morris et al.，2013）。

商业模式概念是随着20世纪90年代互联网上涌现出大量电子商务企业而受到企业界和学界的大量关注的，而电子商务企业又属于科技型企业中的一支。科技型企业具有很强的商业模式的行业代表性，科技型企业的商业模式相关研究有助于从典型行业揭示商业模式规律，为未来一般性企业的商业模式研究提供借鉴。科技型企业是相对于一般类型企业而言的概念，科技型企业的典型代表有高技术企业、创新性企业和高新技术企业（黄莲琴，2015），科技型企业应该满足知识密集、技术密集的基本要求（刘艳丽，2011）。邵永同（2014）认为，科技型企业是以科技人员为主体，从事科学研究、技术开发、技术转让、技术服务、技术咨询和高新技术产品研制、生产、销售，以科技成果商品化为主要内容，以市场为导向，人员、资产和收入规模较小，实行自筹资金、自负盈亏、自我发展、自我约束的知识密集型企业。罗公利等（2012）认为，科技型企业是指以创新为发展动力，以高技术含量为产品特征，主要从事高新技术产品的研制、开发、生产和服务的企业。界定一个企业是否为科技型企业的主要依据有：《科学技术部、财政部关于科技型中小企业技术创新基金的暂行规定》《国家高新技术产业开发区高新技术企业认定条件和办法》以及《国家高新技术产业开发区外高新技术企业认定条件和办法》。

科技型企业应该满足以下条件：

第一，所从事的领域主要是电子与信息技术、生物工程与新医药技术、新材料及应用技术、航空航天技术、现代农业技术、新能源与高效节能技术、环境保护新技术、海洋工程技术、核应用技术，以及其他在传统产业改造中的新工艺、新技术应用等。第二，有大专以上学历的科技人员应该占有较高的比例，一般而言，从事高新技术及其产品研究和开发的企业具有大专以上学历的科技人员应占企业职工总数的 20％以上，从事高新技术及产品开发的具有大专以上学历的科技人员占企业职工总数的 7％以上，从事高新技术产品生产或高新技术服务的企业，具有大专以上学历的科技人员应占企业职工总数的 15％以上（刘艳丽，2011；邵永同，2014；章立，2015）。第三，用于高新技术及其产品研究、开发的经费应该占本企业年收入的 3％以上（刘艳丽，2011；邵永同，2014）。第四，企业的负责人是熟悉本企业高新技术及产品研究、开发、生产和经营的科技人员，是该企业的专职人员（刘艳丽，2011）。因此，科技型企业，一是所从事的研发和生产经营活动应属于国家重点支持的产业技术领域，二是应该具有持续的自主研发能力，拥有核心的自主知识产权，符合科技型企业所需要的科研人员配置比例和企业研发经费占企业年收入的最低比例要求，三是主营业务应该与自身进行的研发和技术成果转化活动密切相关（黄莲琴，2015）。

现有科技型企业的商业模式研究多聚焦于科技创新与商业模式创新的共演研究（Pateli and Giaglis，2005；Chesbrough，2007；吴菲菲等，2010；胡保亮，2012；李志强和赵卫军，2012；Bucherer et al.，2012；吴晓波等，2013；阳双梅和孙锐，2013；Pellikka and Malinen，2014），但不能解答这些问题：科技型企业的商业模式要素是怎样作用于企业绩效的？科技型企业具有哪几类典型的商业模式？科技型企业的商业模式是如何演进的？

因此，科技型企业的商业模式分类及其演进机制研究可以回答：第一，科技型企业具有哪些典型的商业模式类型；第二，每种科技型企业的商业模式类型是如何随着时间演进的；第三，不同种类商业模式之间存在什么样的区别和联系。

第二节　研究问题的提出

综上所述，虽然商业模式研究取得了阶段性进展，但现有商业模式研究仍然存在研究视角不一致、缺乏统一的研究框架、商业模式概念描述不一致、对商业模式结构的界定不一、商业模式要素各异、商业模式类型划分标准各异、对商业模式演进机制的认识停留在表面和静态等问题。现有商业模式研究符合"大伞构念"，仍然处于新理论研究阶段（王砚羽和谢伟，2015），应该首先聚焦于某一特定行业，然后由特殊到一般，推广到一般企业的商业模式研究中去。

20世纪90年代以来，随着互联网经济的发展，在科技型企业中率先爆发出各种各样的商业模式，包括冲出中国、走向世界的阿里巴巴的平台商业模式，曾经叱咤手机市场的诺基亚模式，苹果的"iPod＋iTunes"模式，戴尔的直销模式等。伴随着4G网络以及手机操作系统商业模式的创新，各种手机APP方便了我们生活的方方面面。科技型企业的商业模式具有典型的行业代表性，研究科技型企业的商业模式分类及其演进机制，可以知道科技型企业商业模式的分类，以及科技型企业商业模式演进的内部机制，为该行业内的现有企业以及新兴企业的商业模式设计提供指导，因此，本书聚焦于科技型企业的商业模式。

商业模式分类及其演进机制研究整合了资源基础观、价值网络理论、成本经济学、组织生态学、熊彼特创新等理论，属于商业模式的前端研究，是商业模式设计实践的理论基础。本书在梳理商业模式定义的基础上，立足于价值创造视角下的价值三维度研究框架，以中国信息技术业上市公司为例，根据不同时期影响绩效的核心要素，以及商业模式演进三大作用机制的变化规律，着重解答以下四个子问题。

第一，价值创造视角下的商业模式研究框架是怎样的？

在现有的商业模式研究中，学者们多从各自的视角提出商业模式研究框架，这些研究框架彼此不兼容。缺乏一致的商业模式研究框架会使得后续研究呈现出较为分散的研究态势，难以聚焦。因此，本书聚焦于价值创造视角，基于国内外前沿文献梳理，得到了价值创造视角下商业模式研究的综合框架。

第二，价值创造视角下的商业模式要素包括哪些？商业模式要素之间是如何交互作用的？

商业模式首先是建立在要素和要素之间关系上的（刘伟等，2014）。根据"结构—行为—绩效"理论，要想搞清一个概念，应该先搞清它的内部结构。商业模式要素及其关系就是商业模式的内部结构。商业模式要素和商业模式要素之间的关系构成了商业模式分类，以及商业模式演进研究的基础。因此，本书通过商业模式要素文献梳理，提出了价值创造视角下的商业模式六要素，并依据文献以及2002—2014年信息技术业上市公司数据，对商业模式六要素和九大指标随着时间的变化规律进行了探索性研究。

第三，价值创造视角下的科技型企业的商业模式包括哪些具体的类型？每种商业模式类型有什么特点？

现有商业模式分类研究以理论推演法、横截面数据聚类法和要素穷举法三种方法为主。其中：基于理论推演法的商业模式分类方法缺乏数据的支撑，难以体现商业模式的价值创造逻辑；要素穷举法虽然可能抓住企业经营的许多关键点，却无法反映诸多关键点之间的相互关系（程愚和孙建国，2013）；横截面数据聚类法基于要素之间的距离划分商业模式类型，方法较为成熟和科学，是进行商业模式分类的合适方法。

本书选择信息技术业上市公司作为科技型企业的代表，通过面板数据的横、纵向聚类，将 2002—2014 年的商业模式划分为四类，通过每种类型商业模式要素指标值、绩效，以及要素间动态一致性，对比研究了信息技术业不同类型商业模式的特点。

第四，价值创造视角下，每种类型的科技型企业是如何演进的？

商业模式演进是商业模式变革的时间延续，商业模式演进是由一次次的商业模式变革或者商业模式创新组成的（罗小鹏和刘莉，2012）。商业模式是静态和动态的统一体。每一时间节点的商业模式都是静态的，每一静态节点的商业模式可以反映不同核心要素之间的因果联系状况；从时间序列的角度看，商业模式又是动态的，影响商业模式绩效的核心要素，以及商业模式要素间的动态一致性都在随着时间不断地发生变化，引发商业模式变革，商业模式演进是商业模式变革在时间轴上的延续（王雪冬和董大海，2013）。

不同于一般性的商业模式演进，科技型企业的商业模式有其自身的演进特点。本书一是以 2002—2014 年信息技术业上市公司的 ROA 和 ROE 回归结果为基础，研究不同年份影响商业模式绩效的核心要素的变化规律，二是使用遗传算法模拟不同类型商业模式的演进过程，探求每一类商业模式演进过程中三大作用机制的变化规律。

第三节　研究思路、 方法和主要创新点

一、研究思路和框架安排

本书共分为六章，具体的研究框架与技术路线如图 1.1 所示。

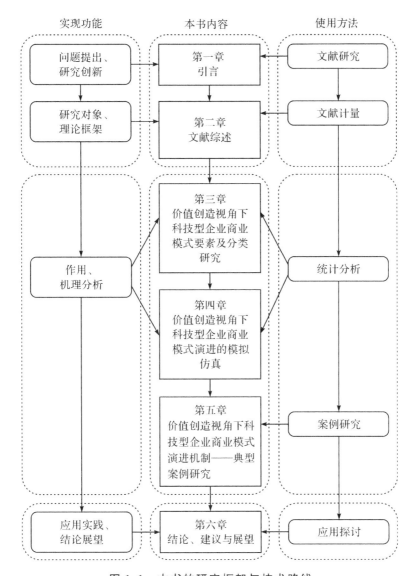

图 1.1　本书的研究框架与技术路线

　　第一章是引言。首先从理论意义和实践意义出发，指出科技型企业商业模式分类及其演进机制问题研究的紧迫性和必要性。再根据学界对商业模式的研究现状以及网络经济背景，提出本书要解决的主要问题，阐明研究的目的与意义，并对全书的技术路线、内容安排、可能的创新点以及研究方法等进行了介绍。

第二章是文献综述。回顾文献，确定价值创造的内涵及外延，选择价值创造视角，分别对国内、国外前沿期刊及文献进行搜集和计量。通过对不同主题下商业模式研究的回顾，得到了价值创造视角下的商业模式综合研究框架。

第三章是价值创造视角下科技型企业商业模式要素及分类研究。首先，通过对价值创造视角下商业模式要素相关文献的聚集编码，得到商业模式的六大要素。其次，对研究设计进行说明，通过对研究方法以及样本选择的介绍，提出商业模式要素及分类的研究模型。最后，通过对2002—2014年信息技术业上市公司数据的逐步回归，以及面板数据的横、纵向聚类分析，得到2002—2014年科技型企业商业模式的四种类型，以及单一年度每种类型商业模式影响绩效的核心要素的变化规律。

第四章是价值创造视角下科技型企业商业模式演进的模拟仿真。首先，说明研究方法和样本选择问题。其次，使用遗传算法分别模拟不同类型商业模式的演进过程，揭示不同类型商业模式演进中三大作用机制的变化规律。

第五章是价值创造视角下科技型企业商业模式演进机制——典型案例研究。选择两家典型科技型企业——汉王科技和生意宝进行案例研究。首先，介绍研究方法、案例选择，以及数据搜集过程。其次，结合企业商业模式的不同演进阶段，分别针对价值视角中价值三维度研究框架的三个维度（价值主张、价值创造、价值分配与获取）中的六个要素分析两个企业的商业模式演进特点。采用案例研究的逐项复制和差别复制法，对比性地研究两家科技型企业商业模式演进的异同，验证科技型企业商业模式分类及其演进机制的相关结论。

第六章是结论、建议与展望。总结本书的重要结论，阐述本书的理论意义。在此基础上，提出科技型企业商业模式改进的建议，同时指出本书的不足、有待进一步改进的方面以及未来研究方向。

二、主要研究方法

（一）文献计量分析

文献计量分析是在文献梳理的基础上，采用一些量化处理手段进行文献研究的方法。孙国强（2007）认为，文献分析是获取有关现实和学术研究真实情况的重要途径。全面的文献资料搜集与调研是做研究的基础。只有在大量的文献阅读与文献计量的基础上，才能去伪存真、推陈出新地开展有自己特色的研究。

20世纪90年代以来，可视化文献图谱计量方法得到了快速发展。文献图谱计量方法可以通过文献之间的共被引，计量分析文献研究的脉络和绘制科学前沿知识图谱，帮助研究者迅速厘清现有研究的前沿和研究流派（刘则渊等，2008）。

基于扎根思想的文献计量分析是文献计量的另一有效手段。借鉴扎根理论方法的文献计量分为初级编码和聚焦编码两个步骤（卡麦兹，2009）。初级编码是对相关资料或者数据进行高度概括的过程，一般用词语或短语进行编码，以概括每行或者每段资料。聚焦编码阶段的主要任务是在初级编码的基础上，按照原始定义对初级编码进行归类处理，并分析各个类属之间的从属关系（蔡莉等，2011）。

（二）逐步回归分析

在经济变量之间，除了确定的函数关系，还有一种不确定的相关的统计关系。当一个或很多个变量 X 取一定值时，相对应的 Y 值虽然不确定，但却按照某一规律在一定范围内变化，这种相关关系可以称作不确定的统计关系或相关关系，当这种相关关系表现为 Y 值围绕一条直线上下波动，X 与 Y 之间就可以称作是回归关系（庞皓，2007）。

按照回归变量数目的多少可以将回归分析分为简单回归分析和多元回归分析。逐步回归分析是一种特殊的多元回归分析，这种方法要求被解释变量对每个解释变量做简单的回归，以对被解释变量贡献最大的解释变量所对应的回归方程为基础，逐个引入其余的解释变量。（1）如果新引入的解释变量显著地优化了修正的可决系数和 F 检验结果，而且其他回归参数的 t 检验仍然显著，就可以考虑在模型中保留新的解释变量；（2）如果新引入的变量不能明显优化修正的可决系数和 F 检验结果，对其他回归参数的估计值的 t 检验也没有带来什么影响，则认为新变量是多余的；（3）如果新引入的变量不能明显优化修正的可决系数和 F 检验结果，但显著地影响了其他回归参数估计值的系数或者符号，使得某些回归参数不能通过 t 检验，说明出现了严重的多重共线性。多次的逐步回归过程可以保证模型中的解释变量既是重要的，也没有严重的多重共线性（庞皓，2007）。因此，逐步回归是消除多重共线性的有效方法。

（三）聚类分析

聚类分析是分析如何对样品进行量化分类的方法（曾五一和朱平辉，2006）。聚类的原理是将属性较为相近的样品归为一类，属性较远的分为不同类。而当对样品进行聚类时，往往根据样本属性之间的某种聚类来衡量相似性，目的在于使得类内对象的同质性最大化，同时类与类之间的异质性最大化。

（四）遗传算法

遗传算法起源于计算机对生物系统的模拟研究，它是仿照生物染色体之间的交叉、变异等机制，采用全局随机搜索的一种优化算法（雷英杰等，2005）。遗传算法以其三大算子（交叉算子、变异算子和选择算子）为基础，通过迭代获得在全局随机搜索中的最优解。

1. 交叉算子

中国有句俗语"龙生龙，凤生凤，老鼠生来会打洞"。一个物种之所以可以保持其父系的特征，不会变成其他物种，是因为其遗传机制，而生物遗传最基本的机制就是基因的交叉运算。交叉运算保证了个体身上同时带有父母的基因片段，从而保证了物种的延续。交叉运算包括单点交叉和多点交叉两种。其中，单点交叉又称为简单交叉，它是指在个体编码串中只随机设置一个交叉点，然后在该点相互交换两个配对个体的部分染色体。推广单点交叉的算法，可以得到多点交叉。多点交叉是指在个体编码串中随机设置多个交叉点，然后进行基因交换（雷英杰等，2005）。图 1.2 为多点交叉算法的示例。

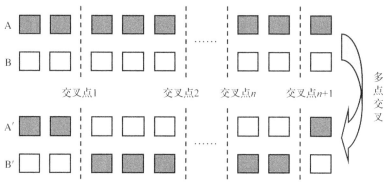

图 1.2　多点交叉算法的示例

2. 变异算子

图 1.3 中"功能 3"部分基因片段出现了变异，从而导致"功能 3"演进成"功能 3′"，产生了新的类。

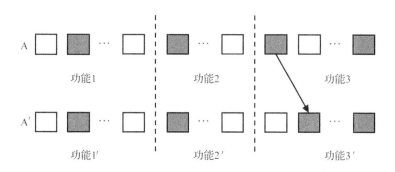

图 1.3　变异算法的示例

3. 选择算子

自然选择影响着生物演进进程。图 1.4 展示了选择运算的计算原理：根据随机竞争算法，随机产生一个模块，与检测要求相匹配。如果产生的模块与标准不能很好地匹配，则重新启动随机竞争算法，随机产生新的模块，直到新产生的模块能够与标准达到良好匹配，才退出选择运算。

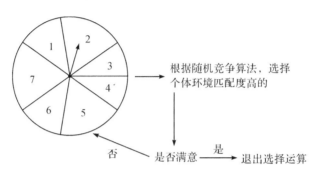

图 1.4　选择运算的计算原理

遗传算法是一种模拟仿真算法，适合于对黑箱问题的探索性研究。遗传算法虽然具有随机性，但同一程序可以反复运算，运算结果也较稳定，是研究演进问题的合适方法。

（五）归纳与演绎

归纳指的是观察某些现象并根据现象得到结论的过程。它是对具体的经验事实进行研究并从中形成理论、验证假设的过程，也就是根据所观察到的事实，逻辑性地建立一般命题的过程（孙国强，2007）。

与归纳相反，演绎指的是通过某一逻辑推广已知事实，并通过推理获得结论的过程。它可以用于探究与理论命题相关的资料，并讨论理论本身的一致性（孙国强，2007）。

（六）案例研究

在管理学中，一个案例就是对一个管理问题以及决策过程的再现和描述，是对一个管理实践过程的复杂情景的刻画与分析（孙国强，2007）。

根据 Yin（1989）的观点，案例研究也是一种实证研究，它可以探讨某一现象在实际生活场景中的应用。尤其当现象与场景的界限难以分清楚的时候，使用案例研究探索现象中的内涵与外延就成为一种好的选择。陈晓萍等（2012）认为，案例研究是一种非常完整的研究方法，它同时包含了特有的设计逻辑、特定的数据搜集和独特的数据分析方法。

三、主要创新点

（一）研究逻辑的创新

本书剖析了科技型企业（以信息技术业上市公司为例）商业模式分类及其演进机制，通过价值创造视角下的"商业模式研究框架→商业模式要素→商业模式分类→商业模式演进"的研究路径，提出了本书商业模式的研究主线：（1）每一类型商业模式的影响绩效的核心要素的变化规律；（2）每一类型商业模式的商业模式演进的三大作用机制的变化规律。

（二）研究切入点的创新

关于商业模式研究的切入点，现有研究大致可以分为四类，包括成本经济学、价值网络理论、长尾理论以及资源基础观。本书以组织生态学理论作为研究的切入点，结合商业模式原型、商业模式演进的三大作用机制，即遗传、变异和选择机制，开辟了研究商业模式演进机制的新思路。

（三）研究方法的创新

现有商业模式演进机制研究多为案例研究，通过追踪单个或多个企业商业模式的逐年变迁，归纳商业模式演进中的规律。本书首次以面板数据作为研究样本，采用逐步回归和遗传算法，研究科技型企业影响商业模式绩效的核心要素的变化规律，以及商业模式演进三大作用机制的变化规律，首次实现了商业模式演进的动态化研究和商业模式演进过程的模拟仿真。

（四）研究结论的创新

本书得出了四个有创新意义的研究结论：第一，通过文献梳理，本书得到了价值创造视角下商业模式的综合研究框架；第二，本书发现科技型企业的商业模式可以分为四种典型类型；第三，本书发现了不同年份影响每种商业模式绩效的核心要素的变化规律；第四，本书通过模拟仿真，得到了科技型企业中不同类型的商业模式演进三大作用机制的变化规律。

第二章

文献综述

本章通过对国内、国外文献的回顾，分别提炼了价值创造视角下国内与国外商业模式研究框架。在此基础上，本章提炼出了价值创造视角下商业模式的综合研究框架，并根据综合研究框架，寻找到价值创造视角下现有商业模式研究的不足和可供研究的突破口。

第一节　价值创造的内涵与外延

价值创造概念经历了由价值链的竞争关系到价值网络的竞合关系的演进。在传统的价值链观念下，需要从以下三个角度理解价值创造：第一，如何注重企业内部的价值创造水平，以提高企业内部价值创造效率，为顾客和企业提供价值增值；第二，在波特五力竞争模型中，竞争者和替代者会降低企业的价值创造水平；第三，企业与顾客和供应商的讨价还价能力同样会影响企业总体的价值创造水平。在价值链观念中，价值创造过程就是一个从上游供应商途经企业，最后流向顾客的将原材料变成产品输出的过程，其核心是将投入转化为产品。

但价值链理论过于强调竞争，忽略了企业间的合作关系。作为对价值链理论的补充，价值网络理论应运而生。价值网络理论将企业的利益相关者（包括竞争者、替代者、互补者）考虑成一个整体，大家共同为顾客提供服务，共同创造价值。价值网络理论将企业之间的竞争内部化，各个利益相关者共同创造价值，将合作体现为价值创造，企业间的竞争关系成了价值分配与获取过程。价值网络理论真正实现了竞争与合作的统一，将企业的竞争与合作关系统一在价值创造过程中（王琴，2011）。价值网络理论真正实现了顾客至上，顾客是整个价值网络的中心点，一切的生产经营活动都是围绕顾客、为了满足顾客价值主张而进行的。价值网络理论将价值创造机制完美地融合起来，形成了一个基于顾客价值主张的，为顾客不断地创造价值，并最终在上下游企业以及互补企业之间进行价值分配与获取的网络。价值网络成了商业模式价值创造的不可或缺的平台和要素。

价值创造始于价值主张，终于价值分配与获取过程，是联结价值主张、价值分配与获取的中间要素，也是一个企业商业模式的最核心过程（魏江等，2012；王雪冬和董大海，2013）。

第二节　国内价值创造视角下商业模式
文献梳理与现有研究回顾

本书使用 Citespace II 软件搜索 2001—2014 年 CSSCI 数据库的文献，得到 113 篇文献，选择每一年作为时间切片，通过确定所选文献关键词的节点类型，可以得到价值创造视角下商业模式相关研究的关键词演进历程，通过这些关键词的演进历程，可以进一步得到关键词之间的出现频率及相互关系。

关键词出现频数为 3 次及以上的有 14 个，包括商业模式、商业模式创新、创新、价值创造、案例研究、电子商务、价值链、技术创新、顾客价值、扎根理论、孵化器、价值网络、商业模式设计、概念模型（见表 2.1）。出现频数为 2 次的关键词有：后发企业、协同创新、双边市场、理论框架、开放式创新、零售企业、创业、商业模式构建、采纳、价值获取、创业板、战略决策、供应链、要素、破坏性创新、企业价值、低收入群体、关键因素、多案例研究、创新路径。出现频数为 1 次的关键词有：新一代信息技术企业、商业模式评价、商业模式结构模型、服务、促销、商业孵化器、互动导向、新制度主义、企业战略、产业技术创新联盟、浙商、关系嵌入性、要素结构、动态商业模式创新、两阶段、系统思考、盈利模型、政策、成员参与动机、学术论文、利用型创新、运营策略、新经济、价值本体论、电视传媒企业、充电站、技术追赶、价值生态系统、农业互联网企业、低碳经济、竞争生存、企业能力、企业生命周期、企业管理、战略、B2C 模式、大数据、中间型组织、海外网络、评估、环境、海外经验、商业模式调整、拍卖运营、探索性多案例研究、类别特征、竞争优势、产业生态系统、人单合一双赢模式、构建和创新方法、SNS 网站、商业模式刚性、模式评价、冗余资源、实施机理、企业经济租金、价值创造与传递、知识管理、共创价值、子模式、数据库设计层次。

表 2.1　频数 3 次及以上关键词的相关信息

频数（次）	中心度	出现年份	关键词
67	0.95	2004	商业模式
24	0.60	2005	商业模式创新
9	0.73	2006	创新
8	0.20	2008	价值创造
7	0.13	2010	案例研究
5	0.09	2004	电子商务
4	0.54	2006	价值链
4	0.04	2012	技术创新
4	0.00	2009	顾客价值
3	0.01	2011	扎根理论
3	0.03	2010	孵化器
3	0.06	2011	价值网络
3	0.09	2010	商业模式设计
3	0.27	2010	概念模型

　　基于关键词的价值创造视角下的商业模式相关研究的聚类共得到了 15 个文献共引聚类，其中，最大的 4 个聚类分别是：民营企业—供应链整合（包括低收入群体、商业模式、企业社会资本）、价值创造—供应链（包括商业模式、概念模型、价值定义、价值创造与传递、价值获取、"5w1h"分析）、商业模式构建（战略性新兴产业、商业模式、光伏、创新、案例研究）和后发企业—商业模式设计（商业模式、商业模式设计、企业管理）。

　　对以上搜集到的文献，本书以每一年作为时间切片，通过确定所选文献的参考文献节点类型，得到价值创造视角下的商业模式研究共引文献之间的关系，以及相关文献之间的互引数据。进一步地，通过引用率最高的文献，本书找到了现有商业模式研究中被广为接受的主流观点。

　　根据参考文献的互引结果，本书划分出 36 类共引的参考文献聚类。其中 10 篇引用最多的参考文献如表 2.2 所示。

表 2.2　10 篇引用最多的参考文献

引用次数	参考文献发表刊物	篇名	参考文献作者
30	《中国工业经济》	《商业模式体系重构》	原磊
30	*Strategic Management Journal*	"Value creation in e-business"	Amit（艾米德）和 Zott（佐特）
23	*Harvard Business Review*	"Why business models matter"	Magretta（麦格雷德）
22	*Industrial and Corporate Change*	"The role of the business model in capturing value from innovation: Evidence from Xerox Corporation's technology spin-off companies"	Chesbrough（查斯布朗）
20	《中国工业经济》	《企业商业模式创新：基于租金理论的解释》	罗珉等
20	*Journal of Business Research*	"The entrepreneur's business model: Toward a unified perspectioe"	Morris（默里斯）等
19	《外国经济与管理》	《国外商业模式理论研究述评》	原磊
17	《中国工业经济》	《企业商业模式创新的实现方式与演进机理——一种基于价值链创新的理论解释》	高闯和关鑫
17	*California Management Review*	"Business models for internet-based e-commerce: An anatomy"	Mahadevan（马哈德万）
13	*Strategic Management Journal*	"The fit between product market strategy and business model: Implications for firm performance"	Amit（艾米德）和 Zott（佐特）

2001—2004 年，学界对商业模式的相关研究仍旧较少，符合条件的只有张喜征于 2004 年发表的《对电子商务商业模式专利化的思考》。在这一时期，学者们对商业模式的研究尚处于摸索阶段，价值创造视角的研究也才刚刚开始，学界对商业模式的认识仍旧处于较为模糊的状态，研究成果难以聚焦。

2005—2006 年，价值创造视角下的商业模式研究逐渐开始围绕商业模式创新与价值链理论展开。其中，王伟毅和李乾文（2005）从商业模式的起源、组成要素、分类等方面，梳理了国内外学者对商业模式基本问题的相关研究，并指出商业模式演进与创新动态化研究是未来的主要研究方向。王宝花和刘丽文（2005）则聚焦于 B2B 电子市场的商业模式，提出了一种基于供应链的中立 B2B 的商业模式框架。廖仁斌（2006）以湖北电信的商业模式变革为例，提出商业模式再造是企业战略转型的核心，认为商业模式要素变化及价值链重构是商业模式变革的结构性原因。高闯和关鑫（2006）发现，现有的商业模式研究以案例研究为主，难以从理论上构建一个完整的、普遍适用的商业模式分析和研究框架。其基于价值链创新理论，在前人研究的基础上，首次探索了商业模式创新及演进规律，指出商业模式具有刚性，会在一定时间内保持相对稳定，但却会受商业模式驱动因素的影响：在技术、法律、经济等外部驱动因素的影响下，商业模式会不断地创新，从而完成商业模式的演进；其中，价值链创新是商业模式演进的内部驱动因素。

2007—2009 年，相关文献中出现得最多的关键词为"商业模式创新""顾客价值"等。原磊（2007）从商业模式概念、体系、评估手段与变革过程等方面评价了国外商业模式相关研究，并提出了展望。同年，原磊发表在《中国工业经济》上的文章从远、中、近三个层次提出了商业模式的"3—4—8"构成体系，并基于模块化思想，提出商业模式变革的三个基本路径，后进一步将由这三种路径形成的商业模式划分为四种类型，为商业模式演进研究提供了理论基础。赵晶等（2007）率先将商业模式创新与战略类型进行匹配，建立起企业能力、竞争战略以及面向 BOP（金字塔底部）市场的商业模式创新三者之间的逻辑关系。高金余和陈翔（2008）在对互联网商业模式的概念界定中，通过比较商业模式与战略的关系，确定了商业模式在企业中的定位。项国鹏和韩思源（2008）提出了 CESS（价值主张、价值评定、价值支撑、价值维护）的价值创造模型，试图从商业模式要素层面揭示企业的商业模式创新过程。原磊（2008）基于"3—4—8"商业模式构成体系，从价值创造视角，首次提出商业模式要素，认为商业模式主要由四大维度（价值主张、价值网络、价值维护和价值实现）、八个要素（价值内容、目标顾客、网络形态、业务定位、伙伴关系、隔绝机制、收入模式和成本管理）构成。秉承价值创造逻辑，原磊（2009）聚焦于零售企业的商业模式创新，提出了零售企业商业模式的三个要素（顾客价值、伙伴价值、企业价值）是商业模式创新的核心。

2010—2014 年，高频关键词主要有"商业模式创新""扎根理论"等。这一时期的商业模式研究渐趋于成熟，主要的研究聚焦于商业模式后端的商业模式创新和商业模式演进。张敬伟和王迎军（2010）以价值定义、价值创造与传递、价值获取的价值三角形为线索，梳理了商业模式的相关文献，第一次系统地提出了价值创造视角下的商业模式研究的三个维度。商业模式被理解为聚焦于顾客价值主张、创造价值并进行价值分配与获取的价值系统过程（王雪冬和董大海，2012；魏江等，2012）。在价值网络理论中，价值三角形更好地诠释了"竞—合"的观点；其中，价值创造体现了企业连同利益相关者合作创造价值的过程，价值获取是竞争的分配过程（王琴，2011）。项国鹏等（2014）通过对价值创造视角下国外商业模式相关研究的文献计量分析，将该视角下的商业模式相关研究划分为五类，即价值三维度研究、商业模式设计主题研究、商业模式治理研究、商业模式动机机制研究以及价值网络研究，首次从价值创造视角，系统地厘清了国外商业模式研究的现状和主要框架，为后续的基于价值创造视角的商业模式研究提供了借鉴。商业模式可以理解成一种结构，包括商业模式内部结构和与众多影响因素相关的外部结构。李东等（2010）开发了一个基于规则的商业模式容器模型，认为商业模式由四大板块构成，由四大板块"合围"构成的空间的容积大小反映了顾客利益与企业价值的共同实现部分。因此，商业模式是一个复杂系统，理解商业模式，首先需要理解商业模式要素和商业模式要素之间的因果逻辑（吕鸿江等，2012；宋春光和李长云，2013；李文莲和夏健明，2013）。

在商业模式要素研究的基础上，吴晓波等（2014）选择中国创业板的62 家现代服务业企业，通过问卷打分以及聚类算法，识别出六类典型的商业模式，分别是多边平台式商业模式、二次创新式商业模式、系统化商业模式、非绑定式商业模式、免费商业模式和长尾商业模式。作为对商业模式分类研究的细化，胡晓鹏（2010）研究了一类特殊的商业模式：商业型联网组织的盈利模式。作为一种新生的商业模式，商业型联网组织不仅可以突破买方价值创造的困境，还可以促进市场转向稳定交易，并帮助市场竞争从"红海"走向"蓝海"。王晓明等（2010）首次从商业模式的要素、结构、功能着手研究了商业模式演进的内部机制，提出商业模式演进是企业商业模式受到外部环境以及企业内部资源和能力的综合影响，改变企业内部的商业模式要素及要素间的构成方式，从一种稳定状态向另一种稳定状态变化的系统过程，是一种不断循环、不断改善的过程（闪烁，2010）。作为对王晓明等（2010）的补充，王斌和张俊芳（2012）认为，商业模式是由商业模式要素有机组成的，商业模式要素之间的联系形成了"1＋1＞2"的商业模式要素组合，不同的商业模式要素组合代表了不同类型的商业模式。

高峻峰和银路（2011）根据企业的生命周期划分商业模式演进阶段（初始期、发展期和成熟期），并对腾讯在不同生命周期的商业模式特点展开分析。龚丽敏和江诗松（2012）同样根据企业的生命周期研究了产业集群龙头企业的商业模式演进。罗小鹏和刘莉（2012）首次总结了商业模式演进同商业模式创新、商业模式变革之间的关系，认为商业模式演进是商业模式创新的表现，是由一次次的商业模式变革或者商业模式创新组成的。商业模式是静态和动态的统一体：每一时间节点的商业模式都是静态的，每一静态节点的商业模式可以反映出不同核心要素之间的因果联系状况；从时间序列的角度看，商业模式又是动态的，商业模式要素组合，包括商业模式要素本身，以及商业模式要素之间的因果联系都在随着时间不断地发生变化和引发商业模式变革，商业模式演进是商业模式变革在时间轴上的延续（王雪冬和董大海，2013）。此外，商业模式演进不仅仅表现为商业模式变革在时间轴上的延续，也是企业商业模式由单一形态向复合形态变化的系统过程（马凤岭和陈颉，2014）。为了更深入地研究商业模式演进机制，侯杰等（2011）从组织生态学视角展开了探索性研究并提出，企业商业模式演进是一个商业模式不断试错、寻找合适生态位的过

程，差异、选择和维持是商业模式演进的核心机制。夏清华和娄汇阳
（2014）将商业模式的维持机制概括为商业模式刚性，认为商业模式是在
不断试错（差异机制）中演进的，最终要寻求商业模式与环境的匹配（选
择机制）。王茜（2011）将问题聚焦到商业模式演进的驱动因素上，认为
技术发展尤其是 IT 驱动，是企业商业模式演进的内在力量，同时还提出
了 IT 驱动的商业模式创新路径。李长云（2012）认为，知识是驱动商业模
式演进的内部因素。姚伟峰（2011）认为，公司治理同时从企业商业模式的
内、外部驱动商业模式演进。此外，商业模式演进的驱动因素还包括 IT 基
础、治理结构、企业社会资本与技术创新能力等（曾萍和宋铁波，2014）。

　　不同于以上对商业模式前端的研究，很多学者聚焦于商业模式后端的
设计问题。他们认为，战略是商业模式设计的前提，战略通过商业模式要
素起作用，指引商业模式设计和商业模式变革（刘玉芹和胡汉辉，2010；
刘伟等，2014）。刁玉柱和白景坤（2012）认为，商业模式是一个价值系
统，其本质内涵是价值创造，商业模式创新是价值系统的转换和升级，战
略分析是商业模式设计的逻辑起点。企业的商业模式设计只有得到战略支
持，才能为企业持续获得高绩效提供保障（崔楠和江彦若，2013）。因此，
在企业的商业模式设计中，首先需要进行战略分析。具体到商业模式设计
本身，应该结合企业所处的内外环境状况以及商业模式要素、商业模式要
素之间的因果作用关系同企业内外部影响因素的交互关系（欧阳桃花和武
光，2013；姚明明等，2014）。丁浩等（2013）匹配了商业模式创新方法
图谱和商业模式创新图谱，提出应该根据商业模式创新不同阶段的特点，
寻找相对应的创新方法。在企业的商业模式设计实践中，应该首先判断企
业所处的商业模式创新阶段，然后再分别从商业模式创新图谱和商业模式
创新方法图谱上寻找相对应的位置，一一对应地设计商业模式。与企业良
好匹配的商业模式设计不是一蹴而就的，商业模式设计同样需要试错：只
有当商业模式同时满足企业内外部环境需求时，商业模式设计活动才应该
停止（龚丽敏等，2013）。张敬伟和王迎军（2014）基于多案例的访谈，
将新企业的商业模式设计过程划分为启动、重构和确立阶段。在新企业商
业模式设计的不同阶段，应该采取不同的措施，商业模式设计是一种阶梯

式上升的过程（张双文，2008）。

　　另一流派的商业模式研究将商业模式看作一个整体，认为商业模式是某几个变量之间的中介或者调节变量。叶广宇等（2010）研究了商业模式与政治资源、民营企业总部选址之间的关系。程愚等（2012）认为：商业模式必须通过企业的绩效起作用，企业绩效高低是评价一个企业商业模式是否合适的最佳标准；营运确定化对商业模式与企业绩效有着显著的中介效应。罗倩等（2012）从商业模式要素角度衡量了商业模式战略匹配性与企业绩效之间的关系，研究发现样本企业在六个要素方面做得比较好，其绩效的财务指标也表现良好。肖挺等（2013）通过商业模式创新绩效测量了高管团队的异质性，发现教育水平异质性和企业客户价值呈正相关关系，年龄异质性和运营效率负相关，任期异质性和衡量商业模式创新的三个一级指标均呈现出正相关的关系。程愚等（2012）、罗倩等（2012）推进了以绩效衡量商业模式优劣的定量研究。王翔（2014）研究了商业模式对获利间关系和技术创新的调节效应，发现效率导向的商业模式设计，以及新颖、效率兼顾的商业模式设计对获利间关系和技术创新的调节效应不显著，而新颖的商业模式设计主题对二者有着显著的调节效应。闫春（2014）发现商业模式对开发式创新和探索式创新有着显著的中介效应。商业模式创新与技术创新之间的相互关系是商业模式相关研究中的另一热点。吴晓波等（2013）从阿里巴巴集团的案例分析中，提出了包括支撑技术引进、自主技术创新和新兴技术引领的商业模式创新与技术创新的共演模型。吴晓波等（2013）认为，实现商业模式创新与技术创新的良好匹配是后发企业成功实现二次商业模式创新的关键。阳双梅和孙锐（2013）从商业模式创新和技术创新的内涵一致性研究二者之间的关系，认为商业模式创新和技术创新互为因果，商业模式创新离不开技术创新，缺少技术创新的商业模式创新缺少为顾客创造价值的核心元素，缺少商业模式创新的技术创新也难认将技术有效转化为生产力。

　　总结现有商业模式研究，可以发现国内商业模式研究主要分为以下四类：商业模式演进机制研究、商业模式设计研究、商业模式演进的驱动因素研究和商业模式的中介或调节效应研究（见图2.1）。其中，商业模式演

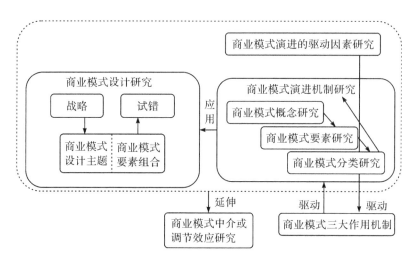

图 2.1   国内价值创造视角下的商业模式研究

进机制研究属于商业模式前端研究，立足于商业模式要素组合（商业模式要素之间的因果联系）在商业模式内外部驱动因素的作用下，通过维持、变异和选择的三大作用机制，改变商业模式要素值或者影响绩效的核心要素，以及商业模式要素之间的相互作用关系，完成商业模式变革；随着时间的延续，一年年的商业模式变革历程就构成了商业模式演进。商业模式演进机制研究的代表性文章最多，囊括了商业模式概念研究、商业模式要素研究、商业模式分类研究。商业模式演进机制研究是将商业模式相关研究推向纵深的理论基础，也是商业模式设计相关研究的前提。作为商业模式后端研究，商业模式设计研究是商业模式演进机制研究的现实延伸与落地。商业模式演进机制研究的目的是指导商业模式设计，商业模式设计研究是商业模式演进机制研究在商业模式实践领域的延展。现有商业模式设计研究认为，商业模式设计开始于战略分析，在确立了商业模式设计主题（以新颖为中心的商业模式设计与以效率为中心的商业模式设计）的基础上，秉持价值创造原则，构建商业模式要素，并根据企业所处的内外部环境进行反复试错，完成商业模式设计实践。商业模式演进的驱动因素研究是商业模式演进机制研究的旁支，商业模式是在驱动因素的作用下演进的，商业模式演进的驱动因素是商业模式创新及演进的直接诱因。商业模式中介或调节效应研究将商业模式看作一个整体，研究商业模式与其他学科领域变量之间的中介和调节效应，作为商业模式相关研究的补充，属于旁系研究。

现有国内研究主要存在以下几点不足。第一，缺乏一个系统的、普遍适用的理论框架（高闯和关鑫，2006）。第二，学者们提出的商业模式要素各异，商业模式要素之间的因果作用关系仍不明朗（程愚和孙建国，2013）。第三，现有研究缺乏在价值创造视角下对商业模式创新与技术创新之间相互作用机制的理解（王翔，2014），且目前技术创新（包括产品创新与工艺创新）与商业模式创新相关研究主要围绕二者之间的相互关系（阳双梅和孙锐，2013；吴晓波等，2013；王俊娜等，2012），以及产品创新与工艺创新之间的相互关系展开（石盛林等，2011；马文聪和朱桂龙，2011；马宁和官建成，2000）。前者将产品创新与工艺创新看作一个整体，属于中观研究，而后者倾向于从微观层面研究产品创新与工艺创新之间的共演机制。当前的技术创新与商业模式创新相关研究主要存在以下两点不足之处：一是聚焦于技术创新与商业模式创新共演的中观层面，缺乏从产品的微观层面对产品创新、工艺创新，以及商业模式创新的相互作用关系的相关研究（Enkel and Mezger，2013；Bucherer et al.，2012；Pellikka and Malinen，2014；Velamuri et al.，2013）。二是主要聚焦于静态的产品创新研究，缺乏对企业不同生命周期中的产品创新演进机制的理解（Lindgreen et al.，2009；Löfsten，2014）。第四，缺少商业模式创新阻碍因素的相关研究，以及适当的消除这些阻碍因素的方法。（王雪冬和董大海，2012）。第五，多以静态的视角研究商业模式，但商业模式不是一幅幅静止的画面，而是由这些静止的画面连起来的片子。在商业模式演进驱动因素的作用下，商业模式要素自身以及商业模式要素之间的关系都会发生变化，进而引发商业模式变革和商业模式的演进。现有的商业模式演进机制研究仍仅仅停留在案例研究，商业模式演进机制研究不够深入（王伟毅和李乾文，2005；龚丽敏和江诗松，2012；王雪冬和董大海，2013）。第六，多偏重理论，不能指导企业如何在不同的情境下根据自身特点采用不同的商业模式设计方法以提高企业绩效（吕鸿江等，2012；李文莲和夏健明，2013；郭京京和陈琦，2014；罗倩等，2012），未来研究应该通过模拟的研究方法，构建商业模式的决策支持系统，以帮助设计、模拟和修正新的商业模式（Li et al.，2008）。第七，实证研究落后于概念研究。现有研究多以定性的案例研究为主，系统性和严谨性不足，缺少定量的关于商业模式分类、演进并将其与绩效联系起来的大样本实证研究（Schweizer，2006；王翔等，2010；龚丽敏和江诗松，2012；马凤岭和陈颉，2014；江积海，2014）。第八，随着信息经济的到来，企业成长环境表现出越来越多的不确定性，商业模式要素之间也表现出非常明显的反馈关系，传统的简单线性理论已经无法解释新经济的复杂问题，迫切需要利用组织生态学等生态学理论解释组织问题（潘剑英和王重鸣，2014）。

第三节　国外价值创造视角下商业模式文献梳理与现有研究回顾

一、数据搜集

本书选择 2001—2014 年国际管理学界公认的八种顶级期刊进行系统的文献搜集，分别是 *Academy of Management Journal*（AMJ）、*Academy of Management Review*（AMR）、*Administrative Science Quarterly*（ASQ）、*Journal of Management*（JM）、*Journal of Management Studies*（JMS）、*Management Science*（MS）、*MIS Quarterly*、*Organization Science*（OS）、*Strategic Management Journal*（SMJ），还有四种管理咨询界的名誉期刊，即 *California Management Review*（CMR）、*Harvard Business Review*（HBR）、*Long Range Planning*（LRP），以及 *MIT Sloan Management Review*（MSM）。2011 年，这些期刊的影响因子分别是：

5.608（*AMJ*）、6.169（*AMR*）、4.212（*ASQ*）、4.595（*JM*）、4.255（*JMS*）、1.733（*MS*）、4.447（*MIS Quarterly*）、4.338（*OS*）、1.667（*CMR*）、1.269（*HBR*）、2.197（*LRP*）、0.971（*MSM*）。

本书采用三种方法搜索文献，尽可能地将国外所有研究商业模式的文献纳入样本库，构成总体的研究样本。本书选择 2001—2014 年的时间区间，根据这些期刊中的全部字段，以 "business model" "enterprise model" "value ecosystem" "value network" "value proposition" "value creation" "value capture" 和 "revenue model" 这八个关键词进行期刊文献的搜索，出现以上八个关键词之一的文献都在搜索范围之中。检索的关键词结合了价值创造视角下，商业模式研究的主流观点。首先，从价值创造视角搜索关键词，包括 "value network" "value proposition" "value creation" "value capture" 和 "value ecosystem"；其次，为了防止遗漏与价值创造视角相关的间接文献，选择与商业模式概念相关的关键词，包括 "business model" "enterprise model" 和 "revenue model"。本书根据摘要内容，剔除与价值创造视角不相符合的文献。针对已搜集到的外文期刊的参考文献，本书将参考文献中属于这些期刊的且不在已搜索到的样本库中的文献，使用 ABI、Google 学术以及 EBSCO 等搜索引擎进行补充搜索。

二、数据编码

根据以上搜集文献的方法，本书初步获取了 160 篇英文文献。在已搜索到的样本库中，根据摘要内容，剔除主题与商业模式不相关的文献，共获得文献 88 篇。在与研究主题相关的文献中，只有 32 篇文献涉及假设、命题或推论及未来研究方向。本书对这 29 篇文献进行了编码处理，关注文章的主要研究内容与未来研究方向两个部分。本书借鉴了扎根理论方法中的编码方法，进行了初级编码和聚焦编码两个编码步骤（卡麦兹，2009）。

　　本书的具体研究思路如下：第一步，对所选文献中所提出的假设、命题或推论及未来研究方向部分进行初级编码。结合文章的主要内容，将研究的自变量、因变量、控制变量、中介或调节变量等研究变量补充进来。同时，将文献中出现的若干未来研究方向进行提炼，用短语概括出来。第二步，提炼初级编码，形成概念类属，根据类属及类属之间的关系进行聚焦编码。

（一）效度保证

　　理论基础是保证概念效度的重要基础。编码组成员包括主持人、一名主编码员和一名辅助编码员。主持人是商业模式研究方向的博士生导师，两名编码员均为在读博士生，对商业模式研究有着较深的理解。主持人与两位编码员均参与了商业模式理论的前期研究，为本书奠定了扎实的理论基础。同时，编码组成员都参与了相关文献的阅读，对各个变量都有较为清晰的理解（项国鹏等，2009）。

（二）信度保证

　　编码包括三个阶段：尝试性编码、预编码和正式编码。

　　第一，尝试性编码。主持人选出 15 条较为经典的假设，两名编码员分别进行逐条编码。尝试性编码完成后，两名编码员核对各自的编码，主持人仔细对各项编码结果进行审查。对完全一致和较为接近的编码内容，主持人给出其意见，编码员进行讨论，得到一致认可的尺度；对有歧义的编码项目，三人共同讨论，分析冲突出现的原因，再推出一致认可的尺度（项国鹏等，2009）。

　　第二，预编码。本书采用双盲方法对 29 篇相关文献进行预编码，得到编码结果：完全一致率为 36.84%，方向一致率为 9.81%，方向冲突率为 53.35%。对于方向一致和方向冲突的，由主持人组织编码员进行讨论，达成共识。

第三，正式编码。经过对编码题项的讨论，正式编码结果较预编码有了较大程度的优化。完全一致率为86.70%，方向一致率为1.42%，方向冲突率为11.88%。再次讨论后，三人对所有编码题项的编码达成一致。

以"Business model design and the performance of entrepreneurial firms"这篇文章为例，编码过程如表2.3所示。

表2.3　编码过程举例（假设、未来研究方向）

维度	内容	初级编码
假设	以新颖为中心的商业模式设计成分越多，企业绩效越高	新颖、绩效
	高资源禀赋的环境中，以新颖为中心的商业模式设计与企业绩效间的正向关系比低资源禀赋环境中的关系强	资源禀赋、新颖、绩效
	以效率为中心的商业模式设计成分越多，企业绩效越高	效率、绩效
	低资源禀赋的环境中，以效率为中心的商业模式设计与企业绩效间的正向关系比高资源禀赋环境中的关系强	资源禀赋、效率、绩效
	以新颖为中心和以效率为中心的商业模式设计成分越多，企业绩效越高	新颖、效率、绩效
	以新颖为中心和以效率为中心的商业模式设计成分越多，企业绩效越低	新颖、效率、绩效
未来研究方向	我们相信，为描述和测量商业模式设计主题的商业模式研究视角、设计主题、设计元素及概念，有利于提升对跨边界组织设计的理解	商业模式设计主题、组织设计

通过对初级编码的分析与提炼，本书对现有研究进行了分析与归类。其中，价值三维度相关编码有120条，商业模式设计有92条，商业模式治理有59条，价值网络有46条，价值创造动机有11条，其余18条编码较为零散，难以聚焦。编码提炼过程如表2.4所示。

表 2.4　编码提炼过程

初级编码	聚焦编码	所属主题	初级编码数量
价值主张、需求、潜在买家吸收能力、边际产品、边际价值	价值主张	价值三维度	120
企业社会责任	企业社会责任		
反向内部化、市场搜寻、流程再造	运营能力		
竞争优势、产业竞争、能力优势、绝对能力水平	竞争优势		
新进入者、现有企业、购买者、供应商	市场参与者		
模仿、非模仿者、模仿创新、模仿能力	模仿战略		
商业模式设计、新颖中心、效率中心、组织设计	商业模式设计主题	商业模式设计	92
资源禀赋、资源稀缺、现有资源价值、新资源价值、资源协同、资源质量、资源属性	资源禀赋		
技术标准、技术复杂性	技术标准		
财务绩效、产出、投资者回报、创新回报、创新者损失、绩效、利润、最小利润、最小库存、价值评估	企业绩效		
环境、垄断、产业背景因素	产业背景因素		
企业特征因素、讨价还价能力、竞争优势	企业特征因素		

续表

初级编码	聚焦编码	所属主题	初级编码数量
服务创新、配送服务	服务创新	商业模式治理	59
技术挑战、技术的生命周期、技术商业化	企业相关技术		
企业学习、学习轨迹	组织学习		
管理能力、管理的自由裁量权、管理效率	管理能力		
知识转移能力	知识转移		
知识价值、顾客知识	知识价值		
投资组合、多样化金融、资产多样化	资产多样化		
合并、联盟资产、联盟证券资本、战略同盟	战略同盟		
商业模式治理、关系治理	关系治理		
转换成本、交易成本、消费成本、资源成本、模仿成本	企业成本		
资源生产力、生产效率	生产效率		
资产协调、资产共享、资产特异性	企业资产属性		
市场范围、竞争定位	市场范围	价值网络	46
组织结构、商业单元、企业结构	结构特性		
合作、竞合关系、买卖方关系、信誉	关系特性		
价值传递、供应渠道	价值传递		
价值损耗、投标损失、风险减少	价值损耗		
战略创新、产品市场战略、外包、许可输出	战略创新		
合作动机、财富动机	动机类别	价值创造动机	11
动机机制效率、动机机制	动机机制		
自利主义个体、利他主义个体、个人兴趣、个人习性	市场参与者特征		

三、不同主题下的商业模式研究

在编码之后，本书对不同主题的研究进行归类，针对不同主题下的现有文献以及对应的编码来构建相应的综合性研究框架，以厘清现有的研究脉络。同时，本书根据所属主题，依据扎根思想提炼了学者们提出的未来研究方向。

对于各个研究主题下的主要内容，前期的分析工作已经提炼了假设和未来研究方向部分的相关编码，回归了原文献，分析了编码之间的对应关系。具体思路如下。首先，针对每篇文章，根据所属主题进行归类。其次，针对某一主题文献，关注文献中提炼的与该主题相关的编码。编码具体可以分为两类：一类编码描述该主题本身的内容，另一类编码是与该主题相关的内容。根据此思路，可以提炼出文献中初级编码之间的相互关系。再次，根据初级编码之间的关系，确定聚焦编码之间的关系。最后，根据每个主题下的现有研究内容，提炼出综合的分析框架。

（一）价值三维度研究

价值三维度研究在本书提炼的初级编码中，所占比重最大。通过对价值三维度主题相关的文献的编码与提炼，本书共总结出 8 条聚焦编码，即价值主张、价值创造、价值分配与获取、企业社会责任、竞争优势、市场参与者、模仿能力和消费者购买意愿。本书对相关聚焦编码进行深入剖析，选出描述价值三维度本身的编码，并建立起其他编码与这些编码之间的联系。

由于原文献中反映的只是初级编码之间的关系，本书在从这些初级编码提炼出的聚焦编码之间也建立了相应关系。按照这一思路，价值三维度研究主要从价值主张、价值创造、价值分配与获取这三个层面展开，本书构建出的价值三维度研究框架如图 2.2 所示。

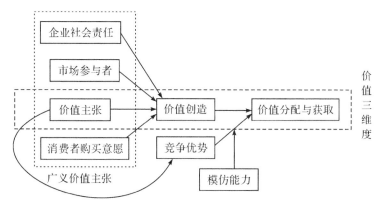

图 2.2　价值三维度研究框架

价值创造视角来源于波特（2005）的价值链框架，其强调公司层面的价值创造。价值链框架共分四个步骤，即定义战略单元、识别关键活动、定义产品、决定活动价值。价值链分析探究对价值创造有直接影响的主要活动，活动的价值影响通过其对绩效的影响来反映，主要活动包括产品创造、国内后勤、操作、国外后勤、营销和销售以及服务。波特（2005）将价值定义为：消费者愿意为公司提供给他们的产品、服务支付的金线。根据 Amit and Zott（2001）的定义，商业模式是通过利用商业机会，描绘内容、结构以及交易设计、治理来创造价值的逻辑。商业模式的各个要素共同作用于价值创造和价值获取过程（Johnson et al.，2008）。

商业模式的总目标是实现价值主张，价值创造是途径，价值分配和获取是最终归宿，价值三维度完成了价值的一个循环。组织在实现了价值分配和获取之后，根据下一阶段的价值主张（新阶段的价值主张可能发生变化，也可能保持不变，动态的商业模式需要不断地调整其价值主张），重新进行价值创造以及价值分配与获取活动。

1. 价值主张

在利益相关者理论中，价值是联结管理者与利益相关者的纽带，它告诉管理者该如何行商，以及应进行怎样的价值创造与价值获取过程（Freeman et al.，2004）。价值主张反映了核心企业商业模式的总目标，包括为利益相关者创造价值、满足顾客需求、创造消费者剩余、满足合作商的利润诉求。价值主张确定了顾客的损益，是商业模式与顾客联系最紧密的模块（Anderson et al.，2006）。Demil and Lecocq（2010）认为，商业模式是组织变革与创新的工具，并构建了一个 RCOV 框架，综合考虑了资源、能力、组织结构、收益、成本与价值主张之间的相互作用关系。Verwaal et al.（2009）强调价值主张中资源的权变性。Anderson et al.（2006）研究了在价值主张的实现过程中的成本控制与管理问题。企业社会责任属于广义价值主张的一部分。Husted and Allen（2007）用企业社会责任的可视度、匹配度与自愿性来考察企业社会责任的价值创造活动，研究企业社会责任是如何被整合进公司流程、创造资源和能力，以实现高绩效和提高企业竞争优势的。此外，Casadesus-masanell and Zhu（2013）研究了市场参与者之间的竞争以及商业模式选择。

2. 价值创造

价值创造的潜力取决于四个独立的设计主题，分别是效率、补充、锁定和以新颖为中心的商业模式设计。从商业模式分析单元的视角，可以把商业模式分成内容、结构和治理（Amit and Zott，2001）。根据价值基础观，价值获取与附加价值密不可分。附加价值产生于企业与竞争者共用一个客户的情形，它是维护关系稳定和供应商利润率的重要因素。Chatain（2010）分别考察了价值创造和附加价值对绩效的影响，发现有相似能力的供应商可能会得到不同的经济回报，不同的竞争者构成情况成为企业获得不同经济回报的重要原因。Landau and Bock（2013）认为企业可以通过垂直整合商业模式单元创造价值，减少治理机制。Priem（2007）分别研究了消费体验、消费者学习、模仿能力、成功的创新等因素对价值创造的影响。Husted and Allen（2007）研究发现，企业社会责任所占比重越大，对价值创造的贡献越大，企业社会责任的可视化也会促进价值创造。此外，Fjeldstad and Ketels（2006）研究了交易服务的价值创造逻辑。

3. 价值分配与获取

价值获取是价值三维度中的最后一环，价值获取通常存在于最小机会成本之上。由于风险降低会带来价值损耗，公司的目标是减少风险降低带来的价值损耗，从而在价值获取中选择合适的战略（Seth et al.，2002）。

James et al.（2013）认为，分类定价会影响价值获取机制。Casadesus-Masanell and Llanes（2011）认为，开放商业模式会导致更高的价值获取。此外，价值分配的通用框架需要考虑如何在竞争中进行价值分配，以避免商业模式被模仿。（MacDonald and Ryall，2004）。竞争优势的作用同价值创造一样，共同作用于价值分配与获取过程。企业竞争优势是保证一个企业商业模式不轻易地被其他企业模仿的变量。竞争优势与价值创造同样重要，前者可以避免其他企业的模仿，后者直接为价值分配与获取过程服务，二者都是价值分配与获取过程的支持和保证。

价值三维度研究是围绕"价值主张—价值创造—价值分配与获取"这条主线进行的，它诠释了商业模式的价值创造视角，揭示了商业模式运营的内在机理。价值三维度有"来"有"去"，它向我们揭示了商业模式"从何而来"：价值主张（魏江等，2012）。商业模式的总目标为满足利益相关者的价值主张，从顾客支付中获取利润。价值三维度揭示了商业模式"到哪里去"：价值分配与获取。只有完成了价值获取的商业模式才是有效的商业模式，才能为企业持续带来价值，使之保持竞争优势。作为价值主张和价值分配与获取之间的纽带，价值创造是商业模式之魂，价值创造机制反映了一个企业商业模式的核心竞争力，反映了一个企业商业模式不同于其他竞争者的地方。因此，价值三维度研究也常常被作为企业商业模式研究的基础。然而，在价值三维度研究框架下，现有研究仍显不足。首先，现有文献并不能很好地解释价值创造的机制是什么；其次，商业模式本身是跨越企业边界的（Zott and Amit，2007；Itami and Nishino，2010；McGrath，2010），但现有文献缺乏跨越企业边界的研究；最后，现有商业模式文献对于价值获取机制的研究仍然偏少。

在传统的价值链理论中，伴随着产品的链式销售，价值创造同价值分配与获取是同时进行的。但随着技术创新、全球竞争的加速，以及网络经济的到来，在价值网络中的价值创造和价值分配与获取过程开始分离（王琴，2011）。很多顾客可以以较低的价格，甚至免费享受一些产品或服务，企业的价值分配与获取过程不再同主要产品直接联系起来。不同于传统价值链式的经营模式，在价值网络理论中，企业核心产品或服务出售给消费者后，企业和消费者之间的联系才刚刚开始。很多产品本身给消费者创造的价值是有限的，通过培养顾客忠诚度，从后续的服务中向收费用户收取增值费，并最终在利益相关者之间分配收益。典型的将价值创造同价值分配与获取过程分离的产品有 360 杀毒软件（免费）、QQ（免费聊天软件）等。

不同于传统链式思维依靠单纯竞争获取价值的观念，价值三维度研究延续了价值网络理论"竞—合"的理念，认为企业要想在新经济环境下保持可持续竞争优势，就必须打破企业边界，打破"企业之间是竞争关系"的狭隘观念，整合各个利益相关者的有效资源，将核心能力之外的业务外包，秉承及时生产以及零库存管理思想，统筹整个价值网络；在合作中竞争，可以在"做大蛋糕"的前提下，进行价值的分配与获取，从而实现跨边界的商业模式，实现企业与各个利益相关者的共生、共赢。在价值三维度中，价值创造更多地体现利益相关者之间的合作关系，价值分配与获取涉及利益分配过程，更多表现为竞争关系（王琴，2011）。典型的价值创造活动代表有淘宝商业生态圈、安卓手机系统生态圈。

（二）商业模式设计主题相关研究

通过对商业模式设计主题相关文献的编码与提炼，本书共总结出 8 条聚焦编码：商业模式设计主题、资源禀赋、技术标准、企业绩效、运营能力、冲突、产业背景因素和企业特征因素。本书对相关聚焦编码进行深入剖析，选出描述商业模式设计主题本身的编码，如商业模式设计主题、价值创造、资源禀赋、企业绩效等，建立其他编码与这些编码之间的联系，构建出商业模式设计主题的相关研究框架（见图 2.3）。

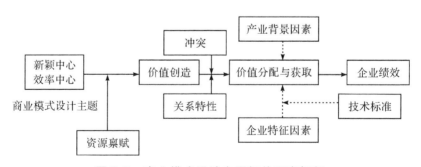

图 2.3　商业模式设计主题相关研究框架

注：实线箭头表示该方向已经有相关研究，虚线箭头表示文献中提及的未来研究内容。

　　商业模式设计主题描述了一个活动系统内价值创造的来源（Zott and Amit，2010）。Zott and Amit（2007）提出两个关键的商业模式设计主题，即以效率为中心和以新颖为中心的商业模式设计，并研究了在资源禀赋的调节作用下，商业模式设计主题对企业绩效的影响。研究发现，商业模式设计主题与企业绩效呈正相关关系，其中以新颖为中心的商业模式设计与绩效的关系尤其显著。并且，以新颖为中心的设计主题对企业绩效的正向影响并不随时间的变化而改变。分析结果同时指出，企业尝试同时进行以效率为中心和以新颖为中心的商业模式设计时，往往得不到预期的效果。这大概是因为企业的资源禀赋有限，同时进行以新颖为中心和以效率为中心的商业模式设计将使资源不能达到最佳配置，影响了商业模式对绩效的贡献。此外，商业模式还包含其他设计主题，包括锁定设计（尝试保留股东）和补充设计（强调物资、活动、资源或技术集）（Amit and Zott，2001）。

　　Amit and Zott（2001）认为，商业模式就是企业通过商业模式设计主题和治理，与利益相关者共同创造价值（价值网络）进而提高绩效的过程。商业模式设计主题与商业模式治理都是为价值创造服务的，是价值创造的手段。商业模式设计主题相关研究框架是价值创造视角下的一个研究分支，为公司层面的价值创造服务。

　　不同于价值三维度对商业模式运营机理的关注，商业模式设计主题研究更侧重运营过程，研究怎样的商业模式设计更利于管理者操作。然而，现有商业模式设计主题的研究偏少且较为零散。

（三）商业模式治理相关研究

　　通过对与商业模式治理相关文献的编码与提炼，本书共总结出12条聚焦编码，即服务创新、企业相关技术、组织学习、管理能力、知识转移、知识价值、资产多样化、战略同盟、关系治理、企业成本、生产效率和企业资产属性，并构建出商业模式治理的相关研究框架（见图2.4）。

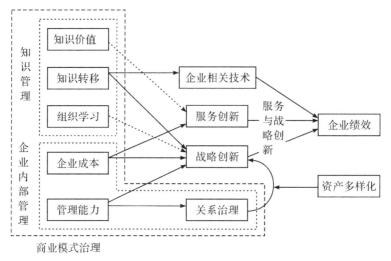

图 2.4 商业模式治理相关研究框架

注：实线箭头表示该方向已经有相关研究，虚线箭头表示文献中提及的未来研究内容。

根据 Zott and Amit（2007），商业模式设计元素包括内容、结构和治理三部分，商业模式治理是其中的执行阶段，包括知识管理的企业内部管理两部分。服务与战略创新包括服务创新和战略创新两部分。

1. 知识管理

知识管理相关研究包括知识转移、知识价值等方面。Mason and Leek（2008）在供应网络管理的研究中发现，动态商业模式可以促进组织学习，表现为公司内部的知识转移。动态商业模式帮助组织识别关键因素，指明合适的知识类型和知识转移机制。Ceccagnoli and Jiang（2013）从买卖方关系的视角，研究许可出让的前提条件。假定供应商的知识转移能力会促进出让许可，而其知识转移能力又能够在实践中通过学习不断得到增强，买卖双方是否能够达成许可合作，就需要综合供应商的知识转移能力和买方的吸收能力来考量。Gambardella and McGahan（2010）研究了为获得许可证的商业模式设计。消费者学习会积累消费经验，消费者知识水平越高，越有可能选择其他供应商（Priem，2007；Chatain，2010）。

2. 企业内部管理

企业内部管理是商业模式治理的关键，它包括关系治理、成本管理、管理能力等。Holcomb et al.（2009）发现管理能力会影响资源生产力，公司资源质量会调节管理能力与资源生产力之间的关系。Landau and Bock（2013）认为企业可以通过垂直整合商业模式单元减少治理机制，创造价值。Sarkar et al.（2009）研究了在资产多样性的协调下，管理能力与关系治理间的关系。Landau and Bock（2013）研究了管理效率与商业单元治理及绩效的关系。Priem（2007）认为，减少消费者成本的过程就是价值创造的过程。在 Grahovac and Miller（2009）的研究中，资源成本是模仿创新的障碍。此外，Verwaal et al.（2009）还研究了企业转换成本与外包决策之间的关系。

3. 服务与战略创新

服务创新是指能够让用户感受到的创新的服务形式。企业可以通过新的技术形式、新的理念，为顾客提供新的服务。服务创新是价值创新的补充（Möller et al.，2008），服务创新与生产效率、企业成本息息相关（Verwaal et al.，2009）。

战略创新立足于企业现状，联系未来的发展方向，通过不同于以往的、创新的战略形式，为企业创造及获取价值服务。Ceccagnoli and Jiang（2013）研究了许可决策与企业知识转移能力之间的相互作用机制。Verwaal et al.（2009）认为，外包决策过程需要考虑资源与交易属性，其中，生产效率优势与外包决策正相关，资产特异性与外包决策负相关，转换成本与外包决策负相关。Zott and Amit（2008）研究了产品市场战略与商业模式的不同搭配对绩效的影响。

商业模式治理同样是为价值创造服务的（Amit and Zott，2001）。商业模式设计主题侧重设计，而商业模式治理更侧重执行。商业模式治理是价值创造视角下的又一个研究分支，为公司层面的价值创造执行提供了依据。商业模式治理相关研究来源于内容、结构和治理的商业模式设计元素。商业模式治理研究的是由谁来实施商业模式，以及如何实施。

商业模式治理相关研究可分为知识管理和企业内部管理两大模块，它们共同为服务创新和战略创新服务。然而，在商业模式治理相关研究框架下，知识管理的研究偏少，现有研究尚不足以说明如何实施有效的知识管理。

（四）价值网络相关研究

通过对与价值网络相关文献的编码与提炼，本书共总结出 6 条聚焦编码，即市场范围、结构特性、关系特性、价值传递、价值损耗和战略创新，并构建出价值网络相关研究框架（见图 2.5）。

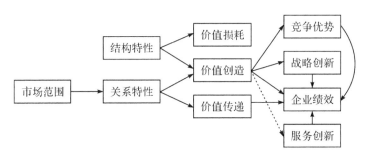

图 2.5　价值网络相关研究框架

注：实线箭头表示该方向已经有相关研究，虚线箭头表示文献中提及的未来研究内容。

价值网络理论是价值创造视角在理论上的延伸。作为对价值链理论的补充，价值网络理论认为，合作和竞争是企业成功所不可缺少的两个方面（Brandenburger and Nalebuff，1996）。价值网络理论更加强调利益相关者的重要性，倡导价值共创的双赢局面。

本书发现，价值传递过程不同于当前一些国内学者的理解。欧阳桃花和武光（2013）认为，商业模式包括价值定位、价值构造、价值传递和价值获取；张敬伟和王迎军（2010）在对商业模式研究的综述分析中，把价值传递与获取更是看作同一个过程。但本书在文献梳理和聚焦编码中发现，价值传递与价值创造其实是两个并列的过程，价值传递来自价值主张，直接影响绩效，跟价值三维度是完全不同的研究路径。

1. 结构视角的研究

结构视角的研究主要关注商业模式单元、组织结构等因素是如何实现价值获取的。根据 Seth et al.（2002），在跨边界的价值获取中，企业结构

与价值损耗之间存在着正相关的关系。Casadesus-Masanell and Llanes
(2011) 指出，开放的商业单元在为用户提供免费商业模式的同时，搭载
了更多数量的用户，从而可以通过附加服务实现价值获取。Landau and
Bock (2013) 对管理能力与结构特性间的关系做了分析。

2. 关系视角的研究

关系视角的研究主要关注市场参与者之间的相互作用关系，以及关系
特征对价值创造的影响。Chatain (2010) 在分析中发现，客户知识、供应
商附加价值、供应商能力优势等因素，都会影响购买者和供应商的关系。
其中，供应商附加价值会促进买卖双方关系；有能力优势的供应商，与购
买者关系更稳定；顾客购买区域越大，与供应商关系越不稳定；竞争者市
场范围越大，购买者和供应商的关系越不稳定。Bridoux et al. (2011) 在
动机系统的研究中发现，只有当个体类型与动机系统的类型达到最佳匹配
时，才可以达到最高绩效。

价值网络相关研究是以上几种研究在价值网络上的串、并联，它偏重
从价值网络层面研究关系特征、结构特性、战略创新、服务创新、竞争优
势、价值创造等的相互关系。然而，在价值网络相关研究框架下，服务创
新的作用、影响机制仍不明朗。

（五）价值创造动机相关研究

通过对价值创造动机相关文献的编码与提炼，本书共总结出 3 条聚焦
编码，即动机类别、动机机制和市场参与者特征，并构建出价值创造动机
相关研究框架（见图 2.6）。

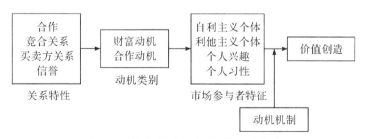

图 2.6　价值创造动机相关研究框架

　　Bridoux et al.（2011）比较了三个动机系统（个人货币动机、慈善合作、遵守纪律的合作系统）中不同的混合雇员动机与集体价值创造过程，发现在慈善动机或有序合作动机系统中，若混合动机机制效率高于价值差异，则将获得最大产出。

　　根据 Svejenova et al.（2010），不同的财富动机以及个体兴趣构成了不同的个体商业模式。Bridoux et al.（2011）分析了不同的动机系统与个体类型的匹配情况，发现动机系统是否能够创造高的集体价值，取决于企业劳动力混合动机的函数，即动机系统与个体类型的匹配状况。

　　价值创造动机的研究从动机视角对个人价值创造的机制进行了分析，是价值创造视角下的另一个研究分支。然而，价值创造动机相关研究框架的现有研究最少，仅有 Svejenova et al.（2010）、Bridoux et al.（2011）从个体角度分析了个体动机与动机系统的匹配状况。

　　如上所述，各个主题从不同的研究角度，涵盖了商业模式研究的各个方面。本书构建了价值创造视角下的商业模式研究的综合框架，如图 2.7 所示。

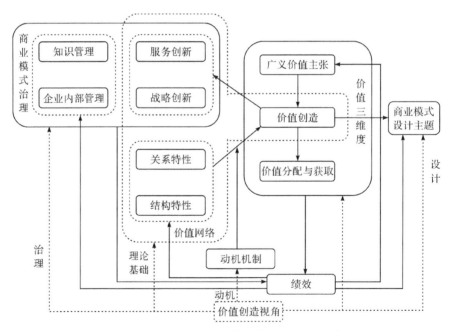

图 2.7　价值创造视角下商业模式研究综合框架

　　注：在价值创造视角下，各个主题的核心是价值创造，不同主题通过价值创造以及战略创新和服务创新影响绩效，而绩效又会反过来影响各个研究主题。

综合的研究框架包括了价值创造视角下商业模式的五个主题，价值创造是五个主题的核心。价值三维度研究框架是价值创造视角的核心，以"价值主张—价值创造—价值分配与获取"作为主线，着眼于价值创造的内部机制。根据 Zott and Amit（2007），商业模式设计主题共包括新颖设计、效率设计、锁定设计和补充设计四个部分，商业模式设计主题作用于价值创造过程，从而改变绩效。商业模式治理指的是由谁来实行这些活动以及如何实行（Zott and Amit，2010）。商业模式治理包括企业内部管理和知识管理两部分，二者共同作用于服务创新和战略创新。商业模式设计主题和商业模式治理相关研究共同驱动价值创造研究，前者偏重设计，后者偏重治理。在价值创造视角下，价值三维度研究侧重研究机理，而商业模式设计主题和商业模式治理相关研究更侧重执行。价值创造视角来源于价值链理论，价值网络理论是在价值链理论基础上的再行深入；价值链理论注重竞争，价值网络理论注重竞争与合作。因此，价值网络相关研究框架是价值创造视角的理论基础。而价值创造动机相关研究从动机角度分析参与者的价值创造机制，是价值创造视角在组织行为学方向的深入。

第四节　本章小结

价值创造视角下的各个研究，分别阐述了价值创造、服务创新、战略创新与绩效之间的交互作用关系。在内外部生态环境的催化作用下，商业模式演进的三大作用机制通过螺旋形循环改变商业模式要素以及要素之间的动态一致性、企业的商业模式完成自身的演进，形成了各种类型的商业模式，不同类型的商业模式有着不同的要素组合情况，如图 2.8 所示。根据图 2.8，可以提出以下可供深入研究的地方。

第一，价值创造、价值分配及获取机制。价值三维度研究框架是价值创造视角的内部机制。一是明确的价值创造机制可以告诉我们，对于一个组织而言，是否存在最优的价值创造方式，怎样进行价值创造活动。二是价值分配与获取机制可以解答，为什么有些企业只对有附加服务需求的客户收费，为什么一些企业采取高端定价模式，而另一些企业采取薄利多销

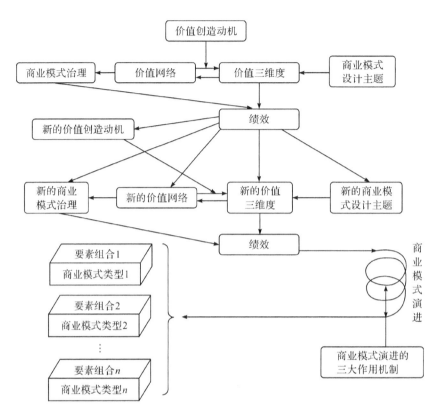

图 2.8   价值创造视角下商业模式综合研究框架

的模式。未来研究可以关注价值创造、价值分配及获取的机制，以指导企业的商业模式实践（Lepak et al.，2007；James et al.，2013）。

第二，商业模式设计。商业模式设计主题相关研究是价值创造视角的设计过程。Zott and Amit（2007）研究了不同资源禀赋下，以效率为中心和以新颖为中心的商业模式设计对企业绩效的影响，却未研究锁定设计和补充设计对绩效的作用。未来研究可就锁定和补充的商业模式设计主题对企业绩效的影响展开分析，从而有效回答这个问题：如何设计可以持续赢利且不易被竞争对手模仿的商业模式（Zott and Amit，2007；Adner and Kapoor，2010；Gambardella and McGahan，2010；程愚和孙建国，2013；郭京京和陈琦，2014）。

第三，商业模式分类。在内外环境的刺激下，伴随着商业模式的演进，可以形成许多不同类型的商业模式；不同类型的商业模式，有着不同的商业模式要素组合。在与研究主题相关的 88 篇文章中，除 Morris et al. (2013) 对俄罗斯食品服务业商业模式进行了分类研究外，鲜见商业模式分类研究，未来研究可以关注某一行业内商业模式的分类研究。这对于理解不同类型商业模式的特点及商业模式演进机制均具有重要意义（Svejenova et al.，2010；Zott and Amit，2011；王翔等，2010；项国鹏等，2014）。

第四，商业模式动态研究。在价值创造视角下，各类商业模式研究之间有着交叉和相互作用关系，各类商业模式研究通过价值创造、战略创新和服务创新影响绩效。同时，企业绩效也会反作用于各类研究，各类研究之间也存在着动态的相互作用关系。现有的商业模式文献中，以静态的研究居多，但现实中，每个企业的商业模式都是动态发展的，不同企业的商业模式之间也会相互作用和影响。未来研究需要关注如何动态地研究商业模式，使其兼具普适性和特殊性（Svejenova et al.，2010；Zott and Amit，2010；Hienerth et al.，2011；王雪冬和董大海，2013；Zott and Amit，2013）。

第五，商业模式演进机制研究。一是商业模式动态研究是商业模式演进的前提，商业模式演进是商业模式动态研究的结果。各个研究框架之间存在着交叉、交互作用，分别通过价值创造、战略创新和服务创新影响绩效，这是横向动态；绩效再反过来作用于各个研究框架，形成新的研究框架，这是纵向动态；不同研究框架下，商业模式的横向与纵向动态引发了商业模式的螺旋形循环，在内外部环境刺激下，商业模式发生演进。因此，商业模式演进研究是商业模式动态研究的结果，商业模式动态研究是商业模式演进研究的基础。二是从 20 世纪 90 年代起，涌现出很多类型的商业模式，并且不断地演变出一些新的形式，很多产业甚至发生了彻底的商业模式革命。然而，相对于商业模式演进实践，研究商业模式演进的文献却相对滞后；其中，聚焦于商业模式演进的实证研究更是鲜见。后续研究可以聚焦于理解商业模式运作的机理，进行商业模式变革与演进的仿真，以指导企业的商业模式实践（Schweizer，2006；Li et al.，2008；Svejenova et al.，2010；Zott and Amit，2010；Zott et al.，2011；Bock et al.，2012；王雪冬和董大海，2013；Zott and Amit，2013；项国鹏等，2014；徐蕾，2015）。

第三章

价值创造视角下科技型企业
商业模式要素及分类研究

第二章得到的价值创造视角下的商业模式研究框架是具有普适意义的一般性研究框架，它适用于各种行业的商业模式研究。20 世纪 90 年代以来，随着互联网电子商务的兴起，商业模式创新井喷式爆发；其中，科技型企业的商业模式创新种类最多，行业代表性最明显，是研究商业模式要素及分类的合适行业。本章选择信息技术业上市公司为科技型企业的典型代表，结合相关数据，进行科技型企业商业模式要素及分类的探索性研究。

本章的商业模式要素及分类研究主要有两个研究目的：一是根据科技型企业商业模式要素对绩效的回归和聚类分析，得到科技型企业商业模式分类；二是通过逐步回归分析，提炼出每种商业模式类型历年影响绩效的商业模式核心要素随着时间变化的规律。

第一节　基于文献的商业模式要素提炼

现有商业模式研究缺乏从系统角度对商业模式的整体把握，而系统分析的首要任务就是识别商业模式要素并分析商业模式要素之间的相互作用关系（宋春光和李长云，2013）。根据价值创造视角下，价值三维度研究框架将商业模式定义为：聚焦于顾客价值主张，与企业利益相关者共同创造价值，并根据企业各自的资源禀赋及成本结构，分配并获取价值的一个系统过程（魏江等，2012）。

根据"结构—行为—绩效"理论，商业模式要素组合变化是商业模式创新及演进的显性表现，也是商业模式演进的必经之路（刘伟等，2014）。因此，在搞清商业模式演进机制前，首先需要研究清楚：什么是商业模式要素？商业模式要素包括哪些？商业模式要素组合是如何构成的？构成商业模式要素组合的各个要素之间有什么样的相互关系？

根据 2009 年公布的 CSSCI 索引目录，本书选择了国内管理学界知名期刊，包括《管理世界》《中国软科学》《科研管理》《科学学研究》《南开管理评论》《管理科学学报》《外国经济与管理》《科学学与科学技术管理》《管理工程学报》《管理学报》《经济管理》《管理评论》《管理科学》《科技进步与对策》，同时，选择部分国内商业模式研究的核心期刊进行补充，包括《中国工业经济》《清华大学学报（哲学社会科学版）》《浙江大学学报（人文社会科学版）》《商业经济与管理》和《商业研究》。本书选择"商业模式""商业模型""商务模式""企业模式""价值网络""价值主张""价值创造""价值获取""收入模式"这9个关键词，通过浙江工商大学一站式搜索引擎，对2001—2014年的相关文献进行搜索，共获得了123篇文献。在所获得的中文文献中，共有14篇价值三维度研究框架中的商业模式要素研究文献符合条件。

最后，本书选取了10篇在商业模式研究领域中具有影响力的国外文献（Hamel，2001；Weill and Vitale，2001；Alt and Zimmerman，2001；Osterwalder et al.，2005；Morris et al.，2005；Brousseau and Penard，2006；Shafer et al.，2005；Desyllas and Sako，2013；Wu et al.，2013；Morris et al.，2013；Bohnsack et al.，2014；项国鹏和罗兴武，2015），以及2013年国内的2篇重要文献作为补充，整理出价值三维度视角下的商业模式构成要素（见表3.1）。

表3.1 基于价值三维度的商业模式构成要素

年份	作者	价值主张	价值创造	价值分配与获取
2001	哈默尔（Hamel）	核心战略、客户界面	战略资源、价值网络	——
2001	威尔（Weill）和威特尔（Vitale）	战略目标、细分顾客、渠道	核心能力、关键成功因素、内结构	收入来源
2001	傲特（Alt）和齐默尔曼（Zimmerman）	使命、法律义务	结构、过程、技术	收入
2002	麦格雷德（Magretta）	客户、客户价值	传递价值、潜在的经济价值	如何赚钱
2005	奥斯特瓦尔德（Osterwalder）等	目标顾客、分销渠道、顾客关系	价值结构、核心能力、伙伴网络	成本结构、收入模式

年份	作者	价值主张	价值创造	价值分配与获取
2005	默里斯（Morris）等	亲密的顾客关系、竞争定位、愿景	核心能力	收入模式
2005	程愚和谢雅萍	客户价值	伙伴价值	
2005	沙佛（Shafer）等	——	资源/资产、流程/运营活动	成本、财务方面、利润
2006	鲍纳斯（Bonaccorsi）等	产品和服务、顾客	——	成本结构、收入
2006	布朗森（Brousseau）和皮纳德（Penard）	——	产品和服务的生产与交换	成本、收入流、维持可持续收入
2007	原磊	目标顾客、价值内容	——	收入模式、成本管理
2008	强森（Johnson）等	目标顾客、需要做的工作、产品/服务	关键资源、关键过程、资源利用速度	成本结构、收入模式、边际目标产量
2010	闪烁	目标顾客、传递利益	——	如何溢价、成本结构优化
2010	李东等	定位板块规则、利益板块规则	资源板块规则	收入板块规则
2010	张敬伟和王迎军	提供物（产品、服务或解决方案）、价值曲线	关键资源、关键活动、互补资源、互补活动	成本结构、收入来源、收入潜力
2010	刘玉芹和胡汉辉	产品和服务内容、战略联盟或扩张	——	信息传递、产品和服务的交付、定价结构、利润分成
2010	尤纳斯（Yunus）等	利益相关者、产品/服务	内部价值链、外部价值链	销售收入、成本结构、动用的资本、社会利润、环境利润

续表

年份	作者	价值主张	价值创造	价值分配与获取
2010	戴米尔（Demil）和莱科（Lecocq）	—	资源、能力、内外部组织	成本结构、收入模式、边际产品价格
2010	查斯布朗（Chesbrough）	竞争战略	价值链结构、价值网络	收入模式、成本结构、利润潜力
2010	提斯（Teece）	确定消费者得益、识别细分市场	选择技术/特征	收入流
2010	佐特（Zott）和艾米德（Amit）	—	结构、治理	—
2010	施瓦诺（Svejenova）等	—	活动、组织、战略资源	—
2011	邢小强等	—	价值网络、关键活动、本地能力	盈利模式
2011	王迎军和韩炜	目标顾客、关系、销售渠道		成本结构、收益模式
2012	李红等	用户、市场	企业运营资源	盈利模式
2012	周文泳等	—	核心资源、重要合作、关键业务	成本结构、收入来源
2012	王斌和张俊芳	价值体现、市场机会、顾客界面/关系	营销战略、伙伴网络、内部结构	盈利模式、利润屏障
2012	樊凡	外部要素	内部要素、管理要素、技术要素	—
2012	罗倩等	价值主张定位	专业化还是多元化	年度盈利水平、成本结构、收入模式
2012	魏江等	客户（目标市场、范围）、客户信息	资源/资产、程序/活动、产出/提供物	成本、财务视角、利润
2012	辛菲尔德（Sinfield）等	顾客类型、需求、产品/服务	价值链角色	销售方式、利润模型

续表

年份	作者	价值主张	价值创造	价值分配与获取
2013	默里斯 （Morris）等		内部核心能力	收入驱动或定价方法、销售量或边际产品价格
2013	王雪冬和董大海	洞察需求、细分市场	价值网设计、价值网定位	利润模式、成本结构、收入模式
2013	李飞等	目标顾客	资源模式、采购模式、营销模式、流程模式	—
2013	戴斯勒斯（Desyllas）和赛克（Sako）	细分市场、价值网络中的定位、竞争战略	价值链	收入模式、成本结构
2013	伍（Wu）等	客户知识管理	为顾客提供优质的消费体验	—
2014	波赛克（Bohnsack）等	产品内容、服务内容、目标市场	价值网络	收入模式、成本结构
2014	江积海	顾客	价值网络、核心能力、活动体系	盈利模式
2014	荆浩	客户细分	渠道、商业伙伴、关键业务	成本结构、收入流
2015	项国鹏和罗兴武	顾客价值、市场定位	价值网络、资源禀赋	收入模式、成本结构
2015	臧维和方之翰	价值主张、客户关系、	关键业务、核心资源、渠道通路	收入来源、成本结构

注：画线的是与"目标顾客""战略资源""成本结构""收入模式"相似的要素。

基于文献梳理，本书共得到顾客价值主张要素 65 条，价值创造 67 条，价值分配与获取的要素 68 条。在顾客价值主张维度下，"目标顾客"出现的频次最高，为 17 次；在价值创造维度下，"战略资源"出现的频次最高，有 11 次；在价值分配与获取维度中，"成本结构"与"收入模式"

（盈利模式）出现的次数最多，分别为 17 次和 27 次。但仅仅靠这样的直观统计，仍有一些要素无法概括，这样的分析对要素的理解也欠全面。因此，本书对价值三维度相关要素进行聚焦编码，得到价值三维度的要素提炼结果，如表 3.2 所示。

表 3.2　基于价值三维度的商业模式构成要素提炼

初级编码	聚焦编码	聚焦编码数量	所属维度	编码数量
用户、顾客、目标顾客、顾客关系、细分顾客、客户信息、洞察需求、产品和服务、客户界面、客户知识管理、价值内容、价值体现、价值曲线、传递利益、渠道、顾客价值、利益板块规则、为顾客提供优质的消费体验、产品内容、服务内容	顾客价值	42	顾客价值主张	65
市场、细分市场、市场机会、分销渠道、价值主张定位、定位板块规则、价值网络定位、竞争定位、目标市场	市场定位	12		
战略联盟或扩张、竞争战略、战略目标、愿景、使命、专业化还是多元化	竞争战略	8		
外部要素、利益相关者、法律义务	外部要素	3		
价值结构、价值网络、价值网定位、伙伴网络、内部价值链、外部价值链、价值链、传递价值、潜在的经济价值	价值网络	20	价值创造	67
资源板块规则、关键资源、企业运营资源、资源/资产、互补资源、战略资源、资源利用速度、资源模式	资源禀赋	15		
关键活动、互补活动、程序/活动、流程/运营活动、关键过程、治理、关键业务、管理要素、关键成功因素、技术要素、活动体系	关键活动	17		
内部结构、内部要素、产出/提供物、组织结构、组织	内部结构	8		
核心能力、能力、本地能力	核心能力	7		

续表

初级编码	聚焦编码	聚焦编码数量	所属维度	编码数量
收入模式、收入来源、收入板块规则、盈利模式、收入驱动或定价方法、销售量或边际产品价格、如何溢价、销售收入、收入流、销售方式、利润模型、财务方面、利润、利润屏障、社会利润、环境利润、利润潜力、利润分成	收入模式	45	价值分配和获取	68
成本结构、成本管理、成本、动用的资本	成本结构	21		
信息传递、产品和服务的交付	交互服务	2		

注：画线的是码数量较多的商业模式聚焦编码。

在设计商业模式构成要素时，需要考虑设计多少个要素最佳。模式是对复杂现象的抽象表达。因此，商业模式的设计应该符合精简的原则（Shafer et al.，2005；张敬伟和王迎军，2010）。但过少的商业模式要素又难于体现商业模式的特点，不能囊括一个行业内所有企业的商业模式类型。因此，商业模式要素数量应该适中，一般以 6~9 个要素为宜（Osterwalder et al.，2005；原磊，2007；张敬伟和王迎军，2010；Demil and Lecocq，2010；Teece，2010；Yunus et al.，2010；Chesbrough，2010；王迎军和韩炜，2011；Sinfield et al.，2012；罗倩等，2012；Desyllas and Sako，2013；Morris et al.，2013）。

一个企业的商业模式需要回答以下几个问题：

（1）谁是我们的客户？如何定位自身？

（2）顾客价值是什么（Magretta，2002；王伟毅和李乾文，2005；Yunus et al.，2010）？

（3）我们的竞争优势是什么（Morris et al.，2005；Schweizer，2006）？

（4）如何创造价值（Morris et al.，2005）？

（5）如何为顾客传递价值？

（6）成本结构是怎样的？

（7）我们如何从中赚钱（Magretta，2002；王伟毅和李乾文，2005；Yunus et al.，2010；龚丽敏等，2011；Schweizer，2006）？

结合表 3.2 的商业模式构成要素提炼结果，本书依据要素出现的次数，选择最能代表商业模式特征的要素，回答以上的七个问题。

第一，市场定位明确了谁是我们的顾客以及企业如何定位自身的问题。

第二，顾客价值是顾客从产品或服务中所感知到的利得与利差之间的权衡（宋迎春，2004；朱开明等，2005；姜大鹏和和炳全，2005）。

第三，竞争优势代表着企业的核心竞争力，企业的竞争优势是企业商业模式中，最难以被竞争对手模仿的部分。一个企业所拥有的资源禀赋，是其竞争优势的来源，也是企业能够拥有核心竞争力的前提。通过不同组织模块间的协作、创新与竞争，价值网络聚集各个成员的优势资源，将各种能力要素协同在同一个虚拟的网络平台中，可以产生新的竞争优势，增强竞争力（余东华和芮明杰，2005）。根据波特（2005），差异化与成本优势是保持企业竞争优势的两个重要方面。以资源禀赋为基础，建立在价值网络基础上的关键活动是企业价值创造的核心，可以进一步体现经营的差异化与成本优势（王伟，2005；方润生和李垣，2002）。良好的成本结构是持续竞争优势的进一步保证（波特，2005）。

第四，价值创造指在消费中增加或创造的消费者得益（Priem，2007）。价值网络反映着价值创造的基本属性，价值网络是价值创造的载体（李垣和刘益，2001；王伟，2005；孟庆红等，2011）。根据 Penrose（1959）的内生成长理论，企业成长的源泉是企业的能力，而企业的能力来源于企业所拥有的资源禀赋。因此，资源禀赋是价值创造的源泉。关键活动描述了企业运营与管理模式，是价值创造的执行过程（Johnson et al.，2008）。因此，价值网络和资源禀赋共同解释了企业如何创造价值的问题。企业与供应商和合作伙伴的价值网络同时回答了价值如何传递的问题（Yunus et al.，2010）。

第五，在商业模式中，成本结构起着承上启下的作用。良好的成本结构可以使顾客价值主张切实可行（全允桓等，2011）。良好的成本结构是企业可持续竞争优势的保障（波特，2005）。收入模式是建立在成本结构的特征上的，成本结构是收入模式的基础。

第六，收入模式解释了企业如何赚钱的问题。收入模式告诉我们，企业如何对创造出来的价值进行回收（原磊，2007）。收入模式研究可以进一步解释为什么一些企业采取对大多数客户免费、对有附加服务要求的客户收费的模式（如人人网），为什么有的企业只面向高端客户（如劳力士），而有的企业却采取薄利多销的经营模式（如沃尔玛）。

第七，关键活动并不适合作为商业模式的要素。一是关键活动本身过于泛化，在实证分析中难以度量。Johnson et al.（2008）认为，关键活动包括企业的一些周期性的任务，如训练、发展、制造、预算、计划、销售、服务以及条例、规则和规范；李飞等（2013）认为关键活动包括营销模式、采购模式和流程模式，它们配合企业的资源模式共同进行价值创造活动。二是关键活动包含的方面过于广泛，与其他商业模式要素不在同一个层次上。顾客价值、市场定位都聚焦于企业商业模式的某一方面，而关键活动包括训练、发展、制造等多个方面。

因此，本书在价值三维度研究框架的基础上，参考国内外学者的相关研究，提出了如图3.1所示的基于价值三维度的商业模式六要素体系。

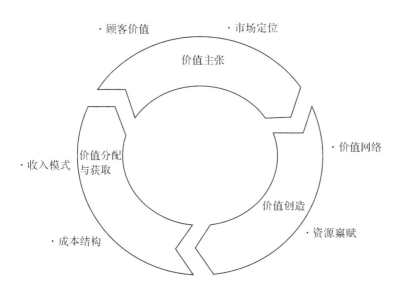

图 3.1　基于价值三维度的商业模式六要素体系

商业模式价值三维度的六个要素分别作用于三个维度的不同方面。其中：顾客价值和市场定位聚焦于价值主张，顾客价值是价值主张中最核心的部分，市场定位细化了价值主张的细分定位；价值网络和资源禀赋服务于价值创造过程，企业首先需要有自身的资源禀赋来生产产品和提供服务，自身资源禀赋不足以提供的部分，由价值网络补充（将低效率的工艺外包出去，由企业价值网络内的其他利益相关者立足于与其相关资源禀赋进行生产）；收入模式和成本结构共同构成了企业的价值分配与获取过程，成本结构是收入模式的基础，收入模式直接决定了企业如何获取价值，以及获取的价值如何在利益相关者之间分配的问题（吴晓波等，2014）。

第二节　研究设计

一、研究方法

商业模式演进机制研究分别从商业模式要素、分类和演进三个层面展开。其中，要素是分类的依据，分类是演进机制研究的前提。

（一）商业模式要素

程愚和谢雅萍（2005）采用回归分析，度量了商业模式与民营企业绩效的关系。国外研究以 Zott and Amit（2007）为代表，研究了在不同资源禀赋下，两种商业模式设计主题（效率和新颖）的商业模式设计对企业绩效的影响。

本章对 2002—2014 年信息技术业上市公司商业模式要素与绩效进行逐步回归分析，共得到 52 个模型（包括原始组和增加了控制变量的对照组）。回归分析可以得到我国科技型企业（以信息技术业上市公司为例）历年影响绩效的核心要素、商业模式要素对绩效的综合贡献度，以及要素间的动态一致性。商业模式要素间的动态一致性可以揭示出商业模式要素是如何有机构成的，揭示商业模式的价值创造机制；要素对绩效的综合贡献度把商业模式要素与企业绩效联系起来，商业模式是企业做生意的模型，无论是价值主张、价值创造，还是价值分配与获取过程，最后都要作用在企业绩效上。其中，要素对绩效的综合贡献度及要素间的动态一致性是商业模式分类的依据，也是商业模式演进机制研究的前提条件（郝秀清等，2013）。在单一年份中，我国信息技术业上市公司商业模式要素之间存在着严重的多重共线性现象，为了消除多重共线性对回归结果的影响，本章逐年采用逐步回归法，以商业模式要素为自变量对绩效变量进行回归分析。

（二）商业模式分类

现有的商业模式分类方法主要有三种：第一种是理论推演法（Timmers，1998；Hodge and Cagle，2004）；第二种是横截面聚类法（Morris et al.，2013；吴晓波等，2014；）；第三种是要素穷举法，将商业模式看成一种要素的组合过程（王翔等，2010；项国鹏和周鹏杰，2013）。理论推演法主观性太强，随意性大；要素穷举法不能反映商业模式要素之间的关系，而且不能有机地体现价值创造的内部机制，会使划分的商业模式类型过多、过细，难以有效指导企业商业模式实践。

聚类法根据企业要素之间的距离进行分类，划分出来的商业模式类型更能有机地体现要素的不同组合形态，可以从商业模式运作机理上反映其固有特征，而且划分出来的类型与企业所表达出来的商业模式要素特征具有更高的吻合度，更加符合企业的商业模式实践。借鉴哈南和弗里曼（2014）基于组织基因的组织分类方法，本书采用聚类法。根据商业模式要素间的动态一致性、商业模式要素对绩效的贡献程度，以及不同年份六大要素的取值，本书分别进行横向和纵向的聚类，得到具体的商业模式类型。面板数据的聚类分析可以弥补以往横截面聚类研究划分的商业模式类型静态化的缺陷。

二、样本选择

20 世纪 90 年代的新经济浪潮带来的商业模式热首先爆发在科技型企业中，科技型企业的商业模式研究最多，影响最大（Amit and Zott，2001；Zott and Amit，2007；Wu et al.，2013；李强和揭筱纹，2013；王翔，2014；吴晓波等，2014；荆浩和贾建锋，2011；Schweizer，2006）。科技型企业的商业模式演进机制研究具有较好的行业典型性，在科技型企业中，信息技术企业发展最快，信息技术业的上市公司数量最多，且诞生了像阿里巴巴这样的明星企业。因此，本书选择信息技术业上市公司作为研究样本。

《国民经济行业分类》标准于 1984 年首次发布，分别于 1994 年、2002 年、2011 年和 2022 年进行了四次修订。从 2002 年开始，出现了"信息传输、计算机服务和软件业"；2011 年，该行业改称为"信息传输、软件和信息技术服务业"。国泰安数据库中，用"信息技术业"这一简称代替了以上两种说法，以下均使用国泰安的叫法。

信息技术业包含了更多的商业模式创新企业，这是一类特殊的科技型企业。本书选择信息技术业上市公司 2002—2014 年的数据作为原始样本。剔除原始样本中数据不全的上市公司、不满足科技型企业定义的上市公司，得到研究需要的样本。

三、研究模型

本书选择线性回归模型研究商业模式要素匹配性以及要素对绩效的贡献度。

（一）自变量

在价值创造中，企业必须明确准备向目标顾客传递何种价值（原磊，2007），即顾客价值（custom value，CV）是什么。顾客价值是商业模式的来源（宋春光和李长云，2013），它首先是一种主观感知，也就是经济学中的消费者剩余（王琴，2011）。第一，顾客价值可以提高企业的顾客忠诚度，提升企业的竞争优势（张明立等，2005）。第二，企业的资源、流程、组织结构和行为方式都是为顾客价值服务的，顾客价值确定了企业的成长空间（姜大鹏和和炳全，2005）。第三，顾客价值推动了技术变迁以及产业结构的变革（姜大鹏和和炳全，2005）。本书使用销售收入的明细来反映顾客价值。在上市公司的年报中，前五大客户的销售收入增长率（top five sales revenue growth rate，TFS）可以较好地反映企业的顾客价值。

价值主张需要帮助新创企业确立其市场定位（market position，MP），明确企业为谁创造价值、将产品卖给谁的问题（Morris et al.，2005）。参照项国鹏和周鹏杰（2013）对市场范围的划分，根据企业开展业务的不同地理范围以及不同地理范围业务收入占企业总营业收入的比重，本书将市场定位设定为三种具体的形态，即地区主导、区域扩展和国际扩张。其中，地区主导的企业在某个省份（或者地区）的营业收入占全企业总营业收入的50%及以上；区域扩展的企业分别在三个及以上的省份（或者地区）开展业务；国际扩张的企业开展国际化经营。当企业是地区主导型的时候，MP取1；当企业是区域扩展型的时候，MP取2；当企业是国际扩张型的时候，MP取3。市场定位缺失值处理办法：若只知道该企业在国内经营，取1.5；若完全没有该企业的市场定位资料，则取2。本书结合该企业历年的市场定位数据，进行数据的校对。通常随着时间的变迁，一个企业的市场定位是从地区主导逐渐向区域扩展和国际扩张发展的。

价值网络（net of value，NV）是包括供货商、顾客、经销商以及其他合作伙伴的复杂系统（王雪冬和董大海，2013），它为价值主张服务（原磊，2007），是价值创造的重要一环（Hamel，2001；Osterwalder et al.，2005；Yunus et al.，2010）。作为对波特价值链理论的延伸，狭义的价值网络包括竞争者、互补者、顾客以及供应商，而广义的价值网络还包括中介机构、联盟企业、政府、商业伙伴和广告商等（王琴，2011）。第一，价值网络把顾客，以及利益相关者看作价值的共同创造者，认为价值创造过程始于顾客，并最终落实到顾客价值上（陈宇科等，2009）。第二，价值网络的组合价值可以推动商业模式的创新。通过结盟等方式联合更多的参与者，可以产生一加一大于二的组合价值（孟庆红等，2011；金杨华和潘建林，2014）。第三，价值网络可以保证企业的可持续竞争优势。根据定义，价值网络涉及供货商、合作者等利益相关者的价值，联营企业数量（number of joint venture，NOJ）可以较好地反映合作者的利益。

商业模式要素之间的交互作用创造价值，也通过资源禀赋（endowment of resources，ER）起作用（Johnson et al.，2008；项国鹏和韩思源，2008）。企业的资源禀赋越好，说明占有的优质资源越多，企业的资产规模越大。本书使用公司资产规模的行业排名（用总资产衡量）（industry rankings of the size of company's assets，SOC）体现公司规模；企业资源禀赋状况越好，竞争力越强，财务状况越佳。本书使用财务状况（用每股收益来比较）的行业排名（industry rankings of financial condition，FC）反映财务状况。此外，无形资产净额（net value of intangible assets，NIA）反映了企业的无形资产状况，本书通过对无形资产净额取对数的方法消除企业规模的影响。

价值分配与获取过程首先需要明确企业的成本结构（cost structure，CS）（Yunus et al.，2010），企业成本管理是提高生产效率、进行服务创新的保证（Verwaal et al.，2009）。邢小强等（2011）在对我国六家本土农村地区商业运营企业的探索性研究中发现，成本结构是商业模式的重要组成要素。具有良好成本结构的企业，可以有效阻止新企业的冲击，保证自己的核心优势不被轻易模仿。成本结构是一种结构，即各类成本的比例。本书采用营业总成本（total operating cost，TOC）占总成本（total cost，TC）的比重来反映这一指标。

根据 Morris et al.（2005），企业经营就是为了获利，而收入模式（income pattern，IP）可以保证一个企业产生持续稳定的收入流。更重要的是，收入模式可以保障企业实现竞争优势，持续、稳定地获取收益（王迎军和韩炜，2011）。收入模式需要解决为什么收费、向谁收费以及如何收费的问题（Girotra and Netessine，2014）。在上市公司的财务指标中，应收账款（account receivable，AR）是先发货，后收款；预收款项（advance from customers，AFC）是先收款，后发货。两个财务指标集中地反映了企业为什么收费、向谁收费以及如何收费的问题。因此，本书采用应收账款占资产的比重（the percentage of account receivable，ARP）以及预收款项占总资产的比重（the percentage of advance from customers，AFCP）来反映企业的收入模式。

（二）因变量

通常，企业绩效可由资产收益率（ROA）和净资产收益率（ROE）度量。其中，

$$资产收益率（ROA）＝（净利润/平均资产总额）\times 100\%，$$

$$净资产收益率（ROE）＝（净利润/净资产）\times 100\%。$$

（三）控制变量

控制变量包括企业年龄（age）和规模（size）。不同年龄的企业常常处于不同的企业生命周期中，在不同的生命周期，企业商业模式也会发生变化。一般情况，上市时间久的企业年龄更大，因此，本书选择以企业上市时间控制企业生命周期对绩效的影响。规模较大的企业拥有更多的资源和经验，本书用雇员数量的对数衡量规模（Zott and Amit，2007），用上市公司上市时间的对数衡量企业年龄。

因此，我国信息技术企业商业模式对绩效的作用函数为：

$$ROA_t = a_{0t} + a_{1t}TFS_t + a_{2t}MP_t + a_{3t}NOJ_t + a_{4t}SOC_t + a_{5t}FC_t + a_{6t}NIA_t +$$
$$a_{7t}CS_t + a_{8t}ARP_t + a_{9t}AFCP_t + \beta_{1t} \tag{3-1}$$

$$ROE_t = b_{0t} + b_{1t}TFS_t + b_{2t}MP_t + b_{3t}NOJ_t + b_{4t}SOC_t + b_{5t}FC_t + b_{6t}NIA_t +$$
$$b_{7t}CS_t + b_{8t}ARP_t + b_{9t}AFCP_t + \beta_{2t} \tag{3-2}$$

$$ROA_t = c_{0t} + c_{1t}Age_t + c_{2t}Size + c_{3t}TFS_t + c_{4t}MP_t + c_{5t}NOJ_t + c_{6t}SOC_t +$$
$$c_{7t}FC_t + c_{8t}NIA_t + c_{9t}CS_t + c_{10t}ARP_t + c_{11t}AFCP_t + \beta_{3t} \tag{3-3}$$

$$ROE_t = d_{0t} + d_{1t}Age_t + d_{2t}Size + d_{3t}TFS_t + d_{4t}MP_t + d_{5t}NOJ_t + d_{6t}SOC_t +$$
$$d_{7t}FC_t + d_{8t}NIA_t + d_{9t}CS_t + d_{10t}ARP_t + d_{11t}AFCP_t + \beta_{4t} \tag{3-4}$$

其中：t（$1 \leqslant t \leqslant 13$）代表年份，$t$ 取值从 1 到 13，分别代表 2002—2014 年；TFS_t 表示第 t 年前五大客户的销售收入增长率，MP_t 表示第 t 年市场定位，NOJ_t 表示第 t 年联营企业数量，SOC_t 表示第 t 年资产规模的行业排名，FC_t 表示第 t 年财务状况的行业排名，NIA_t 第 t 年表示无形资产净额，CS_t 表示第 t 年营业总成本占总成本的比，ARP_t 表示第 t 年应收账款占资产的比，$AFCP_t$ 表示第 t 年预收款项占总资产的比。a_{it}、b_{it}、c_{jt}、d_{jt}（$1 \leqslant i \leqslant 9$，$1 \leqslant j \leqslant 11$）为各变量前的系数，$a_{0t}$、$b_{0t}$、$c_{0t}$、$d_{0t}$ 为常数项，β_{1t}、β_{2t}、β_{3t}、β_{4t} 为随机干扰项，表示除了上述变量以外，其他不能观测的因素对因变量的影响。

式（3-1）、式（3-2）分别为对 ROA 和 ROE 回归的原始组，式（3-3）、式（3-4）分别是加入了控制变量 age 和 size，对 ROA 和 ROE 回归的对照组。本书采用 2002—2014 年我国信息技术业上市公司年报数据，每年 4 个回归模型，13 年共有 52 个回归模型。

第三节　统计分析

一、描述性统计

本书分别对 2002—2014 年我国科技型企业（以信息技术业上市公司为例）商业模式要素的指标进行描述性统计（见附录 1），绘制 CV（顾客价值）的历年均值和标准差（见图 3.2）。信息技术业的顾客价值一直比较平稳，2012 年顾客价值的平均值最大，2014 年次之，顾客价值的均值和标准差表现出相似的分布特征。也就是说，从 2012 年起，信息技术企业开始更加注重顾客价值和回馈顾客，并通过提升顾客价值将更多的精力放在价值主张上面。这也从侧面说明，从 2012 年起，顾客的要求越来越高，传统的产品已经很难满足日益挑剔的顾客的需求，很多企业开始谋求个性化的定制生产以满足顾客需要，顾客的产品参与度越来越高。

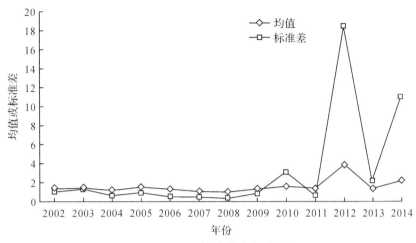

图 3.2　CV 的均值和标准差

　　本书绘制了科技型企业（以信息技术业上市公司为例）历年市场定位的变化表（见表 3.3）。可以看到，地区主导企业占比随着时间变化呈现出先增大后减小的变化规律，区域扩展企业占比随着时间变化呈现出先减小后增大的变化规律，国际扩张企业占比呈现出逐渐增加的变化规律。

表 3.3　科技型企业历年市场定位的变化

年份	地区主导企业占比	区域扩展企业占比	国际扩张企业占比
2002	27%	36%	36%
2003	36%	27%	36%
2004	33%	25%	42%
2005	30%	35%	35%
2006	47%	19%	34%
2007	37%	18%	45%
2008	35%	22%	43%
2009	28%	20%	52%
2010	24%	27%	49%
2011	25%	27%	47%
2012	22%	30%	48%
2013	19%	30%	51%
2014	15%	28%	56%

2006 年是地区主导企业占比最高的一年。也就是说：2002—2006 年，许多科技型企业出于经济实力等原因，首先在本地扩张；2006 年以后，这些企业规模扩大到一定程度，就开始扩展到外地乃至国际市场了。区域扩展企业占比在 2007 年最低，说明 2002—2007 年，很多区域扩展的企业在区域扩展中受到了阻力，公司不得不重新回归本地市场，说明这些年，区域竞争尤其激烈。2007 年以后，区域扩展的企业占比逐渐增大，越来越多的企业完成了国内的布局。自 2002 年起，国际扩张企业数量越来越多，企业的总体发展趋势还是走向国际，到了 2014 年，已经有 56％的企业开展国际业务了。

NOJ（联营企业数量）的历年均值和标准差如图 3.3 所示。联营企业数量均值和标准差也呈现出相似的分布特征。2004 年，联营企业数量均值最大，此后联营企业数量减少。可能的原因是，2002—2004 年，大批企业盲目扩张，之后企业的经营难以支撑众多数目的联营企业，联营企业数量开始逐渐减少，于 2012 年达到最低点，2012 年以后，企业价值网络扩张趋于理性，联营企业数量才逐渐再增加起来。

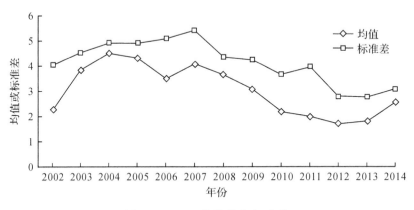

图 3.3 NOJ 的均值和标准差

NIA（无形资产净额）的历年均值和标准差如图 3.4 所示。无形资产净额的均值和标准差呈现出近乎相反的变化状况。随着时间变化，信息技术企业的无形资产净额走势较为平稳。

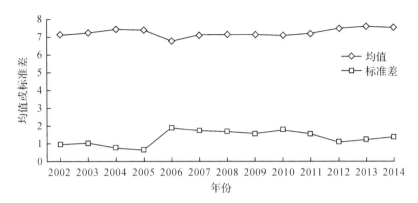

图 3.4　NIA 的均值和标准差

CS（成本结构）的历年均值和标准差如图 3.5 所示。成本结构的均值和标准差呈现出近乎相反的变化状况，成本结构数值较为接近 1，2007 年成本结构水平最低。

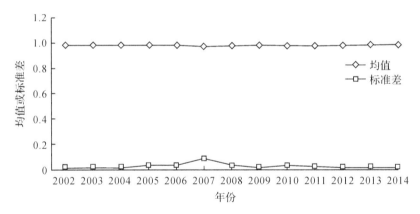

图 3.5　CS 的均值和标准差

ARP（应收账款占资产比）的历年均值和标准差如图 3.6 所示。应收账款占资产比的均值和标准差基本呈现出相反的变化状况。应收账款占资产比于 2005 年到达峰值，说明：2002—2005 年，企业处在不断扩张中，为了扩大销售额，企业允许顾客赊账；2005 年以后，企业扩张渐趋理性，应收账款占资产比也逐渐减小。

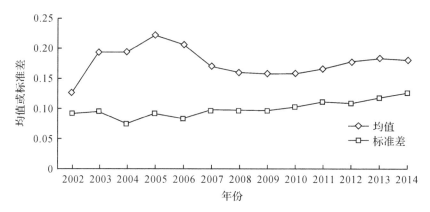

图 3.6 ARP 的均值和标准差

AFCP (预收款项占资产比) 的历年均值和标准差如图 3.7 所示。随着时间变化, 预收款项占资产比的均值和标准差呈现出较为近似的变化。预收款项是顾客先付款、企业再发货的一种销售形式, 这种销售形式可以提高企业的资金周转率。2005 年, 预收款项占资产比达到峰值, 说明这一年, 伴随企业扩张, 有更多产品采取了预收款这样的销售形式; 2010 年, 预收款项占资产比最低, 说明受经济危机影响, 顾客逐渐不愿意采取这样的交易方式了。

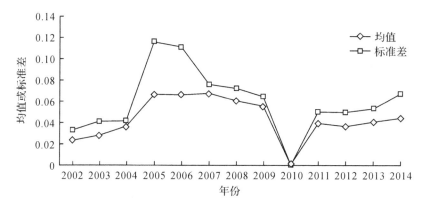

图 3.7 AFCP 的均值和标准差

可以发现, 历年的商业模式要素指标存在着较大的相关性。比如在附录 1 的表 1 中的 SOC 和 FC 的相关系数就高达 0.897, 附录 1 的表 2 中的

SOC 和 FC 的相关系数高达 0.983。自变量之间较高的相关系数会导致最小二乘回归的有偏估计，产生多重共线性现象，逐步回归方法是避免多重共线性的有效方法（孙敬水和马淑琴，2009；庞皓，2007）。

二、数据处理

本书分别对 2002—2014 年我国信息技术业上市公司各个商业模式要素指标与绩效进行逐步回归，得到了商业模式要素对绩效的贡献度。逐步回归方法有利于消除多重共线性影响。本书数据虽然是面板数据，但由于一些年份信息技术业上市公司的数量不够多（一些年份数据量不够多，不能直接采用面板数据模型），采用逐年的横截面回归分析。在横截面数据分析中，主要需要解决的是异方差问题。但是，采用逐年的异方差检验虽然可以在一定程度上减少最小二乘回归的有偏估计，却会减少大量影响绩效的商业模式要素变量，减少回归的自由度。研究目的是寻找商业模式要素指标对绩效的作用规律，异方差检验会删去众多影响绩效的商业模式要素指标。因此，本书采用逐步回归的方法以避免多重共线性对最小二乘回归的影响。

（一）逐步回归分析

首先，分别对 2002—2014 年科技型企业（以信息技术业上市公司为例）数据进行标准化处理；然后，采用逐步回归的方法消除多重共线性（庞皓，2007）。

如附录 1 中表 1 所示，在我国 2002 年信息技术业上市公司商业模式要素的描述性统计中，变量 CS 和变量 ARP 之间的相关系数为 0.889，大于0.8，若在回归中同时存在 CS 和 ARP 两个解释变量，则会出现严重的多重共线性。为了避免回归分析中出现多重共线性，本书采用逐步回归法分析 2002—2014 年的数据。具体的逐步回归分析过程详见附录 2。

（二）影响商业模式绩效的核心要素

逐步回归的好处是可以消除多重共线性对最小二乘估计结果的影响，但逐步回归分析会删去一些原本对绩效影响显著的变量，从而损失掉一些信息。而在每一年商业模式要素指标对绩效的回归中，仍有一些商业模式要素对绩效的影响不显著，也就是说，在单一年度，不是所有的商业模式要素都能够显著地影响绩效水平，存在着影响绩效的商业模式核心要素。

如表 3.4 所示，2002 年，模型 1 在 95％的显著性水平下，NIA 对 ROA 有显著的负向影响，修正的可决系数为 0.491；模型 3 在 95％的显著性水平下，SOC 对 ROE 有显著的正向影响，FC 和 CS 分别对 ROE 有显著的负向影响，修正的可决系数为 0.834。在这一年，国内互联网行业才刚刚起步，这时候的阿里巴巴还仅仅聚焦于 B2B 业务。在科技型企业初具规模的时候，资源禀赋和成本结构对绩效的影响最为显著。比如汉王科技在成立之初，需要投入大量的研发成本，并且需要一定的资源禀赋相配合，才能为有技术需求的企业提供手写识别技术。2002 年 2 月，汉王联机手写识别技术获得了 2001 年度国家科技进步一等奖（资源禀赋的表现）。

如表 3.4 所示，2003 年，模型 5 在 95％的显著性水平下，CV 和 CS 分别对 ROA 有显著的负向影响，MP 对 ROA 有显著的正向影响，修正的可决系数为 0.983；模型 7 在 95％的显著性水平下，CV 和 CS 对 ROE 有显著的正向影响，修正的可决系数为 0.969。在这一年，阿里巴巴推出了国内首个 B2C 平台——淘宝网，开始将便捷的网购消费模式带入千家万户。在这个时期，许多科技型企业开始定位自身，争相瓜分国内市场的"大蛋糕"。因此，在这个时期，顾客价值、市场定位和成本结构对绩效的影响最为显著。这个时期，商业模式对绩效的贡献率尤其高，精准的顾客价值和市场定位，可以迅速为企业带来大量收入。这个时期的汉王先后推出文本王、汉王笔等创新产品，聚焦于有手写识别需求的商务人士，由于汉王科技手写系列产品的成本难以压缩，其不得不聚焦于高端商务手写市场，满足商务人士的手写识别需求。

表 3.4　2002 年、2003 年信息技术业上市公司商业模式要素与绩效的回归分析

变量	ROA 模型 1 (2002 年)	ROA 模型 2 (2002 年)	ROE 模型 3 (2002 年)	ROE 模型 4 (2002 年)	ROA 模型 5 (2003 年)	ROA 模型 6 (2003 年)	ROE 模型 7 (2003 年)	ROE 模型 8 (2003 年)
截距	1.326***	1.563***	1.003***	0.877***	1.194***	1.120***	−0.369*	−0.370+
CV	—	—	—	—	−1.122***	−1.107***	1.218***	1.241**
MP	−0.380+	−0.667*	—	—	0.152**	0.115+	—	—
NOJ	—	—	—	—	−0.051	−0.039	−0.024	−0.026
SOC	—	—	1.160*	1.525*	−0.068	−0.018	—	—
FC	−0.358	0.165	−1.814**	−2.119**	—	—	—	—
NIA	−0.405*	−0.900*	—	—	—	—	0.124+	0.130
CS	—	—	−0.037***	−0.050**	−0.250*	−0.193	0.288*	0.300
ARP	—	—	—	—	—	—	—	—
AFCP	—	—	—	—	—	—	0.070	0.070
size	—	0.634	—	0.251	—	0.089	—	−0.007
age	—	−0.254	—	0.017	—	−0.019	—	−0.026
R^2	0.630	0.760	0.879	0.913	0.990	0.994	0.983	0.984
调整后 R^2	0.491	0.560	0.834	0.841	0.983	0.984	0.969	0.956

注：+ 表示 $p < 0.1$，* 表示 $p < 0.05$，** 表示 $p < 0.01$，*** 表示 $p < 0.001$。

如表 3.5 所示，2004 年，模型 9 在 95% 的显著性水平下，CV 对 ROA 有显著的负向影响，MP 对 ROA 有显著的正向影响，修正的可决系数为 0.578；模型 11 在 95% 的显著性水平下，CV 对 ROE 有显著的负向影响，修正的可决系数为 0.424。这一年，阿里巴巴持续关注顾客价值，推出了与淘宝配套的阿里旺旺，买家、卖家可以在阿里旺旺上面实现自由沟通，解决了以往网购中买卖双方沟通不便的问题，让顾客觉得网购更方便。不仅如此，阿里巴巴推出的第三方支付平台——支付宝，消除了网民对互联网交易安全的顾虑，并逐渐引发了由支付宝带来的支付革命。在此时期，顾客价值和市场定位对绩效的影响作用显著：科技型企业继续聚焦于顾客价值，以完成市场定位过程。

表 3.5　2004 年、2005 年信息技术业上市公司商业模式要素与绩效的回归分析

变量	ROA 模型 9 (2004 年)	ROA 模型 10 (2004 年)	ROE 模型 11 (2004 年)	ROE 模型 12 (2004 年)	ROA 模型 13 (2005 年)	ROA 模型 14 (2005 年)	ROE 模型 15 (2005 年)	ROE 模型 16 (2005 年)
截距	0.589**	0.555*	0.575**	0.509*	1.112**	1.108**	1.128**	1.154**
CV	−0.940**	−0.946**	−0.786*	−0.785*	−0.147	−0.123	—	—
MP	0.303*	0.247	0.425	0.114	0.299**	0.282+	0.347**	0.312*
NOJ	—	—	—	—	−0.291*	−0.277+		
SOC	—	—	—	—				
FC					−0.985**	−0.900*	−0.865**	−0.734*
NIA							−0.455*	−0.450*
CS	0.406+	0.437+	0.350+	0.401+	−0.584*	−0.563+	−0.283	−0.270
ARP	−0.289	−0.275					−0.185	−0.166
AFCP	—	—	—	—			—	—
size	—	0.252	—	0.342	—	0.100	—	0.194
age	—	−0.143	—	−0.146	—	−0.114	—	−0.217
R^2	0.732	0.839	0.581	0.743	0.635	0.647	0.739	0.776
调整后 R^2	0.578	0.647	0.424	0.528	0.512	0.457	0.652	0.655

注：+ 表示 $p<0.1$，* 表示 $p<0.05$，** 表示 $p<0.01$。

如表 3.5 所示，2005 年，模型 13 在 95% 的显著性水平下，NOJ、FC、CS 分别对 ROA 有显著的负向影响，MP 对 ROA 有显著的正向影响，修正的可决系数为 0.512；模型 15 在 95% 的显著性水平下，MP 对 ROE 有显著的正向影响，FC 和 NIA 分别对 ROE 有显著的负向影响，修正的可决系数为 0.652。在这一年，阿里巴巴集团接管了中国雅虎，在阿里巴巴的市场扩张中，不可避免地涉及与利益相关者的关系问题，适时收购中国雅虎，有助于利用雅虎的资源禀赋和市场定位，实行快速渗透战略。这个时期，是科技型企业的持续扩张阶段，资源禀赋、成本结构、价值网络共同配合市场定位影响绩效：企业在市场扩张（市场定位）的同时，需要提高资源禀赋的利用率，并立足于成本结构与利益相关者（价值网络）实现共赢。

如表 3.6 所示，2006 年，模型 17 在 95% 的显著性水平下，NIA 和 FC 分别对 ROA 有显著的负向影响，修正的可决系数为 0.467；模型 19 在

表 3.6　2006 年、2007 年信息技术业上市公司商业模式要素与绩效的回归分析

变量	ROA 模型 17 (2006 年)	ROA 模型 18 (2006 年)	ROE 模型 19 (2006 年)	ROE 模型 20 (2006 年)	ROA 模型 21 (2007 年)	ROA 模型 22 (2007 年)	ROE 模型 23 (2007 年)	ROE 模型 24 (2007 年)
截距	0.790***	0.811***	0.937***	0.900***	0.206**	0.120	1.218***	1.138***
CV	—	—	0.146	0.142	—	—	0.224*	0.196*
MP								
NOJ								
SOC	—	—	0.359**	0.377**	−0.196***	−0.112*		
FC	−0.420***	−0.376**	−0.558***	−0.585***	—	—	−0.182*	−0.116
NIA	−0.270*	−0.278*	—	—	—	—	−0.136	−0.172
CS	0.205	0.198	—	—	0.703***	0.750***	−0.378**	−0.345**
ARP								
AFCP								
size	—	0.074	—	0.023	—	0.124*	—	0.193*
age	—	−0.085	—	0.055	—	−0.057*	—	−0.029
R^2	0.515	0.530	0.421	0.432	0.862	0.891	0.367	0.435
调整后 R^2	0.467	0.446	0.363	0.331	0.855	0.879	0.297	0.335

注：* 表示 $p<0.1$，* 表示 $p<0.05$，** 表示 $p<0.01$，*** 表示 $p<0.001$。

95% 的显著性水平下，SOC 对 ROE 有显著的正向影响，FC 对 ROE 有显著的负向影响，修正的可决系数为 0.363。阿里巴巴于 2006 年推出了淘宝大学，为企业培训搭建平台，并投资建立了本地化的生活社区平台：口碑网。这一时期，科技型企业的资源禀赋对绩效的影响作用显著：企业通过重新聚焦于资源禀赋，夯实现有市场基础和市场地位。2006 年，生意宝正式上市，上市可以为企业带来更多更好的发展机遇，上市本身也是企业良好资源禀赋作用的结果。

如表 3.6 所示，2007 年，模型 21 在 95% 的显著性水平下，SOC 对 ROA 有显著的负向影响，CS 对 ROA 有显著的正向影响，修正的可决系数为 0.855；模型 23 在 95% 的显著性水平下，CV 对 ROE 有显著的正向影响，FC 和 CS 分别对 ROE 有显著的负向影响，修正的可决系数为

0.297。2007 年，阿里巴巴成立了阿里软件分公司，同年 11 月，阿里巴巴在港交所挂牌上市，同月，成立网络广告平台：阿里妈妈。阿里巴巴重新聚焦于顾客价值（阿里妈妈主要针对广告客户，是一个网站广告发布和购买的平台），立足于资源禀赋增加了分公司，这也同时增加了企业的成本负担，改变了成本结构。这一时期，科技型企业的顾客价值、资源禀赋和成本结构分别对绩效有显著影响：企业需要立足于资源禀赋和成本结构，重新构建顾客价值。2007 年，浙江网盛的产品——生意宝上线（重新聚焦顾客价值），并购了中国服装网，并参股机械专家网（聚焦于资源禀赋，改变成本结构）。2007 年，汉王科技突破了无限压感技术（聚焦于资源禀赋，新技术的研发增加了企业的研发成本），推出有压力感应的绘画板（重新聚焦顾客价值）。

如表 3.7 所示，2008 年，模型 25 在 95％ 的显著性水平下，CS 和 FC 分别对 ROA 有显著的负向影响，SOC 对 ROA 有显著的正向影响，修正的可决系数为 0.567；模型 27 在 95％ 的显著性水平下，FC 和 CS 分别对 ROE 有显著的正向影响，ARP 和 SOC 分别对 ROE 有显著的负向影响，修正的可决系数为 0.629。2007 年 4 月，阿里研究院成立。2008 年，阿里巴巴推出了淘宝商城。至此，阿里巴巴初步形成了以第三方服务以及广告收入为主的收入模式，推出淘宝商城和阿里研究院是企业聚焦于资源禀赋、改变成本结构的又一动作。这一年，科技型企业的资源禀赋、成本结构和收入模式对绩效的影响显著：在逐步的扩张中，企业的收入模式初步形成。2008 年，汉王科技推出了汉王电纸书，作为企业今后的主打产品；同年 5 月，汉王书城正式上线。汉王书城的上线标志着以汉王书城为中心的汉王微型商业系统的形成。汉王科技初步形成了通过终端收入补贴内容的收入模式，与以往汉王科技通过终端销售获取收入的模式共同支撑企业的发展。

如表 3.7 所示，2009 年，模型 29 在 95％ 的显著性水平下，NOJ、CS 和 FC 分别对 ROA 有显著的负向影响，修正的可决系数为 0.145；模型 31 在 95％ 的显著性水平下，NIA 和 AFCP 分别对 ROE 有显著的正向影响，NOJ 和 CS 分别对 ROE 有显著的负向影响，修正的可决系数为 0.248。2009 年，阿里巴巴收购中国领先的互联网基础服务供应商（价值网络和资

表 3.7 2008 年、2009 年信息技术业上市公司商业模式要素与绩效的回归分析

变量	ROA 模型 25 (2008 年)	ROA 模型 26 (2008 年)	ROE 模型 27 (2008 年)	ROE 模型 28 (2008 年)	ROA 模型 29 (2009 年)	ROA 模型 30 (2009 年)	ROE 模型 31 (2009 年)	ROE 模型 32 (2009 年)
截距	0.394^{***}	0.339^{**}	0.554^{***}	0.676^{***}	0.770^{***}	0.768^{***}	0.346^{**}	0.289^{**}
CV	—	—	—	—	—	—	—	—
MP	—	—	—	—	0.057	0.038	0.054	0.029
NOJ	—	—	—	—	-0.264^{*}	-0.218^{+}	-0.322^{**}	-0.334^{**}
SOC	0.188^{**}	0.226^{**}	-0.176^{*}	-0.233^{**}	—	—	0.083	0.195^{**}
FC	-0.217^{***}	-0.216^{***}	0.140^{*}	0.182^{**}	-0.138^{*}	-0.055	—	—
NIA	0.109^{+}	0.071	—	—	—	—	0.289^{*}	0.176^{*}
CS	-0.395^{***}	-0.372^{***}	0.503^{***}	0.455^{***}	-0.260^{*}	-0.227^{*}	-0.262^{*}	-0.232^{*}
ARP	—	—	-0.105^{*}	-0.112^{*}	—	—	—	—
AFCP	—	—	—	—	—	—	0.330^{**}	0.324^{**}
size	—	0.094	—	-0.038	—	0.294^{**}	—	0.464^{***}
age	—	0.023	—	-0.094^{*}	—	-0.263^{***}	—	-0.126^{*}
R^2	0.601	0.617	0.657	0.696	0.199	0.414	0.320	0.526
调整后 R^2	0.567	0.567	0.629	0.657	0.145	0.352	0.248	0.457

注: $^{+}$ 表示 $p<0.1$, * 表示 $p<0.05$, ** 表示 $p<0.01$, *** 表示 $p<0.001$。

源禀赋)——中国万网,同时成立阿里云计算有限公司(资源禀赋)。这一年,科技型企业的价值网络、成本结构资源禀赋和收入模式对绩效的影响显著。2009 年,生意宝联合浙江电信,推出网盛电信(价值网络),重组中国服装网(价值网络),并开始试水线上会展业务(生意宝进军会展业务,开启了新的收入源,并基于自身资源禀赋,有效地扩展了价值网络)。

如表 3.8 所示,2010 年,模型 33 在 95% 的显著性水平下,FC 对 ROA 有显著的负向影响,SOC 对 ROA 有显著的正向影响,修正的可决系数为 0.118;模型 35 在 95% 的显著性水平下,AFCP 对 ROE 有显著的正向影响,修正的可决系数为 0.069。2010 年,阿里巴巴推出团购网站聚划算;同时,推出手机淘宝客户端,阿里巴巴聚焦于资源禀赋,拓展了新的收入源。这一年,科技型企业的资源禀赋和收入模式对绩效的作用显著。2010 年,汉王科技与微软合作,推出商务平板电脑,试图拓展新的收入

表 3.8　**2010 年、2011 年信息技术业上市公司商业模式要素与绩效的回归分析**

变量	ROA 模型 33 (2010 年)	ROA 模型 34 (2010 年)	ROE 模型 35 (2010 年)	ROE 模型 36 (2010 年)	ROA 模型 37 (2011 年)	ROA 模型 38 (2011 年)	ROE 模型 39 (2011 年)	ROE 模型 40 (2011 年)
截距	0.295***	0.278***	0.281***	0.243***	0.753***	0.729***	0.761***	0.756***
CV	—	—	—	—	0.249***	0.235***	0.199***	0.207***
MP			−0.028	−0.033				
NOJ							0.087	0.032
SOC	0.160**	0.168**			0.049	0.075	—	—
FC	−0.164**	−0.155**	−0.071+	−0.070+	−0.091*	−0.087*	−0.048+	−0.036
NIA	—	—					0.036	0.008
CS					−0.130+	−0.139+	−0.134+	−0.132+
ARP	—	—					0.102*	0.085*
AFCP			0.161*	0.199**			0.090*	0.068
size	—	0.063	—	0.050	—	0.112+	—	0.112+
age	—	−0.019	—	0.032	—	−0.024	—	0.007
R^2	0.138	0.145	0.101	0.122	0.205	0.227	0.215	0.240
调整后 R^2	0.118	0.104	0.069	0.069	0.179	0.189	0.169	0.183

注：+ 表示 $p<0.1$，* 表示 $p<0.05$，** 表示 $p<0.01$，*** 表示 $p<0.001$。

源。生意宝推出了生意搜、生意通，并与中国电信合资运营农村中国线上平台（聚焦于资源禀赋，开拓新的收入源）。

如表 3.8 所示，2011 年，模型 37 在 95％的显著性水平下，FC 对 ROA 有显著的负向影响，CV 对 ROA 有显著的正向影响，修正的可决系数为 0.179；模型 39 在 95％的显著性水平下，CV、ARP 和 AFCP 分别对 ROE 有显著的正向影响，修正的可决系数为 0.169。这一年，科技型企业的顾客价值、资源禀赋和收入模式对绩效的影响最为显著。2011 年，生意宝推出生意社，并启动 B2C 战略（基于资源禀赋，聚焦非商务顾客，产生新的收入源），推出专业网络购物导航网站比购宝。

如表 3.9 所示，2012 年，模型 41 在 95％的显著性水平下，FC 对 ROA 有显著的负向影响，SOC 对 ROA 有显著的正向影响，修正的可决系数为 0.282；模型 43 在 95％的显著性水平下，SOC、ARP 和 AFCP 分别

表 3.9 2012 年、2013 年信息技术业上市公司商业模式要素的回归分析

变量	ROA 模型 41 (2012 年)	ROA 模型 42 (2012 年)	ROE 模型 43 (2012 年)	ROE 模型 44 (2012 年)	ROA 模型 45 (2013 年)	ROA 模型 46 (2013 年)	ROE 模型 47 (2013 年)	ROE 模型 48 (2013 年)
截距	2.467***	2.426***	2.535**	2.486**	0.660***	0.527***	0.796***	0.645***
CV	—		—					
MP			0.026	0.021				
NOJ								
SOC	0.134**	0.147**	0.114*	0.138*	0.129**	0.171**	0.099+	0.153*
FC	−0.315***	−0.311***	−0.339***	−0.349***	−0.270***	−0.262***	−0.268***	−0.274***
NIA	−0.225*	−0.292*	−0.208*	−0.240*				
CS	−0.195**	−0.189**	−0.175*	−0.171*				
ARP			0.141*	0.139*			0.109*	0.088
AFCP			0.329***	0.312***			0.217**	0.195*
size		0.150+		0.068		0.282**		0.240*
age		−0.051		0.017		−0.055		0.015
R^2	0.350	0.367	0.403	0.408	0.194	0.234	0.218	0.239
调整后 R^2	0.333	0.341	0.374	0.371	0.184	0.214	0.198	0.209

注：+ 表示 $p<0.1$，* 表示 $p<0.05$，** 表示 $p<0.01$，*** 表示 $p<0.001$。

对 ROE 有显著的正向影响，FC 和 CS 分别对 ROE 有显著的负向影响，修正的可决系数为 0.374。2012 年，阿里巴巴在港交所退市，并开始重组公司的架构，把现有子公司的业务调整为天猫、聚划算、一淘、淘宝、阿里云、阿里小企业业务和阿里国际业务七大事业群。这一年，科技型企业的资源禀赋、收入模式和成本结构对绩效的影响显著：企业聚焦于资源禀赋和成本结构，完成收入模式的整体布局工作。生意宝在这一年推出了云服务（资源禀赋），经过重组，公司旗下共有生意宝网络、网盛会展、网盛电信、网盛欧洲和生意社 5 家子公司（基于成本结构完成收入模式的整体布局）。

如表 3.9 所示，2013 年，模型 45 在 95% 的显著性水平下，FC 对 ROA 有显著的负向影响，SOC 对 ROA 有显著的正向影响，修正的可决系数为 0.184；模型 47 在 95% 的显著性水平下，AFCP 对 ROE 有显著的正向影响，FC 对 ROE 有显著的负向影响，修正的可决系数为 0.198。这一

年，科技型企业的资源禀赋和收入模式对绩效的影响显著：企业继续完成收入模式的布局工作。

如表 3.10 所示，2014 年，模型 49 在 95% 的显著性水平下，FC 对 ROA 有显著的负向影响，MP、SOC 和 NIA 分别对 ROA 有显著的正向影响，修正的可决系数为 0.497；模型 51 在 95% 的显著性水平下，FC 对 ROE 有显著的负向影响，修正的可决系数为 0.387。2014 年，阿里巴巴推出天猫国际，正式进军国际市场（市场定位）；同年，阿里巴巴在纽约证券交易所挂牌上市（资源禀赋）。这一年，科技型企业的资源禀赋和市场定位对绩效的影响显著：企业开始重新聚焦于资源和市场定位。2014 年，有了电纸书市场的挫败教训，汉王科技生产汉王霾表，重新定位市场。

表 3.10   2014 年信息技术业上市公司商业模式要素的回归分析

变量	ROA 模型 49（2014 年）	ROA 模型 50（2014 年）	ROE 模型 51（2014 年）	ROE 模型 52（2014 年）
截距	0.608***	0.553***	0.830***	0.803***
CV	0.114+	0.102+	0.139+	0.129
MP	0.031*	0.028*	0.022	0.018
NOJ	0.033	0.014	—	—
SOC	0.064**	0.090***	—	—
FC	−0.199***	−0.200***	−0.217***	−0.214***
NIA	0.135***	0.134***		
CS	−0.046	−0.045	−0.042	−0.044
ARP	−0.023	−0.021	0.044	−0.039
AFCP	—			
size	—	0.086		0.052
age	—	0.010		0.006
R^2	0.522	0.530	0.406	0.411
调整后 R^2	0.497	0.499	0.387	0.385

注：+ 表示 $p<0.1$，* 表示 $p<0.05$，** 表示 $p<0.01$，*** 表示 $p<0.001$。

六大商业模式要素是影响企业绩效的重要因素，不同年份，由于企业面临着不同的市场环境，影响商业模式的核心要素不同。

一个组织可以看作由核心要素和边缘要素所构成的系统（张晓军等，2013）。项国鹏和罗兴武（2015）在对浙江物产集团商业模式演进机制的研究中发现，在企业发展的不同阶段，影响绩效的核心要素是不同的。荆浩和贾建锋（2011）在对创业板企业立思辰的案例研究中发现，在企业商业模式的成长初期和成熟期，影响绩效的核心要素是不同的。本书根据项国鹏和罗兴武（2015）、荆浩和贾建锋（2011）等的商业模式演进机制研究结论，以及对信息技术业上市公司 2002—2014 年商业模式六大要素的九大指标对绩效的回归分析结果，提出：

命题 1：在不同年份，影响绩效的商业模式核心要素是不同的。

因此，商业模式核心要素对绩效的作用方向（正相关或负相关）会随着企业内外部生态环境（表现为时间的推移）变化而变化。比如，2008 年，FC 对 ROE 有正向的影响，而 FC 在 2014 年对 ROE 却是有着负向的影响。

（三）商业模式要素间的动态一致性

在对信息技术业上市公司进行逐步回归分析之前，首先需要厘清商业模式要素之间的动态一致性。Demil and Lecocq（2009、2010）定义了"动态一致性"概念，它指的是在改变现有商业模式的情况下，企业构建和维持绩效的能力。王晓明等（2010）提出"要素—结构—功能"的商业模式设计思想，认为商业模式要素以及要素之间的相互关系是商业模式得以运营的基础。类似于商业模式要素概念，苏江华和李东（2011）认为，商业模式是由许多互相依存的板块构成的，这些板块中的某一个发生改变，都会引起其他板块发生变化，这种板块之间的相互依存关系被称作互依型动力。王翔等（2015）将商业模式要素间的这种互相作用关系称为商业模式要素的耦合，提出商业模式要素的耦合会显著地影响绩效。项国鹏和罗兴武（2015）对商业模式演进机制的研究认为，商业模式要素间的匹配或互依关系是商业模式演进的内部驱动力。郑称德等（2011）更是认为，商业模式要素间的一致性是衡量商业模式设计好坏的重要标准。

商业模式是一个复杂系统，商业模式类型及性状决定于商业模式要素组合，包括商业模式要素以及商业模式要素之间的关系（魏江等，2012）。商业模式要素间的一致性，会显著影响企业绩效（张晓军等，2013；江积海，2014；王翔等，2015）。动态一致性指的是一个企业改变自身商业模式（要素间匹配性），同时构建和维持可持续绩效（要素对绩效的综合贡献度）的能力（Demil and Lecocq，2010）。根据 Demil and Lecocq（2009、2010）的定义，本书将商业模式要素间匹配性和要素对绩效的贡献度统称为要素间的动态一致性。商业模式要素间的动态一致性是商业模式分类的依据之一。

根据国内外 16 篇核心商业模式要素相关文献，本书整理出商业模式要素之间的因果回路（见图 3.8）。除了资源禀赋和市场定位之间、市场定位和成本结构之间没有显著的因果关系，商业模式其他要素之间都有着显著的因果关系。参照图 3.8，可以分别绘制出 2002—2014 年信息技术业商业模式要素间的动态一致性（见图 3.9—图 3.21）。

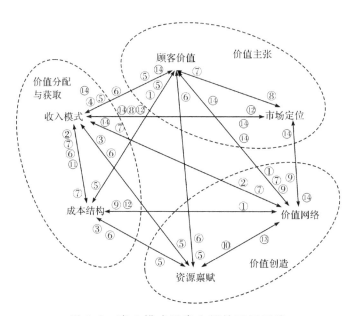

图 3.8   商业模式要素之间的因果回路

资料来源：颜安和周思伟（2011）、吕鸿江等（2012）、邢小强等（2011）、张敬伟和王迎军（2011）、Johnson et al.（2008）、Demil and Lecocq（2010）、Chesbrough et al.（2006）、Teece（2010）、王雪冬和董大海（2013）、宋春光和李长云（2013）、韩松和蔡剑（2013）、张新香和胡立君（2013）、曾萍和宋铁波（2014）、吴瑶和葛殊（2014）。

如图 3.9 所示，在 2002 年，价值三维度下，"价值创造→价值分配与获取"过程普遍比"价值主张→价值创造"过程中，要素指标间的相关系数要大。这一阶段，商业模式要素指标间的动态一致性呈现"前轻后重"的形态。

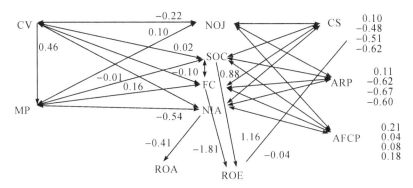

图 3.9　2002 年信息技术业商业模式要素间的动态一致性

如图 3.10、图 3.11 所示，在 2003 年、2004 年，价值三维度下，"价值创造→价值分配与获取"过程与"价值主张→价值创造"过程中，要素指标间的相关系数差不多大。这一阶段，两个过程的商业模式要素指标间的动态一致性比较平衡。

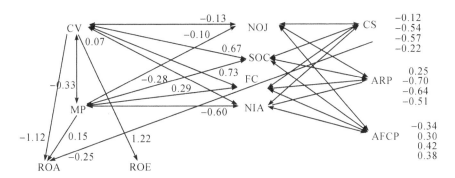

图 3.10　2003 年信息技术业商业模式要素间的动态一致性

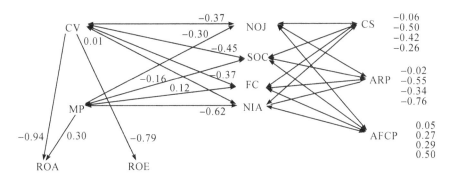

图 3.11　2004 年信息技术业商业模式要素间的动态一致性

　　如图 3.12 所示，在 2005 年，价值三维度下，"价值创造→价值分配与获取"过程普遍比"价值主张→价值创造"过程中，要素指标间的相关系数要大。这一阶段，商业模式要素指标间的动态一致性呈现"前轻后重"的形态。

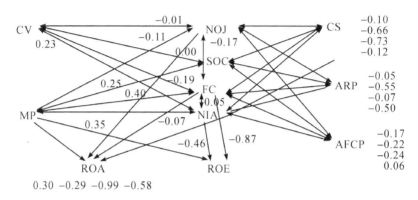

图 3.12　2005 年信息技术业商业模式要素间的动态一致性

　　如图 3.13—图 3.21 所示，在 2006 年—2014 年，价值三维度下，"价值创造→价值分配与获取"过程与"价值主张→价值创造"过程中，要素指标间的相关系数差不多大。这一阶段，两个过程的商业模式要素指标间的动态一致性比较平衡。

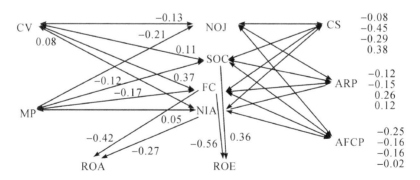

图 3.13　2006 年信息技术业商业模式要素间的动态一致性

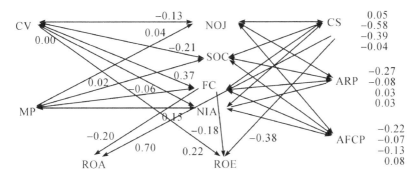

图 3.14　2007 年信息技术业商业模式要素间的动态一致性

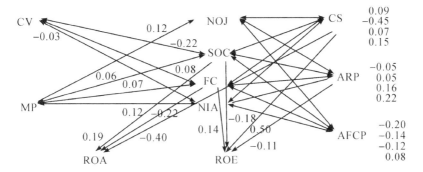

图 3.15　2008 年信息技术业商业模式要素间的动态一致性

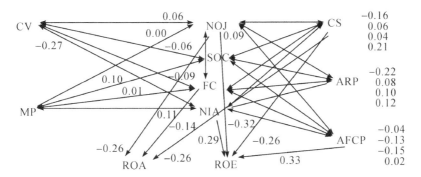

图 3.16　2009 年信息技术业商业模式要素间的动态一致性

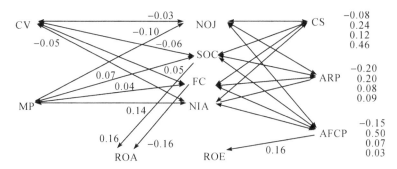

图 3.17　2010 年信息技术业商业模式要素间的动态一致性

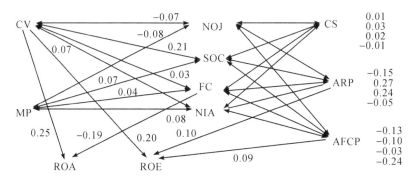

图 3.18　2011 年信息技术业商业模式要素间的动态一致性

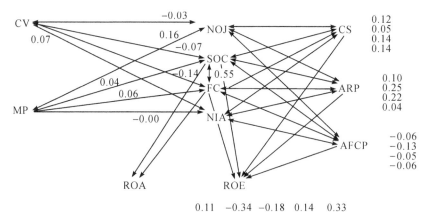

图 3.19　2012 年信息技术业商业模式要素间的动态一致性

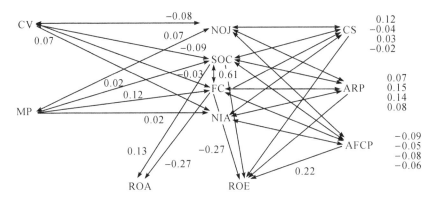

图 3.20　2013 年信息技术业商业模式要素间的动态一致性

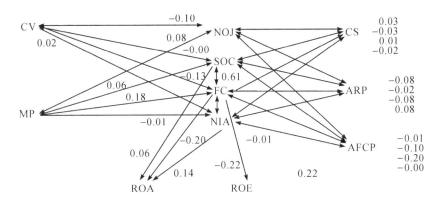

图 3.21　2014 年信息技术业商业模式要素间的动态一致性

商业模式要素间的动态一致性是在商业模式驱动因素作用下，商业模式要素组合的变化。商业模式要素间的动态一致性的变化会直接导致商业模式变革，进而完成旧商业模式的消亡和新商业模式产生的过程。

"前轻后重"的商业模式过于注重"价值创造→价值分配与获取"过程，忽视"价值主张→价值创造"过程，会导致商业模式创新动力不足。这种"现金牛"式的经营容易遭受到其他企业对企业现有商业模式的攻击，而企业对顾客价值关注度不够，研发没有及时跟进，又会导致难以对竞争对手的攻击行为给予及时还击，最终会被竞争对手超越。"前重后轻"的商业模式过于注重"价值主张→价值创造"过程，轻"价值创造→价值分配与获取"过程，会导致企业资金链断裂，源源不断的生产、制造、研发活动得不到长久的资金补充，商业模式终将难以为继。因此，企业应该保持商业模式要素间动态一致性的平衡，实现顾客价值、市场定位、资源禀赋、价值网络、成本结构和收入模式之间的平衡互动与良好匹配，才能保证商业模式创新的成功，使企业始终保持竞争优势。

（四）商业模式要素对绩效的综合贡献度

Demil and Lecocq（2010）提出的 RCOV 框架强调，商业模式要素组合通过绩效引发商业模式变革，商业模式要素组合必须通过绩效作用于商业模式本身（张晓军等，2013；江积海，2014；王翔等，2015）。在逐步回归中，可以发现财务状况（用每股收益来比较）的行业排名 FC 通常对绩效（ROA、ROE）的影响最为显著（在很多情况下，在逐步回归的第一步中，在 FC 对 ROA 或 ROE 的回归中，修正的可决系数最为显著）。财务状况的行业排名是资源禀赋要素下的次一级指标，因此，资源禀赋的优劣对于商业模式绩效有着非常重要的影响。

根据每一年影响绩效的核心要素对绩效的回归系数，结合商业模式各要素指标间的相关系数，可以得到商业模式要素匹配的系数（见表 3.11、表 3.12）。

表 3.11　商业模式要素匹配度的系数（价值主张→价值创造）

年份	系数 1	系数 2	系数 3	系数 4	系数 5	系数 6	系数 7	系数 8
2002	0.23	0.01	0.14	0.44	0.13	0.08	0.11	0.55
2003	0.11	0.68	0.73	0.09	0.10	0.32	0.33	0.61
2004	0.39	0.42	0.34	0.01	0.29	0.19	0.15	0.61
2005	0.02	0.03	0.17	0.23	0.08	0.20	0.36	0.07
2006	0.12	0.13	0.38	0.04	0.20	0.15	0.20	0.04
2007	0.12	0.21	0.18	0.01	0.04	0.02	0.07	0.15
2008	0	0.20	0.05	0.06	0.12	0.06	0.07	0.12
2009	0.06	0.01	0.08	0.26	0.01	0.10	0.02	0.12
2010	0.05	0.18	0.07	0.03	0.09	0.07	0.04	0.14
2011	0.06	0.21	0.03	0.07	0.07	0.09	0.04	0.08
2012	0.02	0.07	0.12	0.06	0.16	0.04	0.06	0
2013	0.07	0.09	0.03	0.07	0.09	0.02	0.12	0.02
2014	0.10	0.00	0.13	0.07	0.08	0.06	0.18	0.01

表 3.12　商业模式要素匹配度的系数（价值创造→价值分配与获取）

年份	系数9	系数10	系数11	系数12	系数13	系数14	系数15	系数16	系数17	系数18	系数19	系数20
2002	0.09	0.52	0.54	0.62	0.14	0.74	0.74	0.59	0.2	0.09	0.12	0.19
2003	0.14	0.53	0.57	0.23	0.26	0.75	0.69	0.5	0.34	0.33	0.44	0.38
2004	0.06	0.51	0.43	0.26	0.01	0.61	0.39	0.76	0.04	0.31	0.32	0.51
2005	0.15	0.64	0.72	0.13	0.06	0.07	0.05	0.5	0.17	0.2	0.23	0.06
2006	0.1	0.46	0.3	0.39	0.1	0.12	0.12	0.12	0.26	0.17	0.17	0.01
2007	0.05	0.59	0.39	0.03	0.26	0.08	0.03	0.12	0.23	0.08	0.15	0.09
2008	0.09	0.45	0.15	0.16	0.05	0.05	0.15	0.21	0.2	0.13	0.12	0.08
2009	0.14	0.05	0.05	0.21	0.21	0.07	0.1	0.12	0.01	0.15	0.14	0.03
2010	0.08	0.24	0.12	0.46	0.19	0.19	0.09	0.09	0.15	0.5	0.07	0.04
2011	0.02	0.03	0.03	0.01	0.17	0.27	0.25	0.04	0.12	0.1	0.01	0.24
2012	0.12	0.05	0.14	0.13	0.1	0.25	0.22	0.04	0.05	0.14	0.04	0.06
2013	0.02	0.04	0.01	0.02	0.06	0.15	0.13	0.04	0.09	0.03	0.07	0.06
2014	0.03	0.03	0.01	0.02	0.04	0.02	0.04	0.08	0.01	0.10	0.20	0.00

　　计算历年要素对绩效的综合贡献度可遵循以下步骤。首先，在某一年度，选择一个要素的指标作为反映要素对绩效综合贡献度的中介指标。因为这里求的是历年要素对绩效综合贡献度的相对值，不是绝对数值，选择六大要素下的任何一个指标作为中介反映绩效综合贡献度，都不影响历年中要素对绩效综合贡献度的相对值。为研究方便，本书选择 FC 作为要素对绩效综合贡献度反映的中介指标（在历年商业模式要素指标对绩效的回归中，FC 对绩效的贡献度最大）。其次，将影响绩效的核心要素指标对绩效的贡献度，通过要素间的相关系数转化成中介指标（FC）分别对 ROA 和 ROE 的贡献度。再次，求得转化成的多个中介指标（FC）对 ROA 和 ROE 贡献度的平均值，得到一个中介指标（FC）对 ROA 和 ROE 的贡献度。最后，取中介指标（FC）对 ROA 与（FC）对 ROE 贡献度的平均值，得到该年要素对绩效的综合贡献度。

　　将图 3.9—图 3.21 中"价值主张→价值创造"维度的要素（包括 CV

分别与 NOJ、SOC、FC、NIA 之间的相关系数，MP 分别与 NOJ、SOC、FC、NIA 之间的相关系数）提炼出来，可以得到如表 3.11 所示的商业模式要素匹配度的系数（价值主张→价值创造）。

将图 3.9—图 3.21 中"价值主张→价值创造"维度的要素（包括 CS 分别与 NOJ、SOC、FC、NIA 之间的相关系数，ARP 分别与 NOJ、SOC、FC、NIA 之间的相关系数，以及 AFCP 分别与 NOJ、SOC、FC、NIA 之间的相关系数）提炼出来，可以得到表 3.12。

根据图 3.9—图 3.21 中每一年影响绩效的核心要素指标分别对 ROA 和 ROE 的回归系数，以及各个核心要素与当年 FC 之间的相关系数，可以得到多个中介指标（FC）分别对 ROA 和 ROE 的贡献度，对这多个贡献度求平均值，可以得到一个中介指标（FC）分别对 ROA 和 ROE 的贡献度。取中介指标（FC）分别对 ROA 与 ROE 贡献度的平均值，可以得到如表 3.13 所示的中国信息技术企业的商业模式要素指标对绩效的综合贡献度〔中国科技型企业（以信息技术业上市公司为代表）分类的依据之一〕。

表 3.13　中国信息技术企业的商业模式要素指标对绩效的综合贡献度

年份	2002	2003	2004	2005	2006	2007	2008
要素对绩效的综合贡献度	1.45	0.47	0.3	0.42	1.52	0.22	0.3
年份	2009	2010	2011	2012	2013	2014	—
要素对绩效的综合贡献度	0.07	0.33	0.14	0.22	0.31	0.14	—

三、商业模式分类

（一）科技型企业商业模式分类

商业模式演进本质上是从一种稳定状态变为另一种稳定状态的过程，商业模式一旦形成，便会在一定时期内保持稳定（王晓明等，2010）。因此，商业模式不会频繁变化。在商业模式分类过程中，应该剔除频繁变化的商业模式类型。

本书以信息技术业上市公司为代表，研究科技型企业的商业模式分类，使用 SPSS17.0 软件，分别对 2002—2014 年信息技术业上市公司进行了聚类分析。第一，以基于价值三维度的商业模式六大要素的九个指标作为聚类选择变量，逐年聚类（横向聚类）；第二，根据单个企业不同年份的商业模式要素指标值、要素间的匹配性以及要素对绩效的综合贡献度，逐个对企业进行跨年的聚类分析（纵向聚类）；第三，根据跨年的商业模式聚类结果以及单个企业的要素状况，剔除不符合单个企业要素演进状况的跨年聚类结果，得到 22 种不同的类型；第四，分别绘制各个企业历年的商业模式图谱，合并商业模式要素状况相似的类型，剔除会引起单个企业商业模式频繁变化的类型，共得到四种基本的商业模式。

根据历年商业模式的分布状况进行聚类，本书得到中国信息技术业上市公司商业模式演进的三个阶段。参照不同时期的商业模式要素构成特点，本书将商业模式演进阶段分别命名为萌芽期、扩张期和调整期。其中：2002 年是萌芽期，信息技术企业的商业模式均处于起步阶段，联营企业数量不多，但其良好的资源禀赋状况可以助力企业未来的发展；2003—2007 年，企业进入扩张期，企业纷纷开始扩展价值网络，进行联营合作，企业仍然需要大量的资源支撑其扩张过程；调整期为 2008—2014 年，是信息技术业商业模式演进的新阶段，企业重新定位自身，关注顾客价值，收缩价值网络，需要的资源禀赋较少。

根据商业模式演进阶段中，不同类型商业模式的要素分布特征，本书将四种商业模式分别命名为：集聚型商业模式、猎豹型商业模式、贫乏型商业模式和顾客型商业模式。图 3.22—图 3.25 采用蛛网模型分别表示四种商业模式的要素指标值。蛛网模型可以用坐标轴表示价值三维度下的分类维度和细致程度（六个要素下，九个指标的不同变化取值）。其中，任何一种蛛网形态（九个指标的取值组合）可代表某一阶段内的某种商业模式类型。其中：集聚型、贫乏型商业模式存在于 2002—2014 年的全部演进阶段中，每种模式都经历了三个发展阶段；猎豹型商业模式经历了演进的前两个阶段；顾客型商业模式只存在于调整期内。

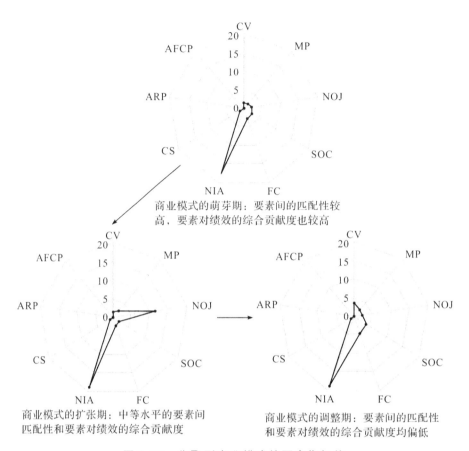

商业模式的萌芽期：要素间的匹配性较
高，要素对绩效的综合贡献度也较高

商业模式的扩张期：中等水平的要素间
匹配性和要素对绩效的综合贡献度

商业模式的调整期：要素间的匹配性
和要素对绩效的综合贡献度均偏低

图 3.22　集聚型商业模式的要素指标值

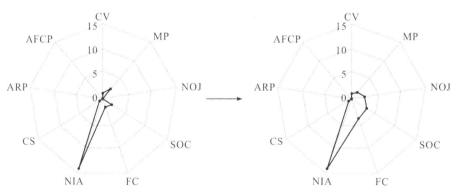

商业模式的萌芽期：要素间的匹配性较
高，要素对绩效的综合贡献度也较高

商业模式的扩张期：中等水平的要素间
匹配性和要素对绩效的综合贡献度

图 3.23　猎豹型商业模式的要素指标值

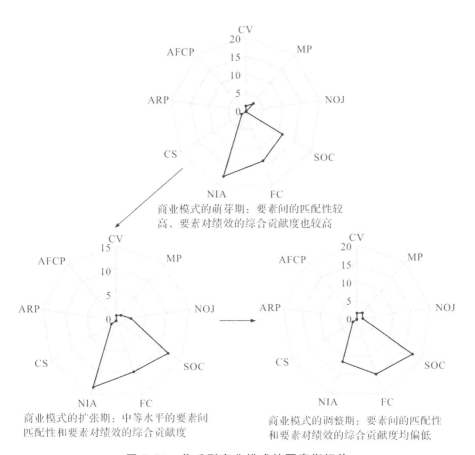

商业模式的萌芽期：要素间的匹配性较高，要素对绩效的综合贡献度也较高

商业模式的扩张期：中等水平的要素间匹配性和要素对绩效的综合贡献度

商业模式的调整期：要素间的匹配性和要素对绩效的综合贡献度均偏低

图 3. 24　贫乏型商业模式的要素指标值

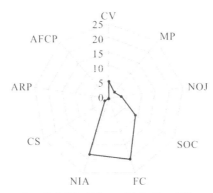

商业模式的调整期：要素间的匹配性和要素对绩效的综合贡献度均偏低

图 3. 25　顾客型商业模式的要素指标值

　　集聚型商业模式分为三个阶段。从萌芽期到扩张期，该模式开始拓展企业价值网络，企业需要更多的资源支持和高要素间的动态一致性相协调；在调整期，该模式具有较低的要素匹配水平，资源支持乏力，企业开始缩短战线，提高资金利用率。集聚型商业模式的企业有较高水平的资源禀赋、较高的成本结构水平、较低水平的顾客价值和中、高水平的绩效。历年中，集聚型商业模式的分布最广泛。该类商业模式较高水平的资源禀赋、较高的成本结构水平，适合于解决对资源依赖较大企业的经营问题。由于资源禀赋状况良好的企业可以更多地兼顾企业整体与局部的协同性，集聚型商业模式的企业多可以解决计算机系统和通信系统等问题。

　　猎豹型商业模式的企业在两个发展阶段中都具有较高的要素间动态一致性。从萌芽期到扩张期，企业拓展价值网络，但却没有相应的资源支持，因此，这种模式只存在于 2002—2007 年，缺乏资源禀赋支持的猎豹型商业模式难以在 2008 年以后的低要素间动态一致性的环境下存活。猎豹型商业模式的企业有较高水平的成本、较低水平的价值网络与顾客价值，以及中、高水平的绩效。该模式广泛地分布在 2002—2007 年，由于扩张过程缺少了资源禀赋的支持（扩张期公司资产规模的行业排名与财务状况的行业排名不升反降，难以支撑企业的继续扩张），企业发展缺乏后劲。它代表了中国信息技术企业商业模式的一种初级阶段，此类模式多用于解决软硬件产品的销售与服务问题。

　　贫乏型商业模式的资源禀赋状况不良。这种模式主要在扩张期拓展价值网络，拓宽市场。贫乏型商业模式的企业通常有中、低水平的资源禀赋，较低水平的顾客价值，以及中、低水平的绩效。贫乏型商业模式分布在历年之中，是通信服务企业的典型商业模式。

　　顾客型商业模式的企业只有一个发展阶段，有较高水平的顾客价值、市场定位、成本和中等程度的绩效。顾客型模式主要出现在 2008—2013 年，注重顾客价值，通过针对性地满足顾客价值，维持顾客忠诚度，代表了中国信息技术企业商业模式的中、高级阶段。

　　根据商业模式分类结果，本书绘制了如附录 3 所示的科技型企业（以信息技术业上市公司为例）商业模式演进图谱。

四种典型的科技型企业商业模式都可以成为某个企业的商业模式，是各种产品商业模式的集合概念。吉列的"刀＋刃"模式、苹果的"iPad＋iTunes"模式、戴尔电脑的直销模式都是产品的商业模式。而一个企业的商业模式不仅仅限于某一产品的商业模式，更多的是企业的产品（服务）的商业模式的集合。所以，不论集聚型商业模式、贫乏型商业模式、顾客型商业模式，还是猎豹型商业模式，都是商业模式的集合，不单单针对某一产品或服务。商业模式集合提取的是某一个企业所有产品（服务）商业模式中共性的特征，而某一产品（服务）商业模式仅仅是一种特殊的商业模式，是企业商业模式集合中的特例。

既然企业商业模式集合是有演进周期的，不同于传统商业模式研究，企业商业模式集合的研究不但要立足于企业整体，而且要具体聚焦于企业某一时期（萌芽期、扩张期或调整期）的商业模式。因为不论是不同企业，还是同一企业的商业模式集合，在不同时期，都会有不同的表现。所以，研究一个企业的商业模式集合，还需要结合企业所处的时期。

（二）猎豹型商业模式要素的变化规律

根据逐步回归的结果，可以分别得到 2005—2007 年猎豹型商业模式影响绩效的核心要素，如表 3.14 和表 3.15 所示。

如表 3.14 所示，2005 年，以 ROA 为绩效衡量指标时，猎豹型商业模式影响绩效的核心要素是市场定位和资源禀赋；以 ROE 为绩效衡量指标时，影响绩效的核心要素也是市场定位和资源禀赋。2006 年，以 ROA 为绩效衡量指标时，影响绩效的核心要素是收入模式；以 ROE 为绩效的衡量指标时，影响绩效的核心要素是收入模式和成本结构。

如表 3.15 所示，2007 年，以 ROA 为绩效衡量指标时，猎豹型商业模式影响绩效的核心要素是资源禀赋；以 ROE 为绩效衡量指标时，影响绩效的核心要素也是资源禀赋。猎豹型商业模式要素间动态一致性如图 3.26—图 3.28 所示。

表 3.14　2005 年、2006 年猎豹型商业模式要素与绩效的回归分析

变量	ROA 模型 53 (2005 年)	ROA 模型 54 (2005 年)	ROE 模型 55 (2005 年)	ROE 模型 56 (2005 年)	ROA 模型 57 (2006 年)	ROA 模型 58 (2006 年)	ROE 模型 59 (2006 年)	ROE 模型 60 (2006 年)
截距	0.704***	0.723**	0.730***	0.789***	0.639***	0.610***	0.813***	0.806***
CV	−0.160	−0.082	—	—	—	—	—	—
MP	0.243*	0.168	0.265**	0.230	—	—	—	—
NOJ	—	—	—	—	—	—	0.027	−0.022
SOC	—	—	—	—	0.146	0.237+	0.055+	0.076*
FC	−0.915**	−0.743*	−0.936**	−0.868*	—	—	0.054	−0.042
NIA	−0.255	−0.281	−0.289+	−0.281	—	—	—	—
CS	—	—	—	—	—	—	0.104**	0.097***
ARP	—	—	—	—	—	—	0.047*	0.053*
AFCP	—	—	—	—	0.205*	0.197*	0.082**	0.077***
size	—	0.387	—	0.257	—	0.207+	—	0.067*
age	—	0.191	—	−0.266	—	−0.121+	—	−0.029*
R^2	0.685	0.753	0.687	0.744	0.186	0.357	0.697	0.813
调整后 R^2	0.570	0.589	0.609	0.616	0.115	0.234	0.601	0.724

注：+ 表示 $p<0.1$，* 表示 $p<0.05$，** 表示 $p<0.01$，*** 表示 $p<0.001$。

表 3.15　2007 年猎豹型商业模式要素的回归分析

变量	ROA 模型 61 (2007 年)	ROA 模型 62 (2007 年)	ROE 模型 63 (2007 年)	ROE 模型 64 (2007 年)
截距	0.904***	0.845***	0.819***	0.786***
CV	—	—	—	—
MP	—	—	—	—
NOJ	—	—	—	—
SOC	—	—	—	—
FC	−0.284*	0.238*	−0.176*	−0.150*
NIA	—	—	—	—
CS	—	—	—	—
ARP	—	—	—	—
AFCP	—	—	—	—
size	—	0.144**	—	0.082**
age	—	−0.035	—	−0.021
R^2	0.224	0.603	0.240	0.586
调整后 R^2	0.181	0.528	0.197	0.508

注：* 表示 $p<0.05$，** 表示 $p<0.01$，*** 表示 $p<0.001$。

　　如图 3.26—图 3.28 所示，2005—2007 年，价值三维度下，"价值创造
→价值分配与获取"过程与"价值主张→价值创造"过程中，要素指标间
的相关系数差不多大。这一阶段，两个过程的商业模式要素指标间的动态
一致性比较平衡。

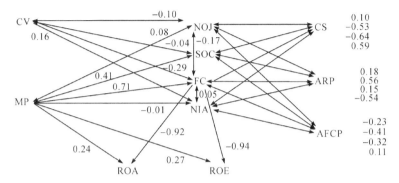

图 3.26　2005 年猎豹型商业模式要素间的动态一致性

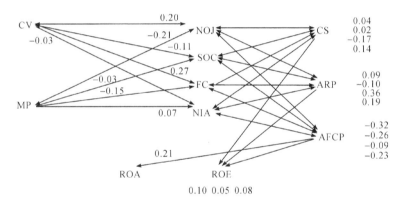

图 3.27　2006 年猎豹型商业模式要素间的动态一致性

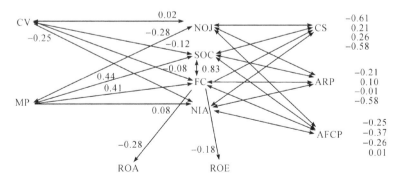

图 3.28　2007 年猎豹型商业模式要素间的动态一致性

根据图 3.26—图 3.28 的商业模式要素间动态一致性结果，可以得到 2005—2007 年猎豹型商业模式要素组合的变化规律，如图 3.29 所示。在统计期间，猎豹型商业模式始终处于商业模式演进的扩张期。2005 年，猎豹型商业模式首先聚焦于资源禀赋、定位市场；在市场定位成熟之后，聚焦于成本结构、收入模式；最终，2007 年，根据收入模式获取现金流之后，丰富自身的资源禀赋。在 2005—2007 年的统计期间内，猎豹型商业模式要素间的动态一致性比较平衡，表现为猎豹型商业模式同时注重"价值主张→价值创造"与"价值创造→价值分配与获取"两个过程，猎豹型商业模式要素组合较为平衡。

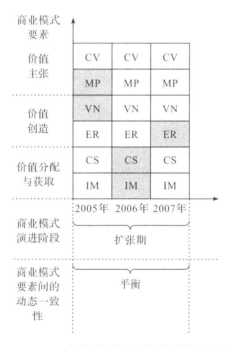

图 3.29　2005—2007 年猎豹型商业模式要素组合的变化规律

（三）集聚型商业模式要素的变化规律

根据逐步回归的结果，可以分别得到 2011—2014 年集聚型商业模式历年影响绩效的核心要素，如表 3.16 和表 3.17 所示。

如表 3.16 所示，2011 年，以 ROA 为绩效衡量指标时，集聚型商业模

表 3.16　2011 年、2012 年集聚型商业模式要素与绩效的回归分析

变量	ROA 模型 65 (2011 年)	ROA 模型 66 (2011 年)	ROE 模型 67 (2011 年)	ROE 模型 68 (2011 年)	ROA 模型 69 (2012 年)	ROA 模型 70 (2012 年)	ROE 模型 71 (2012 年)	ROE 模型 72 (2012 年)
截距	0.784***	0.767***	0.878***	0.849***	0.594***	0.598***	3.083**	3.146**
CV	0.221*	0.215*	0.238**	0.253**	—	—	—	—
MP	—	—	—	—	—	—	—	—
NOJ	—	—	—	—	—	—	—	—
SOC	0.295*	0.306+	—	—	—	—	—	—
FC	−0.171	−0.163	—	—	−0.426**	−0.431**	−0.427**	−0.427**
NIA	—	—	—	—	−0.274+	−0.220	—	—
CS	−0.200	−0.204	−0.274+	−0.276+	—	—	−0.223*	−0.228*
ARP	—	—	0.155*	0.143+	—	—	0.272**	0.268**
AFCP	0.119	0.118	0.139	0.108	0.111	0.173*	0.277**	0.310**
size	—	0.080	—	0.089	—	0.065	—	0.056
age	—	−0.019	—	0.009	—	−0.145*	—	−0.087
R^2	0.223	0.233	0.233	0.251	0.114	0.181	0.240	0.263
调整后 R^2	0.159	0.140	0.183	0.174	0.084	0.133	0.204	0.210

注：+ 表示 $p<0.1$，* 表示 $p<0.05$，** 表示 $p<0.01$，*** 表示 $p<0.001$。

式影响绩效的核心要素是顾客价值和资源禀赋；以 ROE 为绩效衡量指标时，影响绩效的核心要素是顾客价值和收入模式。2012 年，以 ROA 为绩效衡量指标时，影响绩效的核心要素是资源禀赋；以 ROE 为绩效的衡量指标时，影响绩效的核心要素是资源禀赋、收入模式和成本结构。

如表 3.17 所示，2013 年，以 ROA 为绩效衡量指标时，集聚型商业模式影响绩效的核心要素是收入模式和资源禀赋；以 ROE 为绩效衡量指标时，影响绩效的核心要素是收入模式。2014 年，以 ROA 为绩效衡量指标时，影响绩效的核心要素是资源禀赋和收入模式；以 ROE 为绩效的衡量指标时，影响绩效的核心要素是资源禀赋和顾客价值。2011—2014 年商业模式要素间动态一致性如图 3.30—图 3.33 所示。

表 3.17　2013 年、2014 年集聚型商业模式要素与绩效的回归分析

变量	ROA 模型 65 (2013 年)	ROA 模型 66 (2013 年)	ROE 模型 67 (2013 年)	ROE 模型 68 (2013 年)	ROA 模型 69 (2014 年)	ROA 模型 70 (2014 年)	ROE 模型 71 (2014 年)	ROE 模型 72 (2014 年)
截距	0.986***	0.851***	0.805***	0.811***	0.703***	0.723***	0.798***	0.815***
CV	—	—	−0.217	−0.198	—	—	0.138*	0.141*
MP	−0.071	−0.086+	—	—	—	—	—	—
NOJ	−0.142	−0.175	−0.279+	−0.310+	—	—	—	—
SOC	—	—	—	—	—	—	—	—
FC	−0.411**	−0.312*	—	—	−0.148***	−0.148***	−0.194***	−0.195***
NIA	—	—	0.317+	0.135	—	—	—	—
CS	—	—	—	—	—	—	—	—
ARP	0.213*	0.198*	0.280**	0.278**	−0.037	−0.042	−0.071+	−0.070+
AFCP	—	—	0.243*	0.215+	−0.086*	−0.068	—	—
size	—	0.290+	—	0.243	—	−0.028	—	−0.048
age	—	−0.073	—	−0.025	—	−0.010	—	0.022
R^2	0.224	0.281	0.247	0.265	0.518	0.540	0.517	0.523
调整后 R^2	0.172	0.207	0.183	0.175	0.492	0.487	0.491	0.479

注：+ 表示 $p<0.1$，* 表示 $p<0.05$，** 表示 $p<0.01$，*** 表示 $p<0.001$。

如图 3.30—图 3.33 所示，2011—2014 年，价值三维度下，"价值创造→价值分配与获取"过程与"价值主张→价值创造"过程中，要素指标间的相关系数差不多大。这一阶段，两个过程的商业模式要素指标间的动态一致性比较平衡。

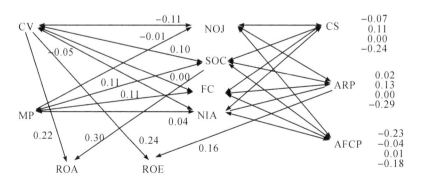

图 3.30　2011 年集聚型商业模式要素间的动态一致性

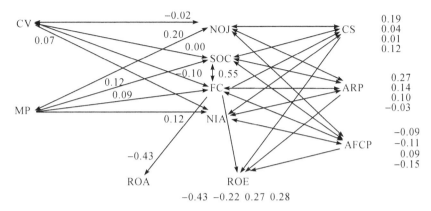

图 3.31　2012 年集聚型商业模式要素间的动态一致性

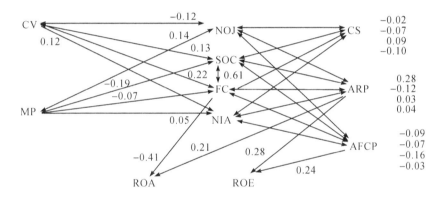

图 3.32　2013 年集聚型商业模式要素间的动态一致性

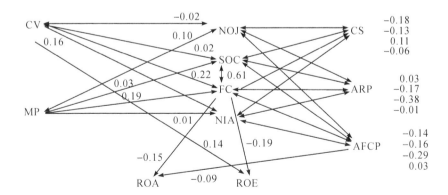

图 3.33　2014 年集聚型商业模式要素间的动态一致性

根据图 3.30—图 3.33 的商业模式要素间动态一致性结果，可以得到
2011—2014 年集聚型商业模式要素组合的变化规律，如图 3.34 所示。

图 3.34　2011—2014 年集聚型商业模式要素组合的变化规律

在统计期间，集聚型商业模式始终处于商业模式演进的调整期。2011
年，集聚型商业模式聚焦于资源禀赋，关注顾客价值，并调整收入模式；
2012 年，集聚型商业模式开始聚焦于资源禀赋，调整成本结构，以便更好
地实现价值获取；2013 年，基本延续了 2012 年的发展态势，2014 年，重
新聚焦顾客价值。2011—2014 年，集聚型商业模式要素间的动态一致性比
较平衡，表现为商业模式同时注重"价值主张→价值创造"与"价值创造
→价值分配与获取"两个过程，商业模式要素组合较为平衡。

（四）贫乏型商业模式要素的变化规律

根据逐步回归的结果，可以分别得到 2011—2014 年贫乏型商业模式
历年影响绩效的核心要素，如表 3.18 和表 3.19 所示。

表 3.18 2011 年、2012 年贫乏型商业模式要素与绩效的回归分析

变量	ROA 模型 73 (2011 年)	ROA 模型 74 (2011 年)	ROE 模型 75 (2011 年)	ROE 模型 76 (2011 年)	ROA 模型 77 (2012 年)	ROA 模型 78 (2012 年)	ROE 模型 79 (2012 年)	ROE 模型 80 (2012 年)
截距	0.760***	0.664***	0.748***	0.673***	3.922***	3.908***	2.268*	2.518**
CV	0.217**	0.221**	0.112+	0.120*	−0.227	0.223		
MP	—	—	—	—	—	—		
NOJ	−0.489*	−0.769**	−0.257	−0.583**	0.409	0.325	0.666*	0.460+
SOC	—	—	—	—	−0.031	−0.003		
FC	−0.181***	−0.108+	−0.122**	−0.074	−0.466***	−0.463***	−0.393***	−0.394***
NIA	—	—	0.048	0.042	−0.430**	−0.466**	−0.524**	−0.536**
CS	—	—	—	—	−0.312**	−0.316**	−0.123	−0.156
ARP	−0.068	−0.128*	0.027	−0.029			0.092	0.157
AFCP								
size	—	0.292*	—	0.248*		0.201		0.157
age		0.050		0.068*		−0.028		0.074
R^2	0.462	0.586	0.364	0.544	0.732	0.750	0.677	0.714
调整后 R^2	0.403	0.515	0.256	0.450	0.687	0.691	0.633	0.657

注：* 表示 $p < 0.05$，** 表示 $p < 0.01$，*** 表示 $p < 0.001$。

如表 3.18 所示，2011 年，以 ROA 为绩效衡量指标时，贫乏型商业模式影响绩效的核心要素是顾客价值、价值网络和资源禀赋；以 ROE 为绩效衡量指标时，影响绩效的核心要素是资源禀赋。2012 年，以 ROA 为绩效衡量指标时，影响绩效的核心要素是资源禀赋和成本结构；以 ROE 为绩效的衡量指标时，影响绩效的核心要素是资源禀赋和价值网络。

如表 3.19 所示，2013 年，以 ROA 为绩效衡量指标时，贫乏型商业模式影响绩效的核心要素是资源禀赋；以 ROE 为绩效衡量指标时，影响绩效的核心要素是顾客价值、价值网络和资源禀赋。2014 年，以 ROA 为绩效衡量指标时，影响绩效的核心要素是顾客价值、价值网络和资源禀赋；以 ROE 为绩效的衡量指标时，影响绩效的核心要素是资源禀赋。2011—2014 年贫乏型商业模式要素间动态一致性如图 3.35—图 3.38 所示。

表 3.19　2013 年、2014 年贫乏型商业模式要素与绩效的回归分析

变量	ROA 模型 81 (2013 年)	ROA 模型 82 (2013 年)	ROE 模型 83 (2013 年)	ROE 模型 84 (2013 年)	ROA 模型 85 (2014 年)	ROA 模型 86 (2014 年)	ROE 模型 87 (2014 年)	ROE 模型 88 (2014 年)
截距	0.602***	0.494***	0.578***	0.527***	0.652***	0.714***	0.779***	0.861***
CV	1.265+	1.134	1.589*	1.537*	2.837**	2.474*	3.092	2.945
MP	—	—	—	—	—	—	−0.025	−0.015
NOJ	0.357*	0.378+	0.382*	0.291+	0.120*	0.104*	0.102	0.094
SOC	0.244**	0.256**	0.285***	0.291***	0.028	0.010	—	—
FC	−0.421***	−0.401***	−0.442***	−0.434***	−0.162***	−0.174***	−0.169***	−0.198***
NIA								
CS								
ARP							−0.078	−0.067
AFCP								
size	—	0.254	—	0.118	—	−0.102	—	−0.182
age		−0.053		−0.020		−0.026		0.042
R^2	0.477	0.493	0.467	0.470	0.640	0.654	0.403	0.426
调整后 R^2	0.444	0.444	0.434	0.419	0.616	0.619	0.354	0.357

注：+ 表示 $p < 0.1$，* 表示 $p < 0.05$，** 表示 $p < 0.01$，*** 表示 $p < 0.001$。

如图 3.35—图 3.38 所示，2011—2014 年，价值三维度下，"价值创造
→价值分配与获取"过程与"价值主张→价值创造"过程中，要素指标间
的相关系数差不多大。这一阶段，两个过程的商业模式要素指标间的动态
一致性比较平衡。

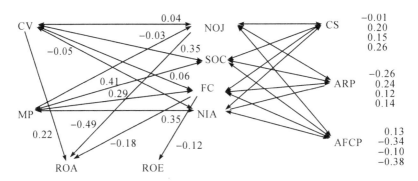

图 3.35　2011 年贫乏型商业模式要素间的动态一致性

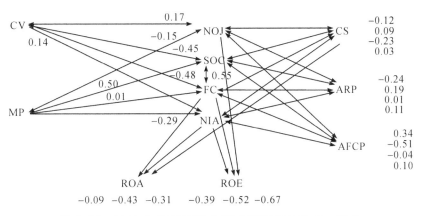

图 3. 36　2012 年贫乏型商业模式要素间的动态一致性

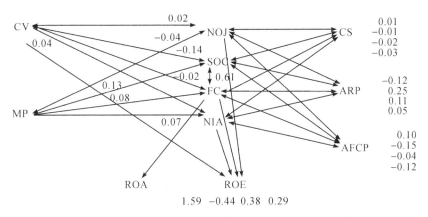

图 3. 37　2013 年贫乏型商业模式要素间的动态一致性

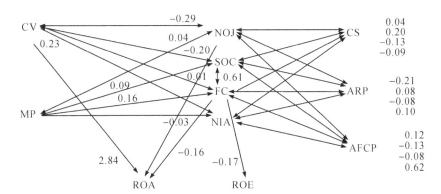

图 3. 38　2014 年贫乏型商业模式要素间的动态一致性

根据图 3.35—图 3.38 的商业模式要素间动态一致性结果，可以得到 2011—2014 年贫乏型商业模式要素组合的变化规律，如图 3.39 所示。

图 3.39 2011—2014 年贫乏型商业模式要素组合的变化规律

在统计期间，贫乏型商业模式始终处于商业模式演进的调整期阶段。贫乏型商业模式在 2011 年、2013 年和 2014 年，始终聚焦于资源禀赋和联合价值网络（获取其他利益相关者的资源禀赋，以弥补自身资源禀赋的不足），并持续关注顾客价值；只有在 2012 年，贫乏型商业模式在聚焦于资源禀赋和价值网络的基础上，调整成本结构，为的是在 2013 年和 2014 年更好地满足顾客需求。2011—2014 年，贫乏型商业模式要素间的动态一致性比较平衡，表现为同时注重"价值主张→价值创造"与"价值创造→价值分配与获取"两个过程，要素组合较为平衡。

（五）顾客型商业模式要素的变化规律

根据逐步回归的结果，可以分别得到 2011—2014 年顾客型商业模式历年影响绩效的核心要素，如表 3.20 和表 3.21 所示。

表 3.20 2011 年、2012 年顾客型商业模式要素与绩效的回归分析

变量	ROA 模型 89 (2011 年)	ROA 模型 90 (2011 年)	ROE 模型 91 (2011 年)	ROE 模型 92 (2011 年)	ROA 模型 93 (2012 年)	ROA 模型 94 (2012 年)	ROE 模型 95 (2012 年)	ROE 模型 96 (2012 年)
截距	0.626***	0.665***	0.757***	0.802***	0.504***	0.444**	9.091**	9.169**
CV	0.305**	0.311**	0.423***	0.429**	—	—	—	—
MP	0.050*	0.061+	—	—	—	—	—	—
NOJ	−0.149+	−0.087	−0.134	−0.079	—	—	—	—
SOC	—	—	−0.196*	−0.211+	0.223	0.322	—	—
FC	−0.065	−0.065	—	—	−0.426***	−0.458***	−0.427***	−0.403***
NIA	—	—	—	—	—	—	—	—
CS	—	—	−0.089+	−0.103*	—	—	−0.853**	−0.861**
ARP	—	—	0.073	0.056	—	—	—	—
AFCP	—	—	—	—	—	—	—	—
size	—	−0.084	—	−0.004	—	0.070	—	0.167
age	—	−0.033	—	−0.048	—	0.048	—	0.074
R^2	0.552	0.592	0.593	0.656	0.646	0.655	0.749	0.776
调整后 R^2	0.432	0.403	0.447	0.456	0.606	0.569	0.721	0.719

注：+ 表示 $p<0.1$，* 表示 $p<0.05$，** 表示 $p<0.01$，*** 表示 $p<0.001$。

如表 3.20 所示，2011 年，以 ROA 为绩效衡量指标时，顾客型商业模式影响绩效的核心要素是顾客价值和市场定位；以 ROE 为绩效衡量指标时，影响绩效的核心要素是顾客价值和资源禀赋。2012 年；以 ROA 为绩效衡量指标时，影响绩效的核心要素是资源禀赋。以 ROE 为绩效的衡量指标时，影响绩效的核心要素是资源禀赋和成本结构。

如表 3.21 所示，2013 年，以 ROA 为绩效衡量指标时，顾客型商业模式影响绩效的核心要素是资源禀赋；以 ROE 为绩效衡量指标时，影响绩效的核心要素也是资源禀赋。2014 年，以 ROA 为绩效衡量指标时，影响绩效的核心要素是资源禀赋；以 ROE 为绩效的衡量指标时，影响绩效的核心要素是资源禀赋和价值网络。2011—2014 年顾客型商业模式要素间动态一致性如图 3.40—图 3.43 所示。

表 3.21　2013 年、2014 年顾客型商业模式要素与绩效的回归分析

变量	ROA 模型 97 (2013 年)	ROA 模型 98 (2013 年)	ROE 模型 99 (2013 年)	ROE 模型 100 (2013 年)	ROA 模型 101 (2014 年)	ROA 模型 102 (2014 年)	ROE 模型 103 (2014 年)	ROE 模型 104 (2014 年)
截距	0.660^{**}	0.635^{*}	0.677^{***}	0.701^{***}	0.710^{***}	0.684^{***}	0.794^{***}	0.747^{***}
CV	—	—	-1.509	-1.435	—	—	-0.495	-0.353
MP	—	—	—	—	—	—	—	—
NOJ	—	—	—	—	—	—	-0.084^{**}	-0.097^{**}
SOC	—	—	—	—	0.022	0.038	-0.046^{+}	-0.024
FC	-0.163^{*}	-0.161^{*}	-0.201^{**}	-0.196^{*}	-0.153^{***}	-0.155^{***}	-0.157^{***}	-0.163^{***}
NIA	-0.212	-0.096	—	—	—	—	0.020	0.030
CS								
ARP	-0.143	-0.141	—	—	-0.051	-0.058	—	—
AFCP	—	—	-0.197^{+}	-0.198	-0.082^{+}	-0.088^{+}	0.054	0.036
size	—	-0.095	—	-0.050	—	0.047	—	0.063
age	—	0.002	—	0.003	—	-0.002	—	0.010
R^2	0.377	0.382	0.354	0.357	0.859	0.866	0.910	0.918
调整后 R^2	0.299	0.242	0.274	0.211	0.832	0.823	0.882	0.880

注：$^{+}$ 表示 $p<0.10$，* 表示 $p<0.05$，** 表示 $p<0.01$，*** 表示 $p<0.001$。

如图 3.40 和图 3.41 所示，2011—2012 年，价值三维度下，"价值创造→价值分配与获取"过程与"价值主张→价值创造"过程中，要素指标间的相关系数差不多大。这一阶段，两个过程的商业模式要素指标间的动态一致性比较平衡。

如图 3.42 所示，2013 年，价值三维度下，"价值创造→价值分配与获取"过程普遍比"价值主张→价值创造"过程中，要素指标间的相关系数要小。这一阶段，商业模式要素指标间的动态一致性呈现"前重后轻"的形态。

如图 3.43 所示，2014 年，价值三维度下，"价值创造→价值分配与获取"过程与"价值主张→价值创造"过程中，要素指标间的相关系数差不多大。这一阶段，两个过程的商业模式要素指标间的动态一致性比较平衡。

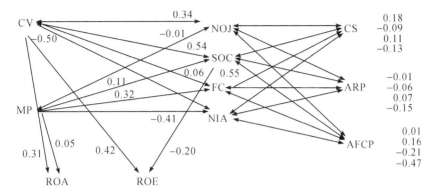

图 3.40　2011 年顾客型商业模式要素间的动态一致性

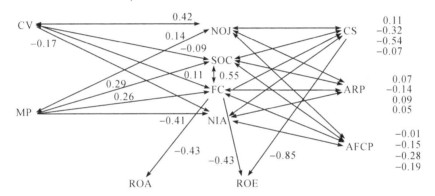

图 3.41　2012 年顾客型商业模式要素间的动态一致性

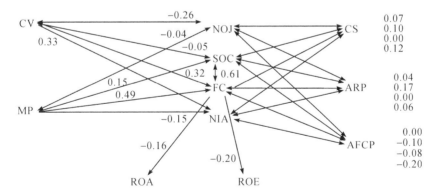

图 3.42　2013 年顾客型商业模式要素间的动态一致性

根据图 3.40—图 3.43 的商业模式要素间动态一致性结果，可以得到 2011—2014 年顾客型商业模式要素组合的变化规律，如图 3.44 所示。

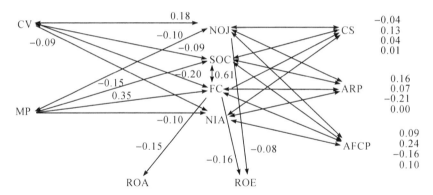

图 3.43　2014 年顾客型商业模式要素间的动态一致性

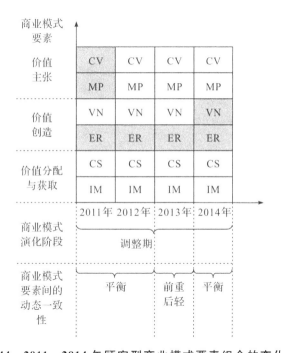

图 3.44　2011—2014 年顾客型商业模式要素组合的变化规律

　　在统计期间，顾客型商业模式始终处于商业模式演进的调整期阶段。2011 年，顾客型商业模式聚焦于资源禀赋，关注顾客价值并定位市场（首先确定要提供什么样的顾客价值，并定位市场，后续围绕顾客价值发展）；2012—2013 年，主要聚焦于资源禀赋；2014 年，在聚焦资源禀赋的基础上，联合价值网络，借用其他利益相关者的资源禀赋，以实现借力。2011—2014 年，顾客型商业模式要素间的动态一致性整体表现比较平衡；

除了在 2013 年，商业模式要素间略微表现出"前重后轻"，即过于注重"价值主张→价值创造"过程。

第四节　本章小结

猎豹型商业模式在统计期间，仅仅出现于商业模式演进的成长期。猎豹型商业模式先联合价值网络定位市场，再于 2006 年聚焦于成本结构，致力于创新收入模式，最终聚焦于资源禀赋。猎豹型商业模式没有在一开始聚焦资源禀赋，且历年影响商业模式绩效的核心要素反复多变，虽然商业模式要素间的动态一致性较为平衡，商业模式在四种典型的科技型企业中稳定性最高，但单纯追求效率优先的商业模式设计主题，使得猎豹型商业模式缺乏核心竞争力，最终在商业模式演进的成长期逐渐消失，被其他类型商业模式取代。

集聚型商业模式的演进包括商业模式演进的萌芽期、成长期和调整期。在统计期间，集聚型商业模式除了 2011 年和 2014 年格外关注顾客价值之外，历年都注重资源禀赋和收入模式设计。集聚型商业模式的典型特征就是资源集聚，一切都围绕资源禀赋展开，因此在 2011—2014 年，集聚型商业模式始终聚焦于资源禀赋。为了丰富企业自身的资源禀赋，集聚型商业模式需要量身设计收入模式，以使企业获得源源不断的现金流。在统计期间，集聚型商业模式要素间的动态一致性较为平衡。集聚型商业模式在四种典型的科技型企业商业模式中稳定性最低，适合以新颖为中心的商业模式设计主题，以持续提升该种商业模式的竞争力。

贫乏型商业模式的演进包括商业模式演进的萌芽期、成长期和调整期。在统计期间，贫乏型商业模式始终聚焦于资源禀赋和价值网络。和集聚型商业模式相对应，贫乏型商业模式的资源禀赋先天不足，需要结合价值网络和利用利益相关者的资源禀赋实现价值创造；同时，聚焦于成本结构、持续关注顾客价值是贫乏型商业模式取得成功的关键。在统计期间，贫乏型商业模式要素间的动态一致性较为平衡。贫乏型商业模式在四种典型的科技型企业商业模式中稳定性最高，适合效率优先的商业模式设计主题。

　　顾客型商业模式诞生于商业模式演进的调整期。在统计期间，顾客型商业模式始终聚焦于资源禀赋，并于 2011 年关注顾客价值，聚焦于市场定位，于 2014 年联合价值网络。顾客型商业模式首先通过关注顾客需求，定位好市场，然后聚焦于资源禀赋，陆续开展经营活动。除了 2013 年商业模式要素间表现出"前重后轻"（重"价值主张→价值创造"过程，轻"价值创造→价值分配与获取"过程）特点，在统计期间，顾客型商业模式要素间动态一致性比较平衡。顾客型商业模式在四种典型的科技型企业商业模式中稳定性适中。与其他三种典型的科技型企业商业模式不同，在 2011—2012 年、2012—2013 年、2013—2014 年分别对顾客型商业模式演进过程的模拟中，变异运算与交叉运算是分别交替展开的，顾客型商业模式始终围绕顾客价值，因此演进的方向存在较大的不确定性。顾客型商业模式设计的目标即为满足顾客日益增长的需求，因此，这种商业模式适合新颖优先的商业模式设计主题。

　　Demil and Lecocq（2010）认为，商业模式运营和管理所引起的商业模式要素及要素之间关系的改变是商业模式变革的内部原因。对比商业模式演进阶段、商业模式要素间的动态一致性以及不同时期影响绩效的核心要素，可以得出科技型企业商业模式要素组合的变化规律（见图 3.45）。

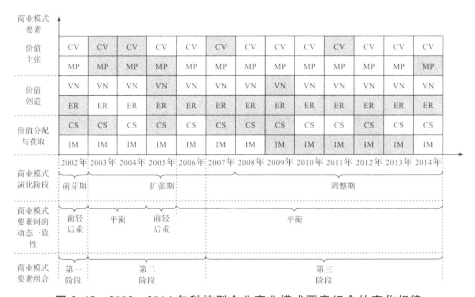

图 3.45　2002—2014 年科技型企业商业模式要素组合的变化规律

注：图中阴影区域代表历年对绩效贡献显著的商业模式要素。

　　如图 3.45 所示，不同时期，影响绩效的核心要素与商业模式要素间的动态一致性有较高的相关度。2002 年，资源禀赋和成本结构对绩效的影响显著，要素间的动态一致性呈现出"前轻后重"的形态，企业立足于成本结构，聚焦资源，为以后的发展蓄势。这一时期，企业的商业模式快速发展，企业更加看重"价值创造→价值分配与获取"过程，以为企业的持续扩张提供资金流；高水平的要素对绩效的综合贡献度可以为企业进一步发展提供资金支持。2003—2006 年，企业先聚焦顾客价值，配合市场定位、价值网络、资源禀赋和成本结构，扩大市场和经营范围。这一时期，商业模式要素间动态一致性除了 2005 年是"前轻后重"外，其他时间，商业模式要素指标间的动态一致性都比较平衡。这一时期，要素对绩效的综合贡献度处于中、高水平，商业模式的发展渐趋于稳定，要素的协同程度开始提高。2007—2014 年，企业缩小经营范围，实行收获战略（表现为收入模式对绩效的影响显著），并通过重新定位顾客价值（2011 年），寻求细分市场，保持可持续竞争优势。此阶段的商业模式要素间动态一致性较为平衡。平衡的要素间动态一致性可以满足企业实行收获战略、缩小经营范围的需求。因此，不同时期，影响绩效的核心要素与要素间动态一致性是相互协调发展的。

　　历年影响绩效的核心要素、要素指标值和要素间的动态一致性的变化与商业模式演进阶段有较高的相关度。Demil and Lecocq（2010）指出，商业模式演进是一种自发或受企业内外部环境变化驱动的微调过程，会引起商业模式要素组合的改变，继而影响绩效，形成新商业模式。一个企业通常会根据上一年的经营业绩进行内部调整，改变商业模式要素组合。企业外部市场环境变化会引起商业模式要素指标值、要素间动态一致性的变化，继而引发商业模式变化，长期的变化就构成了商业模式演进。在商业模式演进的萌芽期，信息技术业以集聚型商业模式居多，企业聚焦于资源，抢占市场。在扩张期，猎豹型商业模式的企业最多，在定位顾客价值、拓展价值网络的过程中，企业寻求快速扩张，以在短期内获取较高的利润。然而，2007 年初，商业模式要素间的动态一致性开始降低，影响绩效的核心要素也变成了资源禀赋、成本结构和收入模式。而商业模式演进却是滞后一年的，直到 2008 年初，才进入演进的调整期。这可能是因为要素的调节具有滞后效应，大量企业的商业模式转变需要一年的调整时间。在商业模式演进的调整期，较低的要素间动态一致性使商业模式发展趋于稳定。

商业模式演进具有类似自然选择的过程。根据 Demil and Lecocq（2010），企业在不断的与环境的匹配和适应中，寻求最佳的商业模式类型。商业模式演进过程可以看作商业模式核心要素改变和互动的过程（也就是商业模式要素之间的动态一致性），这个过程的最佳状态是核心要素彼此加强（Demil and Lecocq，2010；张晓军等，2013），其本质上是从一种稳定状态变成另一种稳定状态（王晓明等，2010）。猎豹型商业模式由于在扩张过程中资源禀赋不足，在 2008 年之前，被外部市场环境淘汰。但正如自然界会有新的物种产生，随着市场环境的变化，也会出现新的商业模式。在信息技术业，新商业模式的典型代表就是顾客型商业模式，这种模式专注于实现顾客价值，可以满足顾客越来越多的个性化需求，有很强的生命力。在跨越了 2002—2013 年三个阶段的商业模式中，贫乏型商业模式资源禀赋状况较差，发展缺乏后劲；集聚型商业模式由于良好资源禀赋状况的支持，具有较好的发展前景。因此，采用贫乏型商业模式的企业应该采取收获战略或进行商业模式的变革，将企业商业模式类型变更为顾客型或者集聚型。

第四章

价值创造视角下科技型企业
商业模式演进的模拟仿真

本章使用遗传算法，分别计算和模拟了猎豹型商业模式、集聚型商业模式、贫乏型商业模式、顾客型商业模式在一定时期内的演进过程，得到了每种类型商业模式的三大作用机制的变化规律。

第一节 研究设计

一、研究方法

现有的商业模式演进研究方法以理论推演和静态研究居多（原磊，2007；高峻峰和银路，2011；罗小鹏和刘莉，2012；龚丽敏和江诗松，2012；Bohnsack et al.，2014；项国鹏和罗兴武，2015），划分的商业模式的演进历程缺乏实证数据的支撑。作为对静态模型的改进，Lee（2013）等在后续研究中选用动态网格方法模拟商业模式演进，但所选的指标不能很好地反映商业模式特点，并未从机制上解释商业模式的构成。王砚羽和谢伟（2015）使用遗传算法研究了商业模式的扩散机制，但没有聚焦于研究企业商业模式自身的演进机制。

第一，商业模式演进机制研究只能选用面板数据，不能通过发放问卷的方法进行。不同于商业模式设计主题或单一年份的商业模式分类研究，商业模式演进机制要求研究的样本数据符合面板数据的要求（商业模式演进机制需要研究不同年份商业模式的跨期演变机制，单一年份的数据不能满足研究需要，需要面板数据），因此不能用发问卷的方法获得数据（发问卷获得的数据仅仅限于某一时间点的商业模式特征，而且获得的数据具有较大的主观性，不会随着时间推移而发生显著变化，无法反映商业模式跨越时期的变化规律），因此本书选择用上市公司年报数据研究商业模式演进机制（王砚羽和谢伟，2015）。

第二，遗传算法模拟是研究商业模式演进的合适方法。基于遗传算法的模拟仿真通过系统设计可以满足现实中难以操控的实验室条件（Gilbert and Troitzsch，2005），保证因果关系的内部效度（Yang and Chandra，

2013)，实现从微观到宏观的研究路线，与商业模式演进系统的动态性、抽象性特点相吻合（王砚羽和谢伟，2015）。遗传算法的三大算子的运算机理与商业模式演进的三大作用机制运作原理一致，是研究演进机制问题的合适方法（雷英杰等，2005）。

第三，本书的数据符合遗传算法模拟的要求。遗传算法的三个基本算子（交叉算子、变异算子和选择算子）与商业模式演进的三大作用机制（遗传机制、变异机制和选择机制）一一对应（雷英杰等，2005；李飞，2010；王凤彬和刘松博，2012；哈南和弗里曼，2014），本书使用上市公司年报数据完全符合遗传算法对数据的要求。

本书采用多元线性回归模型提炼不同商业模式要素在单一年度对绩效的回归方程，并使用遗传算法模拟商业模式演进过程，提炼不同类型商业模式演进中三大作用机制的变化规律。[①]

在分别对 2005—2007 年的猎豹型商业模式、2011—2014 年的集聚型商业模式、2011—2014 年的贫乏型商业模式和 2011—2014 年的顾客型商业模式进行回归的基础上，本书使用遗传算法分别模拟 2005—2006 年、2006—2007 年的猎豹型商业模式的演进过程，探索商业模式演进中三大作用机制的变化规律；使用遗传算法分别模拟 2011—2012 年、2012—2013年、2013—2014 年的集聚型、贫乏型、顾客型商业模式演进过程，探索不同年份商业模式演进中三大作用机制的变化规律。

二、样本选择

本章商业模式演进模拟研究的总体样本同第三章。由于多元回归对样本量的要求，本书选择 2005—2007 年的数据作为猎豹型商业模式的研究样本，选择 2011—2014 年的数据作为集聚型商业模式的研究样本，选择 2011—2014 年的数据作为贫乏型商业模式的研究样本，选择 2011—2014年的数据作为顾客型商业模式的研究样本。

---

① 本章不同类型商业模式要素对绩效的回归分析设计同第三章，此处不再赘述。

第二节　商业模式演进的三大作用机制

商业模式演进机制研究源于组织生态学理论。组织生态学建基于有关组织群落和组织种群的生态演化模型，是宏观组织社会学研究领域的一个重要分支，主要致力于剖析在较长的时间跨度内组织结构的形成因素（哈南和弗里曼，2014）。

组织生态学理论兴起于20世纪70年代。当时组织社会学开始注重环境对企业、政府机构和其他类型组织结构与功能的影响。该领域中大多数理论都强调组织自身是否能够理性、灵活、快速地适应环境变化，组织结构的可变性本身也体现了组织对环境波动的局部适应（哈南和弗里曼，2014）。

研究商业模式演进机制，首先需要确定商业模式的基本单元。组织可以拥有类似于生物的遗传物质DNA的基本结构和指令，Hannan and Freeman（1977）认为组织具有类似于生物DNA结构的一系列组织生命结构的指令，并把这种指令称作组织基因。在商业模式的基础性研究中，学者们对商业模式的基本单元做了有益的探索。其中，Burgi et al.（2004）认为，商业模式就像乐高积木，通过组装商业模式的构件为元素之间建立联系，可以设计出完全超出想象的新型商业模式。原磊（2007）的"3—4—8"体系结构建立在模块化思想的基础上，其将商业模式划分成了三级价值子模块，即单元模块、结构模块和功能模块。李东等（2010）提出用定位板块规则、利益板块规则、收入板块规则和资源板块规则将商业模式合围成一定的空间，并提出商业模式是由一系列商业模式"细胞"构成的，联结这些细胞的是不同板块的规则。翁君奕（2004）将介观物理学中的介观概念与商业模式概念结合，提出介观商业模式，认为商业模式中有大量介于微观和宏观之间的创新空间，商业模式主要由客户界面、内部构造和伙伴界面三个维度构成，不同核心界面的形态组合会构成不同类型的商业模式，并把每一种形态的组合称作商业模式原型。Weill et al.（2011）提出了原子商业模式概念，表达了同样的思想。其中，每个原子商业模式都具备营收来源、战略目标、必须具备的核心竞争力以及关键成功因素四个特征，通过改变原子商业模式要素的组合方式，就可以生成全新的商业模式类型。无论是商业模式单元、原子商业模式，还是介观商业模式，都表达了同一个思想：商业模式就像生物的基因组，不同的商业模式要素组合表达了不同的商业模式类型。根据翁君奕（2004），商业模式原型（原子商业模式）排列组合的方式构成了商业模式研究的黑箱，这也是长期以来，一直难以找到可用于程序化商业模式设计的商业模式理论原型的原因。

由此，学者们开始了对商业模式原型（原子商业模式）排列组合方式的探索性研究和理论推演。商业模式演进的三大作用机制是驱动商业模式原型排列组合的直接原因，也是商业模式演进的内部机制，它解释了商业模式演进驱动因素是如何作用于商业模式要素的。

商业模式演进三大作用机制的理论基础来源于组织生态学理论。组织生态学理论由费舍于20世纪30年代提出，他认为组织的演进机制包括遗传、变异和选择。哈南和弗里曼（2014）认为，组织演进类似于生物进化，是组织在较长的时间内变革和选择积累的过程，遗传、变异与选择机制是变革和选择的内部机制。其中，遗传机制更多表现为组织惰性，可以帮助组织延续现有的战略和结构，使得组织具有刚性；变异是组织变革的最终推动力，可以帮助重塑组织结构，并激发组织的多样性；选择机制广泛地存在于生物种群的演进过程中，类似于生物种群演进，选择机制解释了组织多样性的动态演进，表现为社会环境变化与组织变革之间相互影响（哈南和弗里曼，2014）。Glimstedt et al.（2006）认为，变异从商业模式内部推动了商业模式演进。Reydon and Scholz（2009）认为组织生态学理论是组织演化研究的核心，公司的经济学正如生物进化论，因为正如生物个体一样，企业是一个封闭的系统。进化论可以解释组织群落意义上的变异和遗传。管理者一般都想要超过竞争组织，而不是成为其他竞争者的翻版。正如组织生态学的研究者所认识到的，管理者在构建变异（正如波特提出的差异化竞争战略理论），而非进行组织继承。另外，相比之下，组织的遗传信息可以更方便地在组织和物种之间转移。当组织将一个部门廉价销售给其他组织的时候，遗传信息就会传播。在与其他组织合并的时候，通过雇佣懂组织商业运营的顾问，或者雇佣一些已经被解雇的雇员，就会把部门转变成独自的组织。当一个组织将一个部门分离出来作为独立的组织，新组织通常会成为一个与父系完全不同的物种。通过终结旧有的商业模式，开始新的商业模式，组织在原则上是可以在物种之间迁移的。诺基亚的历史就说明了这个问题，诺基亚起先是创建于 1865 年的造纸厂，之后与一个橡胶和电缆公司合并，诺基亚从纸产品再三转变其核心商业，同时运营多个核心产业，到现在专门运营电信产业。Reydon and Scholz (2009) 认为，组织的商业模式演进过程是一个剔除旧组织、产生新组织的过程，正如生物进化过程，父系、母系商业模式通过遗传、变异和选择机制，产生了新的商业模式。

李飞（2010）提出，组织的演进类似于生物遗传过程，包括基因和惯例、搜索和变异，以及环境的选择过程。其中，自然选择会"惯例化"企业行为，使其成为企业运营的固定模式。组织变异和生态学变异一样，其结果有着很强的不确定性。侯杰等（2011）认为，企业成长是一个不断试错、创新、寻找合适生态位的过程。其中，试错是变异和选择机制共同作用的结果，寻找生态位即为自然选择过程。诱发企业变异的因素包括资源禀赋优势的扩大、市场生存空间的扩大，以及新商业模式的应用；在企业变异后，提高合法性和积累资源禀赋是增大组织惯性的两种策略，也就是商业模式固化的一个过程。姚俊等（2006）认为，组织演化包括四个过程：变化、选择、保持和竞争。王凤彬和刘松博（2012）在以联想为案例的对组织演变的研究中，认为组织演变包括变异、保留和选择三大作用机制，组织演变就是组织不断"试误"的过程，"试误性学习"会打破组织前期路径的锁定，引发组织的持续演变。这种"试误"就是差异机制、保留机制和选择机制共同作用的结果。夏清华和娄汇阳（2014）专注于研究商业模式的遗传和变异机制，提出商业模式刚性概念，认为商业模式刚性是使商业模式在创新过程中表现出一种维持现有结构稳定的刚性，包括主观刚性和客观刚性两个维度，其中，客观刚性又分为内部刚性和外部刚性两类。商业模式刚性是一把"双刃剑"，既可以成为企业可持续竞争优势的来源，又可能成为阻碍组织商业模式创新的最大元凶。商业模式刚性有增强和减弱两种表现形式，是遗传和变异机制的外部表现：当遗传机制占上风时，表现为企业具有很强的商业模式刚性商业模式刚性得到增强；反过来，当变异机制占上风时，表现为企业有很强的商业模式创新倾向，商业模式刚性得到减弱。该研究，通过淘宝和 E-bay、饭统网和大众点评网两对企业商业模式演进的案例，采用逐项复制和差别复制的研究方法，揭示了商业模式刚性的演进过程。王砚羽和谢伟（2015）在商业模式的扩散研究中提出，商业模式具有维持机制。刘洁（2010）同样提出，组织的演化由遗传、变异和选择三大作用机制构成，包括外部协同演化和内部协同演化两个部分。因此，类似于物种的遗传、变异与环境选择，企业会通过商业模式演进的三大核心机制，即维持、差异（搜寻）和选择，实现商业模式的更新换代（李飞，2010；袁春晓，2002）。其中，维持主要源自所谓的组织惯例，是一种维持商业模式现有结构稳定的性质，这是商业模式分析单元的继承性特征，在维持机制的作用下，新商业模式内生于旧商业模式，可以保留原有商业模式的大部分特征，保证商业模式的继承性（夏清华和娄汇阳，2014）。差异指的是企业组织在结构及战略上的不同，也就是商业模式分析单元的变异。差异机制类似于生物演进中的变异机制，商业模式某些模块的突变可以产生出全新的商业模式，更好地为价值主张服务（夏清华和娄汇阳，2014；袁春晓，2002）。选择是在差异基础上，对新差异的选择过程（袁春晓，2002）。遗传机制类似于生物演进中的物种交配，可以保证新的商业模式同时拥有父系、母系商业模式原型片段中的特征。作为维持机制的补充，遗传机制可以为商业模式演进提供新鲜血液。据此，本书提出

　　命题 2：遗传、变异和选择是商业模式演进的三大作用机制，表现为不同时期商业模式刚性（遗传机制占主导地位）或商业模式创新（变异机制占主导地位）。

　　遗传算法是一种借鉴生物界自然选择和自然遗传机制的随机搜索算法。遗传算法的三种基本算法（交叉算法、变异算法和选择算法）同商业模式演进的三大作用机制一一对应（雷英杰等，2005；李飞，2010；王凤彬和刘松博，2012；哈南和弗里曼，2014）。其中，交叉算法是商业模式

维持的形成机制，使得商业模式可以延续旧有模式的特征；变异算法是商业模式差异的形成机制，为商业模式带来新鲜的血液；选择算法是商业模式选择的形成机制，可以保证商业模式与环境的较佳匹配。遗传算法的三大算法着眼于商业模式演进的内部机制，可以很好地实现商业模式演进过程的模拟。

图 4.1 显示了商业模式变革的环境选择机制。原始的商业模式经交叉、变异、选择三大运算，判断其与企业内外部因素的匹配程度，直到令决策者满意，完成了一次商业模式的变革。

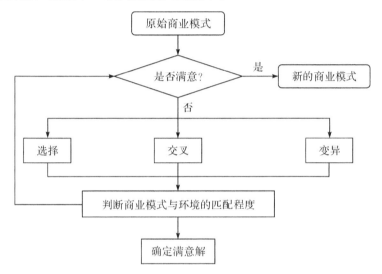

图 4.1　商业模式变革的环境选择机制

商业模式演进由长期的商业模式变革组成。每一次商业模式变革都是循序渐进的，变化并不显著；然而，长期看，把微小的差异积累，并不断放大，将产生出全新的商业模式。

对信息技术业商业模式三大作用机制演进进行模拟之后，分别对不同类型的商业模式演进机制进行模拟仿真，探索商业模式演进的三大作用机制对不同类型商业模式演进的影响。本书使用遗传算法分别对猎豹型商业模式（2005—2007 年）、集聚型商业模式（2011—2014 年）、贫乏型商业模式（2011—2014 年）和顾客型商业模式（2011—2014 年）演进过程进行模拟仿真。

一、基于遗传算法的猎豹型商业模式演进模拟

本书运用 MATLAB 软件，使用遗传算法，编制程序反映不同年份商业模式演进三大作用机制的变化规律。商业模式演进内部机制是一个"黑箱"，我们难以完全复原商业模式演进的过程，所以，本书通过增加迭代次数，试图探求商业模式演进的三大作用机制在不同时期的变化规律。以 2002—2003 年商业模式要素组合对 ROA 的回归为例，编制程序模拟商业模式演进过程。根据经验，设遗传算法种群数 popsize 为 160，遗传算法迭代的次数（选择运算的次数）ga_max 设为 2000，设变异概率 PM 为 0.3，交叉概率 PC 为 0.7。编制子函数，每个子函数分别负责一种运算功能，其中，mutationGA 是变异运算函数，select 为选择运算函数，crossGA 为交叉运算函数，genChrome 为染色体初始化函数，myfun 为每一个染色体的目标函数，decodingFun 为总目标函数。编制主程序（main）如下：

```
clc; close all; clear all;
gamma0 = [1.1325766, 0, -0.380098, 0, 0, -0.357647, -0.405460, 0, 0, 0]; gamma1 = [1.194121, -1.121508, 0.152472, -0.0512, -0.067504, 0, 0, -0.25019, -0.0512];
N = length (gamma0);
popsize = 160;
ga_max = 2000;
PM = 0.3;
PC = 0.7;
lb = -2 * ones (1, N);
ub = 1 * ones (1, N);
lb (1) = 0;
ub (1) = 0.096;
trace1 = zeros (ga_max, 2);
gen = 0;
Chrom = genChrome (popsize, N, lb, ub, gamma0);
Value = decodingFun (Chrom, popsize, gamma1);
```

```
traceOP=zeros (ga _ max，2);
wait _ hand = waitbar (0，'run?? '，'tag'，'TMWWaitbar');
while gen<ga _ max
    FitnV=ranking (Value);
    Chrom=select ('sus'，Chrom，FitnV，1);
    [Chrom，sum1] =mutationGA (Chrom，popsize，PM，N，lb，ub);
    [Chrom，sum2] =crossGA (Chrom，popsize，PC，N);
    Value = decodingFun (Chrom，popsize，gamma1);
    [v1，index1] =min (Value);
    gen=gen+1;
    traceOP (gen，1) =sum1;
    traceOP (gen，2) =sum2;
    trace1 (gen，2) =mean (Value);
    if gen==1
        bestChrom1=Chrom (index1,:);
        bestValue1=v1;
    end
    if bestValue1>v1
        bestValue1=v1;
        bestChrom1=Chrom (index1,:);
    end
    trace1 (gen，1) =bestValue1;
    waitbar (gen/ga _ max，wait _ hand);
end
delete (wait _ hand);
disp;
bestValue1
disp;
bestChrom1
disp;
gamma1
disp;
bestChrom1-gamma1
figure;
plot (trace1 (:，1)，'r * 一');
```

```
legend（{'种群最优值'}，'fontname'，'宋体'）；
xlabel（'迭代次数'，'fontname'，'宋体'）；
ylabel（'目标函数'，'fontname'，'宋体'）；
title（'遗传算法优化'，'fontname'，'宋体'）；
figure；
plot（trace1（:，2），'bo—'）；
legend（{'种群均值'}，'fontname'，'宋体'）；
xlabel（'迭代次数'，'fontname'，'宋体'）；
ylabel（'目标函数'，'fontname'，'宋体'）；
title（'遗传算法优化'，'fontname'，'宋体'）；
disp（'变异算子运行次数'）；
mnumber＝sum（traceOP（:，1））
disp（'交叉算子运行次数'）；
cnumber＝sum（traceOP（:，2））
disp（'选择算子运行次数'）；
ga＿max
```

本书使用遗传算法模拟猎豹型商业模式演进过程，如图 4.2—图 4.5 所示。

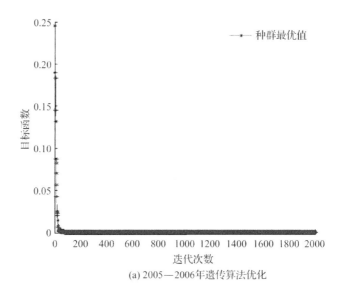

(a) 2005—2006年遗传算法优化

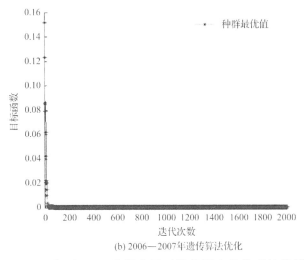

(b) 2006—2007年遗传算法优化

图 4.2 2005—2007 年以 ROA 为因变量时猎豹型商业模式的种群最优值图谱

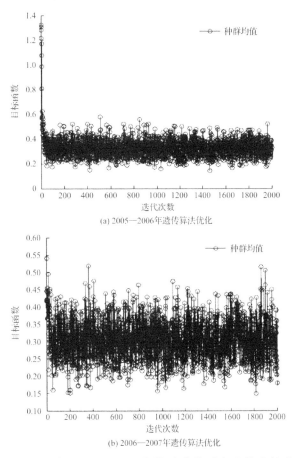

(a) 2005—2006年遗传算法优化

(b) 2006—2007年遗传算法优化

图 4.3 2005—2007 年以 ROA 为因变量时猎豹型商业模式的种群均值图谱

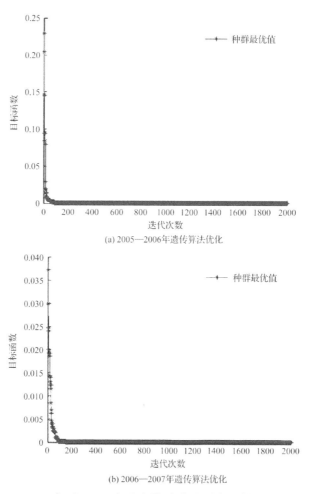

图 4.4　2005—2007 年以 ROE 为因变量时猎豹型商业模式的种群最优值图谱

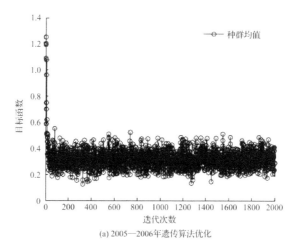

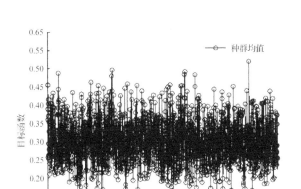

(b) 2006—2007年遗传算法优化

图 4.5　2005—2007 年以 ROE 为因变量时猎豹型商业模式的种群均值图谱

如图 4.2—图 4.5 所示，无论是以 ROA 还是以 ROE 作为绩效的衡量指标，猎豹型商业模式的种群最优值和种群均值都以较快速度达到收敛，因此，实现了对猎豹型商业模式演进过程的较好模拟。不同年份，猎豹型商业模式的种群最优值和种群均值收敛在不同水平上，是因为商业模式演进的三大作用机制受到商业模式演进驱动因素的影响，而不同年份，猎豹型商业模式所处的企业内外部生态环境不一样。猎豹型商业模式以 ROA 和以 ROE 作为绩效指标时三大算子运算次数如表 4.1、表 4.2 所示。

表 4.1　猎豹型商业模式以 ROA 为因变量时三大算子的运算次数

年份	变异算子运行次数	交叉算子运行次数	选择算子运行次数
2005—2006	95504	111995	2000
2006—2007	96072	112028	2000

表 4.2　猎豹型商业模式以 ROE 为因变量时三大算子的运算次数

年份	变异算子运行次数	交叉算子运行次数	选择算子运行次数
2005—2006	95886	111798	2000
2006—2007	96962	111859	2000

如表 4.1、表 4.2 所示，在对猎豹型商业模式以 ROA 或 ROE 为因变量的演进模拟中发现，变异算子呈现出"低→高"的分布特征，同时伴以交叉算子"低→高"的分布特征。

不论以 ROA 还是 ROE 作为因变量，猎豹型商业模式在 2005—2006 年交叉算子和变异算子运行次数都较少，2006—2007 年，猎豹型商业模式交叉算子和变异算子运行次数都较多。猎豹型商业模式在 2005—2007 年，整体表现较为稳定，商业模式的稳定性较强。

本书使用遗传算法模拟 2005—2007 年猎豹型商业模式的演进过程。当以 ROA 作为绩效的衡量指标时，得到变异运算次数：交叉运算次数：选择运算次数为 47.5667：55.5556：1。当以 ROE 作为绩效的衡量指标时，得到变异运算次数：交叉运算次数：选择运算次数为 47.8324：55.8659：1。在对猎豹型商业模式 2005—2007 年商业模式演进的模拟中发现，变异运算次数适中，选择运算次数较多，因此猎豹型商业模式应该满足 Zott and Amit（2007）所提的效率优先的商业模式设计主题。

二、基于遗传算法的集聚型商业模式演进模拟

使用遗传算法模拟集聚型商业模式演进过程，可以得到如图 4.6—图 4.9 所示的商业模式演进模拟结果。

如图 4.6—图 4.9 所示，无论是以 ROA 还是以 ROE 作为绩效的衡量指标，集聚型商业模式的种群最优值和种群均值都以较快速度达到收敛，因此实现了对集聚型商业模式演进过程的较好模拟。不同年份，集聚型商业模式的种群最优值和种群均值收敛在不同水平上，是因为商业模式演进的三大作用机制受到商业模式演进驱动因素的影响，而不同年份，集聚型商业模式所处的企业内外部环境不一样。集聚型商业模式以 ROA 和以 ROE 作为绩效指标时三大算子的运算次数如表 4.3、表 4.4 所示。

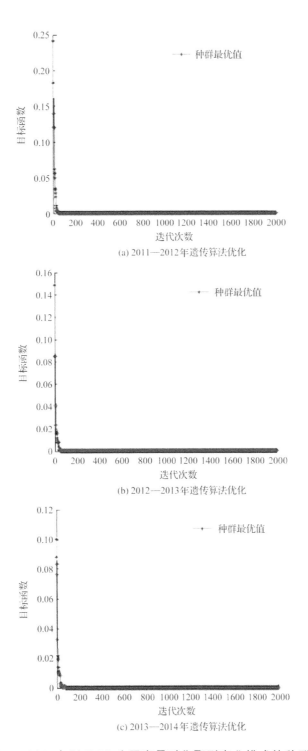

图 4.6 2011—2014 年以 ROA 为因变量时集聚型商业模式的种群最优值图谱

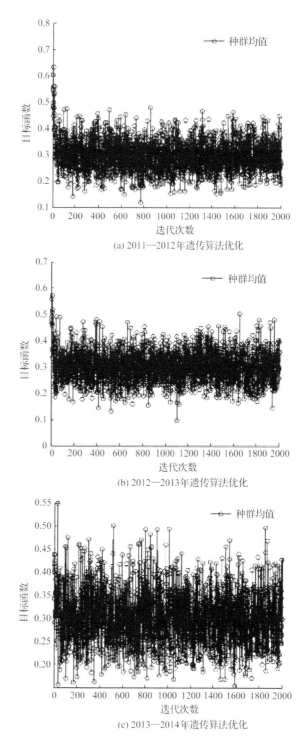

图 4.7　2011—2014 年以 ROA 为因变量时集聚型商业模式的种群均值图谱

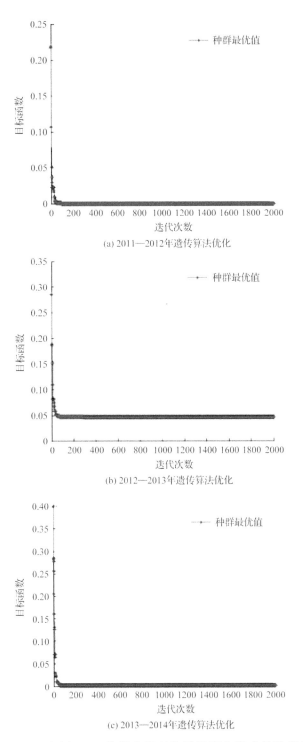

图 4.8 2011—2014 年以 ROE 为因变量时集聚型商业模式的种群最优值图谱

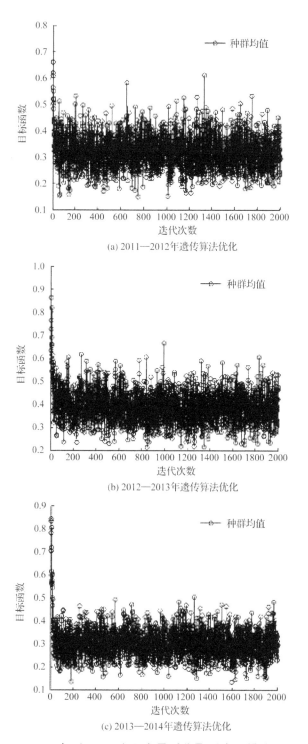

图 4.9　2011—2014 年以 ROE 为因变量时集聚型商业模式的种群均值图谱

表 4.3　集聚型商业模式以 ROA 为因变量时三大算子的运算次数

年份	变异算子运行次数	交叉算子运行次数	选择算子运行次数
2011—2012	96062	112201	2000
2012—2013	96274	112108	2000
2013—2014	96059	112037	2000

表 4.4　集聚型商业模式以 ROE 为因变量时三大算子的运算次数

年份	变异算子运行次数	交叉算子运行次数	选择算子运行次数
2011—2012	96091	112087	2000
2012—2013	96385	112199	2000
2013—2014	96064	112089	2000

如表 4.3、表 4.4 所示，在对集聚型商业模式以 ROA 或 ROE 为因变量的演进模拟中发现，变异算子呈现出"高→高→高"的分布特征，同时伴以交叉算子"高→高→高"的分布特征。

如表 4.3 和表 4.4 所示，集聚型商业模式无论以 ROA 还是以 ROE 为衡量绩效的指标，2011—2014 年，变异算子和交叉算子的运算次数都较多，集聚型商业模式的遗传特征和变异特征都较为明显，集聚型商业模式的稳定性较低。

本书使用遗传算法模拟 2011—2014 年集聚型商业模式的演进过程。当以 ROA 作为绩效的衡量指标时，得到变异运算次数：交叉运算次数：选择运算次数为 48.1797：56.1798：1。当以 ROE 作为绩效的衡量指标时，得到变异运算次数：交叉运算次数：选择运算次数为 48.1910：56.1798：1。对集聚型商业模式 2011—2014 年商业模式演进的模拟中发现，变异运算次数较多，选择运算次数适中，因此集聚型商业模式应该满足 Zott and Amit（2007）所提的新颖优先的商业模式设计主题。

三、基于遗传算法的贫乏型商业模式演进模拟

使用遗传算法模拟贫乏型商业模式演进过程，可以得到如图 4.10—图 4.13 所示的商业模式演进模拟结果。

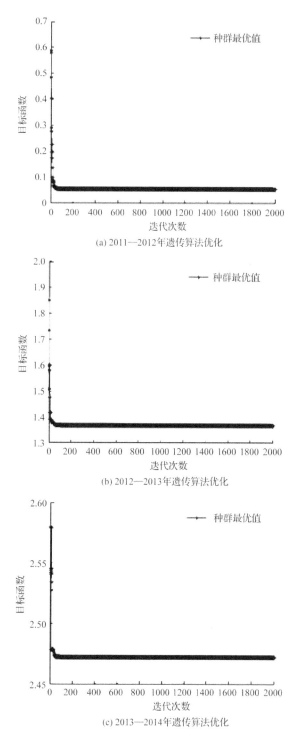

(a) 2011—2012年遗传算法优化

(b) 2012—2013年遗传算法优化

(c) 2013—2014年遗传算法优化

图 4.10   2011—2014 年以 ROA 为因变量时贫乏型商业模式的种群最优值图谱

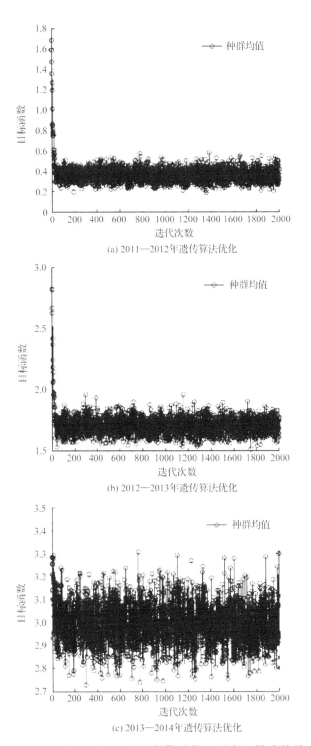

图 4.11 2011—2014 年以 ROA 为因变量时贫乏型商业模式的种群均值图谱

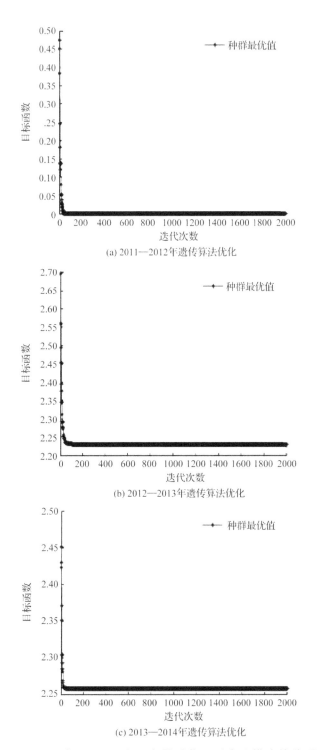

图 4.12   2011—2014 年以 ROE 为因变量时贫乏型商业模式的种群最优值图谱

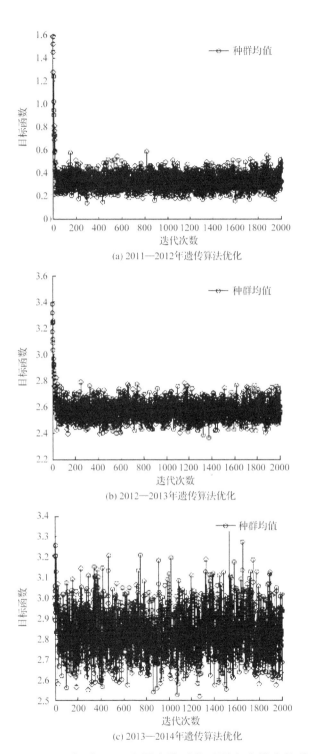

图 4.13　2011—2014 年以 ROE 为因变量时贫乏型商业模式的种群均值图谱

如图 4.10—图 4.13 所示，无论是以 ROA 还是以 ROE 作为绩效的衡量指标，贫乏型商业模式的种群最优值和种群均值都以较快速度达到收敛，因此，实现了对贫乏型商业模式演进过程的较好模拟。不同年份，贫乏型商业模式的种群最优值和种群均值收敛在不同水平上，是因为商业模式演进的三大作用机制受到商业模式演进驱动因素的影响，而不同年份，贫乏型商业模式所处的企业内外部环境不一样。贫乏型商业模式以 ROA 和以 ROE 作为绩效指标时三大算子的运算次数如表 4.5、表 4.6 所示。

表 4.5　贫乏型商业模式以 ROA 为因变量时三大算子的运算次数

年份	变异算子运行次数	交叉算子运行次数	选择算子运行次数
2011—2012	95791	111996	2000
2012—2013	95407	111739	2000
2013—2014	95349	111855	2000

表 4.6　贫乏型商业模式以 ROE 为因变量时三大算子的运算次数

年份	变异算子运行次数	交叉算子运行次数	选择算子运行次数
2011—2012	95915	111867	2000
2012—2013	95605	111876	2000
2013—2014	95730	111905	2000

如表 4.5、表 4.6 所示，在对贫乏型商业模式以 ROA 或 ROE 为因变量的演进模拟中发现，变异算子呈现出"低→低→低"的分布特征，同时伴以交叉算子"低→低→低"的分布特征。

如表 4.5 和表 4.6 所示，贫乏型商业模式无论以 ROA 还是以 ROE 为衡量绩效的指标，2011—2014 年，变异算子和交叉算子的运算次数都较少，贫乏型商业模式的稳定性较高，贫乏型商业模式的演进过程较慢。

本书使用遗传算法模拟 2011—2014 年贫乏型商业模式的演进过程。当以 ROA 作为绩效的衡量指标时，得到变异运算次数：交叉运算次数：选择运算次数为 48.0618：57.1798：1。当以 ROE 作为绩效的衡量指标时，得到变异运算次数：交叉运算次数：选择运算次数为 48.0449：57.1798：1。对贫乏型商业模式 2011—2014 年商业模式演进的模拟中发现，变异运算次数较少，选择运算次数适中，因此，贫乏型商业模式应该满足 Zott and Amit（2007）所提的效率优先的商业模式设计主题。

四、基于遗传算法的顾客型商业模式演进模拟

使用遗传算法模拟顾客型商业模式演进过程，可以得到如图 4.14—图 4.17 所示的商业模式演进模拟结果。

如图 4.14—图 4.17 所示，无论是以 ROA 还是以 ROE 作为绩效的衡量指标，顾客型商业模式的种群最优值和种群均值都以较快速度达到收敛，因此实现了对顾客型商业模式演进过程的较好模拟。不同年份，顾客型商业模式的种群最优值和种群均值收敛在不同水平上，是因为商业模式演进的三大作用机制受到商业模式演进驱动因素的影响，而不同年份，顾客型商业模式所处的企业内外部环境不一样。顾客型商业模式以 ROA 和以 ROE 作为绩效指标时三大算子的运算次数如表 4.7、表 4.8 所示。

如表 4.7、表 4.8 所示，在对顾客型商业模式以 ROA 或 ROE 为因变量的演进模拟中发现，变异算子呈现出"高→低→高"的分布特征，同时伴以交叉算子"低→高→低"的分布特征。

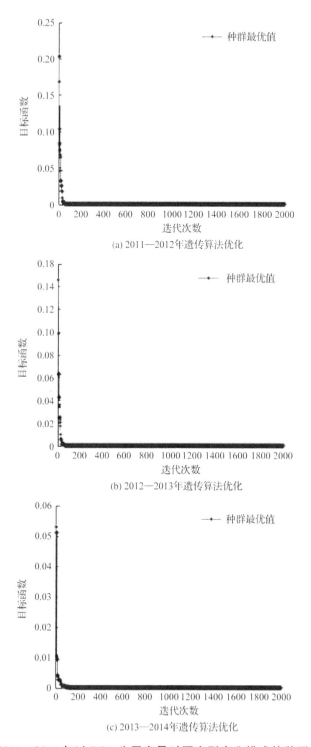

图 4. 14　2011—2014 年以 ROA 为因变量时顾客型商业模式的种群最优值图谱

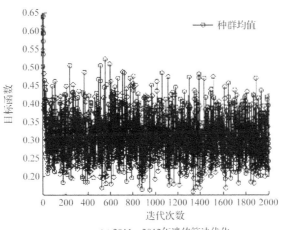

(a) 2011—2012年遗传算法优化

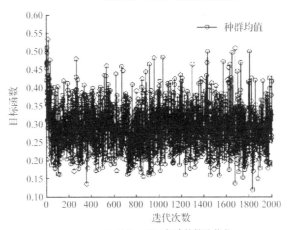

(b) 2012—2013年遗传算法优化

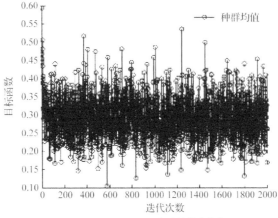

(c) 2013—2014年遗传算法优化

图 4.15 2011—2014 年以 ROA 为因变量时顾客型商业模式的种群均值图谱

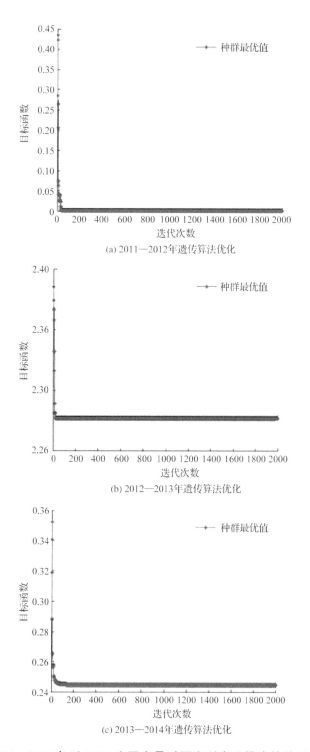

(a) 2011—2012年遗传算法优化

(b) 2012—2013年遗传算法优化

(c) 2013—2014年遗传算法优化

图 4.16　2011—2014 年以 ROE 为因变量时顾客型商业模式的种群最优值图谱

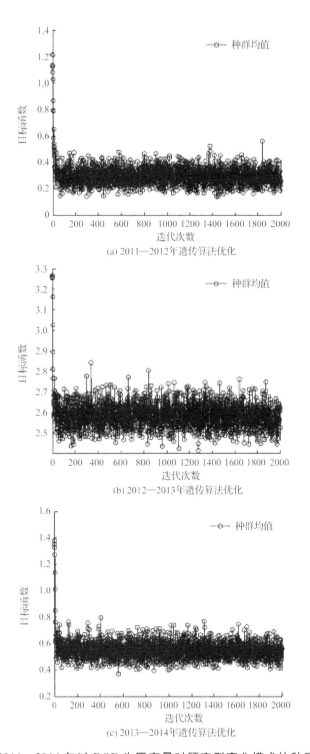

图 4. 17 2011—2014 年以 ROE 为因变量时顾客型商业模式的种群均值图谱

表 4.7　顾客型商业模式以 ROA 为因变量时三大算子的运算次数

年份	变异算子运行次数	交叉算子运行次数	选择算子运行次数
2011—2012	96377	111868	2000
2012—2013	95957	112048	2000
2013—2014	96003	111935	2000

表 4.8　顾客型商业模式以 ROE 为因变量时三大算子的运算次数

年份	变异算子运行次数	交叉算子运行次数	选择算子运行次数
2011—2012	96652	111738	2000
2012—2013	95900	112112	2000
2013—2014	96012	111916	2000

从表 4.7 和表 4.8 可以看出，顾客型商业模式的稳定性适中，它会时不时地进行变异或交叉运算，但交叉运算和变异运算不会同时进行，表现为二者交替出现：当以变异运算为主的时候，交叉运算次数较少；当以交叉运算为主的时候，变异运算次数较少。

本书使用遗传算法模拟 2011—2014 年顾客型商业模式的演进过程。当以 ROA 作为绩效的衡量指标时，得到变异运算次数：交叉运算次数：选择运算次数 48.1685：56.1798：1。当以 ROE 作为绩效的衡量指标时，得到变异运算次数：交叉运算次数：选择运算次数 48.1461：56.1798：1。对顾客型商业模式 2011—2014 年商业模式演进的模拟中发现，变异运算次数较多，选择运算次数适中，因此顾客型商业模式应该满足 Zott and Amit（2007）所提的新颖优先的商业模式设计主题。

第三节　本章小结

本章模拟了四种典型的科技型企业商业模式的演进过程，发现不同类型的商业模式有着不同的稳定性，四种典型科技型企业商业模式的稳定性如图 4.18 所示。根据 2005—2006 年、2006—2007 年对猎豹型商业模式演进的模拟，2011—2012 年、2012—2013 年、2013—2014 年对集聚型商业

模式演进的模拟，2011—2012 年、2012—2013 年、2013—2014 年对贫乏
型商业模式演进的模拟，2011—2012 年、2012—2013 年、2013—2014 年
对顾客型商业模式演进的模拟，本书得到了四种典型的科技型企业商业模
式的稳定性。四种典型的科技型企业商业模式从稳定到不稳定的顺序为：
贫乏型商业模式、猎豹型商业模式、顾客型商业模式和集聚型商业模式。

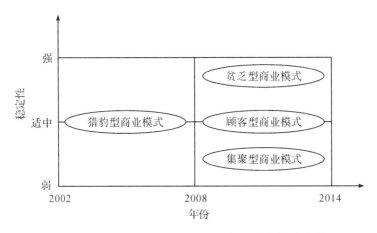

图 4.18　四种典型科技型企业商业模式的稳定性

　　四种典型科技型企业商业模式演进模拟如图 4.19 所示。2011—2014
年，贫乏型商业模式遗传机制和变异机制的运算次数都很少，随着选择机
制运算次数的增加，遗传机制和变异机制的运算次数增加较为缓慢，贫乏
型商业模式遗传机制的运算次数略多于变异机制的运算次数，贫乏型商业
模式适合选择以效率为中心的商业模式设计主题。顾客型商业模式随着选
择机制运算次数的增加，遗传机制和变异机制交替出现。顾客型商业模式
一切围绕如何实现顾客价值进行，因此，顾客型商业模式的演进方向不像
其他几类商业模式那么固定，但遗传机制和变异机制往往不同时进行，顾
客型商业模式的变异机制运算次数略多于遗传机制的运算次数，顾客型商
业模式适合选择以新颖为中心的商业模式设计主题。集聚型商业模式和贫
乏型商业模式相反，随着选择机制运算次数的增加，遗传机制和变异机制
的运算次数增加较快，且变异机制的运算次数多于遗传机制的运算次数，
集聚型商业模式适合选择以新颖为中心的商业模式设计主题。猎豹型商业

模式在四种类型科技型企业商业模式中稳定性最强，随着选择机制运算次数的增加，猎豹型商业模式的遗传机制和变异机制也是同时进行的，但遗传机制和变异机制的运算次数时而增加，时而减少。猎豹型商业模式的遗传机制运算次数略多于变异机制的运算次数，猎豹型商业模式适合于选择以效率为中心的商业模式设计主题。

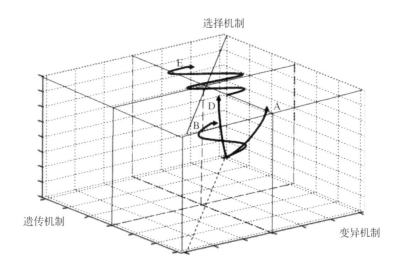

图 4.19 四种典型科技型企业商业模式演进模拟

注：图中 A 代表集聚型商业模式，B 代表猎豹型商业模式，D 代表贫乏型商业模式，E 代表顾客型商业模式。

第五章

价值创造视角下科技型
企业商业模式演进机制
——典型案例研究

为弥补仿真方法在外部效度上的缺陷，本章通过两个典型科技型企业（汉王科技和生意宝）的商业模式演进案例，验证商业模式分类及演进机制相关结论（验证型案例）。

本章科技型企业的典型案例研究印证了前文关于商业模式分类及其演进机制的结论。在科技型企业不同发展阶段，集聚型（汉王科技所属商业模式类型）或贫乏型（生意宝所属商业模式类型）商业模式要素变化规律为：集聚型商业模式的典型特征是资源集聚，一切都围绕资源禀赋展开；贫乏型商业模式始终聚焦于资源禀赋和价值网络。集聚型（汉王科技所属商业模式类型）或贫乏型（生意宝所属商业模式类型）商业模式演进的三大作用机制的变化规律为：随着选择机制运算次数的增加，集聚型商业模式的遗传机制和变异机制的运算次数增加较快，且变异机制的运算次数多于遗传机制的运算次数，贫乏型商业模式的遗传机制和变异机制的运算次数增加较为缓慢，贫乏型商业模式遗传机制的运算次数略多于变异机制的运算次数。

第一节 研究设计

一、研究方法

本章采用多案例纵向研究方法。纵向案例研究有利于理解在单一情境下，企业的动态发展过程。多案例研究通过对有代表性的典型案例的深入探索，加深对同类事件的理解。同时，多案例研究可以通过不同案例之间的对比性研究，发现不同类型商业模式之间的异同。因此，本书采用多案例纵向研究方法，试图回答：科技型企业的商业模式在其不同发展阶段的特征是怎样的？原因是什么？商业模式演进机制又是怎样的？

二、案例选择

本书选择汉王科技、生意宝作为科技型企业商业模式演进的案例。原因在于：第一，两家企业经营面广，在全国各大城市均有电商服务网点，便于调查访谈。第二，两家企业都是上市公司，具有公司年报、公开报道等较多的公开数据，研究资料易于获取。第三，两家企业都是科技型企业。其中，汉王科技的手写识别和 OCR 识别等技术取得了多项专利，生意宝推出的云计算以及数据搜索服务等也都对企业的研发能力提出了很高的要求。第四，两家科技型企业都有较长的生产经营历史，且商业模式没有发生频繁的更替。

本书主要研究每种科技型企业商业模式的演进问题，并非比较商业模式的优劣，所以，企业的经营状况优劣并不影响本书案例分析的结果。

汉王科技是一家科技型企业，其前身是中关村一家并不起眼的软件公司。汉王一直注重研发具有自主知识产权的产品，在国家"八五"、"九五"、"863"、自然科学基金等重点项目的支持下，解决了中国人手写输入识别的技术问题，并获得国家科技进步奖。

生意宝于 1997 年由孙德良、俞锋、朱炯等五人合资成立，其前身分别是中国化工网（于 1997 年成立）和网盛科技（于 2004 年成立）。2014年，公司有员工 1000 余名，98％的员工具有大学本科及以上学历。生意宝强大的研发团队于 2012 年推出了云服务，旗下的杭州中化网技术有限公司在 2001 年被浙江省科技厅认定为浙江省高新技术企业。

三、数据搜集

为了构成案例研究的证据三角形，本书采取了三种不同的资料来源，分别是：一手访谈、二手文献资料，以及上市公司年报和报刊资料。

（一）访谈

本书通过对汉王科技的电子商务服务部员工的访谈，了解汉王的发展历程及企业文化，以及历年中突发重大事件时企业的应对策略。

本书通过对生意宝员工的访谈，了解生意宝的发展历程、企业文化，以及历年中突发重大事件时企业的应对策略。

（二）文献资料

本书通过 EBSCI、ABI 和浙江工商大学一站式搜索引擎，以及企业官方网站搜集相关信息。

（三）年报及报刊资料

本书搜集企业上市公司年报，以及各种报刊资料作为案例研究的辅助材料。

第二节　案例研究

一、汉王科技商业模式演进机制

从 2011 年上市以来，汉王科技始终属于集聚型商业模式，以产品创新和技术创新的交互作用推进商业模式的演进，商业模式表现为以产品创新为主的商业模式集合。汉王科技从成立以来，就以不断研发新产品推动商业模式创新，是典型的科技型企业。

（一）萌芽期汉王科技的商业模式

萌芽期是汉王科技商业模式的第一个阶段。在该阶段，公司刚刚成立不久，主要扮演技术提供商的角色，通过向高新技术企业出售专利使用权获取利润。

1. 价值主张

顾客价值。在萌芽期，汉王科技主要扮演技术提供商的角色，满足众多高新技术企业对手写识别技术、OCR（optical character recognition）技术等的需求；同时，企业兼顾终端生产，终端产品主要有手写系列产品和OCR系列产品两大类。

市场定位。在萌芽期，由于资金来源不充足，汉王科技主要扮演其他科技型企业的技术提供商角色。

2. 价值创造

资源禀赋。出身于北京中关村产业园区的汉王科技，其核心竞争力来自软件开发和技术集成。董事长刘迎建本身就是以开发软件见长的技术专家，汉王科技的手写识别技术和OCR识别技术是其商业模式的核心。

价值网络。汉王科技与诺基亚、三星、索爱、联想等企业合作，为其提供汉王手写技术，并成为微软在内地的唯一合作伙伴。

3. 价值分配与获取

成本结构。在萌芽期，汉王科技的成本主要由研发成本、管理成本和销售成本等部分构成。由于企业规模还不大，管理成本维持在较低水平。

收入模式。在知识产权保护相对欠缺的大环境下，由于盗版猖獗，很多软件企业纷纷倒闭。汉王科技将软硬件结合，通过销售终端产品和专利技术获得盈利。刘迎建认为，单纯的软件开发难以形成有效的技术壁垒，易于被模仿，因此，萌芽期的汉王科技将自有知识产权的软件附着在终端产品之上，开创了通过硬件销售软件的收入模式。

萌芽期汉王科技的商业模式如图5.1所示。在萌芽期，汉王科技拥有两大核心技术，即手写识别技术和OCR技术。一方面，为了聚集资金，企业主要扮演技术提供商的角色，通过授权专利技术，为企业研发提供资金支持；另一方面，企业开始拓展价值网络，希望能够依托自有的技术，自行开发市场，生产汉王科技自己的、为广大顾客所接受的终端产品。汉

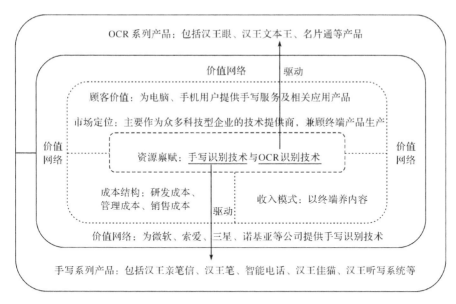

图 5.1　萌芽期汉王科技的商业模式

王科技自行研发的文本王、汉王笔等产品吸引了部分商务顾客的眼球，但尚未聚焦于广大普通消费者群体。萌芽期汉王科技的商业模式包括 OCR 系列产品模式与手写系列产品模式的产品模式组合。

在这一时期，技术创新为汉王科技的持续扩张提供资金支持，由于企业处于商业模式的初期，没有足够的资金支持自主开拓主流消费品市场，而技术提供商的角色有助于汉王科技积累"第一桶金"，为后续的发展积累力量。手写识别技术和 OCR 技术创新驱动了商业模式创新，即通过硬件销售软件，以终端销售带动技术创新的商业模式创新。

（二）扩张期汉王科技的商业模式

2006 年 12 月，汉王科技与上海浦东发展银行合作，首次实现从技术提供商到开发集成商的转变，也实现了从商业模式的萌芽期到扩张期的转变。扩张期是汉王科技商业模式的第二个发展阶段。在这一时期，企业着重打造以汉王书城为平台的微型商业生态系统。在该生态系统内，汉王科技主要依靠销售终端阅读器电纸书获取利润。

1. 价值主张

顾客价值。刘迎建看到国外电子书阅读器的蓬勃发展，果断决定进军电纸书市场。电纸书有四大好处：第一，电纸书特有的电子墨水屏幕不同于传统电子阅读器的 CRT 显示屏，它依靠反射光提供的阅读感受和传统纸质书籍一样，不伤眼，适合长期阅读。第二，电纸书具有超长待机功能，非常省电。第三，电纸书具有海量存储空间，可以存放大量电子书籍，且便于携带。第四，电纸书便于摘抄和做批注，字体可以放大、缩小，能够提供良好的阅读体验。

市场定位（主攻电纸书市场）。刘迎建认为：电纸书由于便携、环保、护眼等特点，最终将成为传统纸质书籍的"杀手"；但纸质书籍不会消失，电纸书不会完全替代纸质书籍，未来纸质书籍将以精装的形式存在。然而由于汉王电纸书难以压缩终端成本，较高的产品定价使其不得不锁定礼品市场，远离具有较低购买力的广大普通消费者群体。

2. 价值创造

资源禀赋。长久以来，绘画板领域一直被日本的 Wacom 公司垄断技术，其他企业一直无法进入这一领域。2007 年，在传统两大核心技术的基础上，汉王科技终于突破了无线压感技术，有效地解决了电脑笔输入的难题。与日本企业的产品相比，汉王绘画板的压力感受区间更大、更灵敏，压力感受区间达到了 7～500 克。

价值网络。在传统技术授权方面，汉王科技与微软合作，并于 2010年全面推出了商务平板电脑产品。在新兴的电纸书市场，汉王科技先后获得了电子书复制资质和电子书总发行资质，并逐步推出以汉王书城为核心的微型商业生态系统，扩张期汉王科技的商业模式如图 5.2 所示。汉王书城平台连接了传统出版社和电子书读者两端，是典型的双边平台市场。传统出版社是内容方，为电子书读者提供大量的可供阅读的电子出版品，电子书读者是内容接收方，也是终端购买者，是汉王科技商业模式中的最终用户，汉王书城是连接两者的平台，为有阅读需要的用户提供付费书籍。

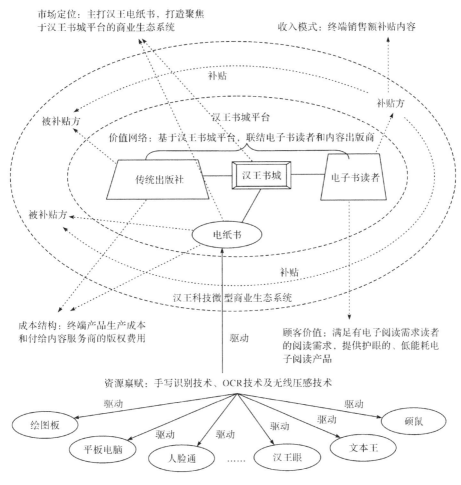

图 5.2　扩张期汉王科技的商业模式

3. 价值分配与获取

成本结构。在传统的技术授权领域，汉王科技始终非常注重研发，不管经营情况多么艰难，每年都要将主营业务收入的 8% 左右投入新产品研发中。汉王科技的企业文化注重自主创新，研发是创新之源，也是汉王科技可持续竞争优势的技术来源。

收入模式。扩张期汉王科技的收入主要由两大部分构成：第一部分是依靠传统的终端销售（不包括汉王电纸书的销售）和技术专利的销售获取利润；第二部分来自微型商业生态系统。汉王科技通过终端收入补贴内容，拿出电子书读者终端购买费用中的一部分来补贴出版社，为读者提供低于纸质书价格的电子书下载服务。在汉王科技的微型商业生态系统中，电子书读者是补贴方，传统出版社是被补贴方，汉王书城为两者搭建平台。

在传统的绘画板领域，日本的 Wacom 由于特有的无线触屏技术，一直垄断市场。汉王科技在无线触屏领域的技术创新将其业务推广到绘画板领域。扩张期的汉王科技终于开发出拥有自己平台汉王书城的电纸书（产品创新）和拥有自主知识产权的产品：汉王绘画板（产品创新）。汉王电纸书系列产品奠定了汉王科技在中国电纸书领域的老大地位，汉王书城也与盛大等一同开创了国内电子阅读类线上平台，新兴的电纸书系列产品的销售量在礼品市场上迅速增加。在电纸书系列产品发展的巅峰时期，这一创新产品的销售额占汉王科技主营业收入的比重已经远超 70％。汉王科技这一时期的商业模式由以无线触屏技术产品绘图板为代表的 OCR 产品模式、以文本王为代表的传统手写识别模式，以及汉王电纸书商业生态平台模式的产品模式组合构成。

（三）调整期汉王科技的商业模式

然而，汉王科技的神话并未持续很久。2010 年 5 月起，汉王科技股价一路狂跌，从 175 元的高点一直跌到 2011 年末的 23 元，短短一年半，汉王科技市值大幅度缩水。汉王科技由盛转衰，从扩张期进入商业模式演进的第三个阶段：调整期。

在调整期，汉王科技依托汉王书城的微型商业生态系统分散利润来源，发展多种科技产品，其四大业务主线分别是：文字识别、人脸识别、轨迹输入和数字阅读。为了避免"被 ST"（ST 是股票中的术语，ST 股是指境内上市公司经营连续两年亏损，受到退市风险警示的股票），汉王科技不得不在 2012 年卖掉优质资产汉王智通子公司实现当年赢利。2014 年 6 月，汉王科技研发出大型室内空气净化产品，并于当年 9 月推出了汉王霾表。

1. 价值主张

顾客价值。iPad 的高品质个性化顾客价值给汉王电纸书产品带来了近乎毁灭性的打击。iPad 的 iBooks 平台能让用户阅读并购买电子书，同时，iPad 还具有看视频、听音乐、下载 App Store 中的任意一款互动式软件的功能。相比之下，汉王电纸书仅仅推出了新款彩屏阅读器，功能单一，顾客价值创新不足。

市场定位。拥有众多个性化功能的 iPad，价格却比汉王电纸书高不了多少，严重地影响了汉王电纸书的市场份额。与此同时，盛大推出的 Bambook 电纸书阅读器和亚马逊 Kindle 阅读器纷纷开始通过低价销售终端攫取原属于汉王电纸书的市场份额。汉王科技的产品可分为七大类，分别是：电纸书、手写产品、OCR 产品、人像识别、行业应用、技术授权和其他。从表 5.1 中可以很明显地看出，在调整期，汉王的核心主打产品逐渐从电纸书转向行业应用和 OCR 产品线。汉王似乎没有预料到苹果 iPad、亚马逊 Kindle 阅读器等竞争对手会在短时间内侵占其核心产品——电纸书的市场份额。在主打产品电纸书销量逐年下滑的情境下，汉王逐步开始分散利润来源，将经营的重心逐渐转移到 OCR 产品及行业应用产品上。

表 5.1　汉王科技各类产品收入占比

单位:%

年份	电纸书	手写产品	OCR 产品	人像识别	行业应用	技术授权	其他
2010	75.63	10.81	3.88	3.34	3.32	2.80	0.22
2011	44.94	16.32	9.51	7.82	12.59	6.94	1.88
2012	17.95	14.31	22.89	11.61	23.57	8.14	1.53
2013	10.07	22.83	29.73	21.27	6.89	6.99	2.23
2014	6.64	32.08	23.46	19.87	6.87	9.90	1.18

资料来源：汉王科技上市公司年报，画线部分为该年度汉王科技的核心产品。

如表 5.2 所示，汉王科技的产品在国内外均有销售，2010—2014 年，华北、华东一直都是汉王科技的销售主战场。汉王科技总部在北京中关村，因此汉王科技首先以华北为中心进行销售，进而扩展到东南沿海发达城市。

表 5.2　汉王在各地区的收入占比

单位：%

年份	东北	华北	华东	华南	华中	西北	西南	海外
2010	4.78	38.31	19.89	10.37	6.49	4.72	6.15	9.30
2011	4.66%	39.19	17.18	9.24	6.24	4.36	5.55	13.58
2012	5.78	36.07	16.87	12.00	5.95	3.60	6.34	13.40
2013	5.58	44.45	13.14	10.62	7.14	4.08	4.14	10.86
2014	2.40	49.88	11.56	15.07	5.90	2.32	2.06	10.80

资料来源：汉王科技上市公司年报，画线部分为该年度汉王科技主要市场所在地区。

2. 价值创造

资源禀赋。此时的汉王科技仍然聚焦于三大核心技术领域：手写识别技术、OCR 技术和无线压感技术。危机时候，汉王科技不得不重新聚焦于自己的核心技术领域相关软件的开发。

价值网络。为了打造更大的内容平台，汉王科技于 2011 年 6 月同盛大公司合作，加大力度推进汉王书城的扩大化进程。截至 2015 年春，汉王书城已拥有 10 万多种电子书，其中包括百余种国内外畅销电子书。

3. 价值分配与获取

成本结构。从销售费用和管理费用考察，2010—2011 年，汉王科技的成本以销售费用为主，说明在调整期的前期，汉王科技仍未觉察到市场变化对公司主营业务的严重影响，或者注意到市场变化对核心产品的冲击，却未来得及采取相应的反制措施。从 2012 年起，汉王科技逐渐发现了商业模式中的一些问题，开始加大管理费用的支出比例。

收入模式。不同于盛大和亚马逊以内容养终端的商业模式，汉王电纸书系列产品以终端养内容的商业模式难以压缩终端的价格，汉王电纸书系列产品开始逐渐亏损。调整期的汉王科技不得不转向行业应用及 OCR 产品的技术领域，采用以技术养内容、以技术养终端的收入模式。

调整期汉王科技的商业模式如图 5.3 所示。微型商业生态系统将汉王科技带入了平台商业战争的漩涡中，随着 iPad 等新电子产品的热卖，占据

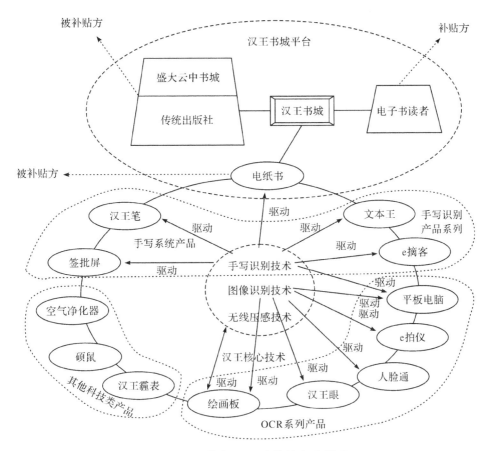

图 5.3　调整期汉王科技的商业模式

汉王科技主营业务最大份额的电纸书业务受到了极大的冲击，汉王电纸书被迫同具有国际领先技术创新水平的 iPad、在欧美具有广大线上内容图书的 Kindle，以及具有在线内容优势的 Bambook 竞争。这些企业的共同特征是不以终端营利，而是以内容养终端，或者是以收费软件下载养终端，这严重地威胁到汉王科技以终端养内容的收入模式。因此，在短期内无法形成新赢利点的汉王科技，经营绩效不得不进入下行通道。

这一时期，汉王科技仍不断推出创新产品，包括空气净化器、汉王霾表等，但商业模式创新没有跟上技术创新的脚步。微型商业生态系统没有得到有效扩张，生态系统中的成员数量有限，汉王书城的顾客也没有出现大幅度增加，收入模式难以满足企业的扩张需求。对比苹果的开放式平台商业模式，汉王科技的模式明显处于下风。

二、生意宝商业模式演进机制

从 2006 年在深交所上市以来，网盛科技始终采取的是贫乏型商业模式。贫乏型商业模式对资源禀赋的要求较低，不同于汉王科技以产品创新为主的商业模式，网盛科技主要选择包括由中华纺织网和中国化工网等平台组成的商业模式平台簇。

（一）萌芽期生意宝的商业模式

1997 年，孙德良创建了英文版的中国化工网（China Chemical Network），也就是后来生意宝的前身。1997—2002 年是生意宝商业模式的萌芽期，萌芽期生意宝的商业模式如图 5.4 所示。这一时期，生意宝主要依靠中国化工网实现赢利。

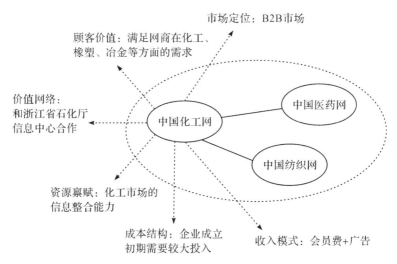

图 5.4　萌芽期生意宝的商业模式

1. 价值主张

顾客价值。作为生意宝前身的中国化工网首先致力于满足网商的化工、橡塑、冶金等方面的需求。

市场定位。从一开始，生意宝就定位于 B2B 市场。2000 年 5 月以来，生意宝先后在山东、上海、广州成立办事处，由此形成了辐射全国的市场及服务体系。

2. 价值创造

资源禀赋。萌芽期生意宝的资源禀赋立足于企业的市场信息整合能力，以及对橡塑、化工、冶金、纺织、能源、农业、建材、机械、电子、电工、五金、仪器、汽车、照明、安防、服装、服饰、家电、百货、礼品、家具、食品等 40 多个大类商品的在线采购批发和营销推广。

价值网络。1997 年 12 月，生意宝成立了杭州世信信息技术有限公司，和浙江省石化厅信息中心建立了合作关系；2001 年，公司被浙江省科技厅认定为浙江省高新技术企业。生意宝在成立之初，即建立了较好的政府关系。

3. 价值分配与获取

成本结构。生意宝从成立之初就是平台企业，符合平台企业的成本结构要求，即注册和建立企业之初需要投入较大的成本，随着入驻的企业日益增多，企业的边际成本越来越小，逐渐趋于零。

收入模式。在成立之初，企业就开创了通过收取会员费和广告费用获取盈利的收入模式。

（二）扩张期生意宝的商业模式

2003—2007 年是生意宝商业模式的扩张期。2006 年，网盛科技（生意宝）在深交所上市，成为中国 A 股市场上第一家纯互联网概念的上市公司。扩张期生意宝的商业模式如图 5.5 所示。

1. 价值主张

顾客价值。不同于萌芽期对中国化工网的过度依赖，这一时期，生意宝收购了中国服装网，参股中国机械网，并成功上市。推出"小门户＋联盟"模式之后，生意宝真正成为一个平台，实现包括服装、机械、化工、医药、纺织等多个领域的顾客价值。

市场定位。这一时期，企业继续地域扩张战略，在东北、湖北甚至韩国等国内外多地都设有办事处。在经营业务领域方面，为了满足不同领域

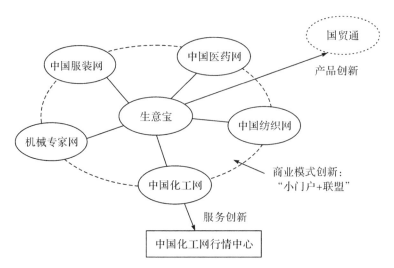

图 5.5　扩张期生意宝的商业模式

顾客的需求，生意宝独创性地设计了"小门户＋联盟"的商业模式，并于 2007 年 9 月 16 日荣膺"2007 年最佳商业模式"，成功地实现了从单一化经营向多元化经营的转型。

2. 价值创造

资源禀赋。生意宝在这个时期的资源禀赋主要表现为数目众多的会员，以及与近千家行业网站的行业联盟。2007 年 4 月 16 日，生意宝上线了中国化工网行情中心，此举主要得益于其长期经营中国化工网，搜集了众多中国化工行业的信息情报，这也是企业独有的资源禀赋。

价值网络。2006 年，生意宝携手近千家行业网站，开创了"小门户＋联盟"的商业模式。2007 年，生意宝以 51% 的控制权并购了中国服装网，20% 参股机械专家网，成功将主营业务拓展到服装和机械领域。

3. 价值分配与获取

成本结构。在企业成长期，最大的成本还是来自对新企业的收购和参与，以及成立新企业的需要，包括对机械专家网的参与和对中国服装网的收购，以及成立了中国化工网行情中心。

收入模式。在"小门户＋联盟"模式下，收入仍然主要来自顾客会员费以及广告费。

（三）调整期生意宝的商业模式

2008 年以来是生意宝商业模式的调整期。2008 年 2 月 28 日，网盛科技对外宣称改名为生意宝。企业变更名称，主要是为了做大做强旗下的联盟网站生意宝，从而将以"小门户＋联盟"的模式为核心的生意宝网站发展壮大。生意宝董事长孙德良表示，生意宝要通过平台打造 100 个中国化工网。这一时期，生意宝逐步实现了从技术服务向信息服务的转型。调整期生意宝的商业模式如图 5.6 所示。

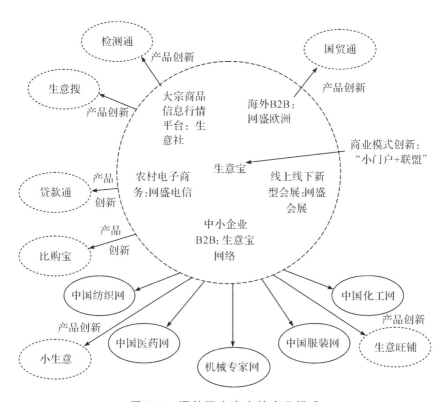

图 5.6　调整期生意宝的商业模式

1. 价值主张

顾客价值。面对 2008 年的全球金融危机，生意宝推出了 1800 元中国供应商服务（正常情况下，中国供应商服务费用需要几万元，1800 元的服务费是企业的主动让利行为），回馈广大用户，与广大中小企业共渡难关。

为了增强顾客黏性，生意宝还同时推出小、中、大的多层次不同产品。

为了打入互联网金融业，生意宝开始尝试开展网络融资服务，并于2010年6月1日推出面向中小企业的融资服务产品贷款通，满足广大需要贷款而又不满足银行贷款要求的中小企业的贷款需求。

生意宝拓展顾客价值，同时进军线下、线上会展业务，以化工行业展销会为突破口，逐渐将会展业务拓展到其他细分业务领域，实施化工、医药、服装等方面的线下线上会展一体化。

2011年，生意宝通过创新产品生意社建立大宗商品信息平台。该数据库涵盖橡胶、有色金属、化工、钢铁、纺织、建材在内的十大产业领域、1000多个品种的海量行情信息。

市场定位。从2008年起，生意宝开始全面向全国扩张，相继在上海、北京、南京、广州、成都等国内12个主要的经济发达城市设立营业点，并持续扩张。

在这一阶段，生意宝逐渐开始从B2B转向B2C市场。生意宝并购衣服网之后，将旗下的衣服网定位为B2C时尚购物网站，主要销售男装、女装、休闲装、运动装等商品。

不仅如此，生意宝开始进军农村电商市场，计划在浙江1000个乡镇试水之后向全国主要省市推广。

2. 价值创造

资源禀赋。生意宝有一支经验丰富的电子商务平台开发团队，涉及服装、医药、化工等不同的领域，为生意宝提供更好的电商服务提供技术支持。为了支持平台的海量数据处理功能，生意宝推出了云服务平台。

价值网络。2008年4月30日，生意宝收购月海科技，持股率为100％。2009年，生意宝与中国通信运营商合作，联合投资，设立项目公司网盛电信。

为了打入互联网金融业，生意宝于2010年开始与多家银行合作，试水"互联网＋金融"，先在浙江进行试点，进而推广到全国。生意宝与美亚财险合作，拟将其信用保险推荐给电商平台上的核心企业。

　　为了激励管理团队，生意宝首度与投资机构合作。2010年2月，生意宝将中国服装网的股权由原来的51.00％减持为19.62％，减持的股份分别卖给了浙江江浩坤元创业投资有限公司和以中国服装网董事长陈学军为代表的管理团队。

　　2011年，为了构建生意社的数据库，生意宝和全国400多家大宗商品电子交易市场建立了合作关系。2014年，生意宝入股杭州数新软件技术有限公司，并将其更名为杭州网盛数新软件有限公司。

　　继续维持良好的政府关系。2014年8月29日，生意宝旗下的宁波子公司宁波网盛大宗商品交易有限公司和宁波电子商务管理委员会举行了签约仪式，并于9月5日宣布成立宁波网盛综合交易平台。

　　3. 价值分配与获取

　　成本结构。相比于城市电商，"互联网＋农业"具有低成本的优势，可以通过互联网将商品推销深入到农户家里。这一时期，生意宝的成本主要由收购、并购企业（如收购浙江阅海）所需要的资金，开发云计算平台所需要的研发费用，网站运营费用，新产品开发费用（如开发新产品生意社），以及为回馈顾客所提供的让利服务费组成。

　　收入模式。2016年，生意宝上线大宗化工品交易平台，把企业的收入来源扩展到供应链金融、资金沉淀利息收入、交易佣金等方面。随着对浙江阅海等企业的收购和入股，生意宝逐步形成了以广告、会员费、会展收入、数据信息服务费等为主要收入来源的收入模式。平台的入驻率构成了生意宝收入模式的基础。在企业不断多元化运营的同时，其收入来源也日趋多样化。

　　在这一时期，生意宝作为"小门户＋联盟"中的联盟，联合了五大子公司，分别是：大宗商品信息行情平台生意社、经营海外B2B的网盛欧洲、运营线上线下新型会展的网盛会展、进军农村电子商务的网盛电信和掌管中小企业B2B生意的生意宝网络。截至调整期，生意宝联合了包括中国纺织网、中国医药网、机械专家网、中国服装网和中国化工网等小门户网站。企业进行产品创新，共推出了小生意、生意经、生意圈、生意旺铺、生意搜、贷款通、检测通、生意通、比购宝和国贸通（国贸通是成长期推出的创新产品）十大创新产品。其中，生意搜是经营 B2B 的垂直搜索引擎，小生意是连锁加盟、招商代理平台，生意经是生意人的交流社区，生意圈是生意人 SNS 的人脉圈，生意旺铺是企业的网上旺铺，比购宝是国内首个专业网购导航平台，生意通是专门为生意人士提供的有即时通信功能的产品，检测通是为中小企业提供检测服务的电商产品，贷款通是生意宝联合多家银行办的网上融资服务产品。

三、科技型企业的商业模式演进机制——基于案例企业的比较研究

本部分研究集聚型和贫乏型商业模式要素组合的变化规律，以及集聚型和贫乏型商业模式三大作用机制的变化规律，验证第三、四章关于商业模式分类及演进机制的结论。

2002—2014 年汉王科技和生意宝经营业务领域的移动、跃迁图如图 5.7 所示。根据 Yin（1994）的观点，应该使用复制的方法做案例研究。Yin（1994）的复制方法包括逐项复制（几种案例得到了相近或一致的研究结论）和差别复制（由于可预见的原因，在不同的案例中产生了不同的研究结论）两种。两种研究方法同样被应用于商业模式相关研究中（侯杰等，2011；夏清华和娄汇阳，2014）。本书采用相同的行业背景（以信息技术业上市公司为代表的科技型企业），研究一个成功企业（生意宝）和一个失败企业（汉王科技，曾经一度辉煌，逐渐走向衰落）的商业模式演进，通过跨案例信息的分析以及对比和归类，遵照复制方法进行研究，保证了案例演进机制研究结果具有较高的真实性和可信度。从图 5.7 中可以看出，汉王科技的业务领域移动较为缓慢，汉王科技选择了逐年进行业务移动的战略。从文本王到汉王霾表，汉王科技采用了单一化经营战略，业务领域较小，重点关注科技创新，经营的业务领域较窄。相比之下，生意宝采用的是断崖式跃变战略，在一些年份集中拓展经营的业务领域，采用多元化的经营战略。经营业务从化工、医药再到纺织、服装，生意宝所经营的业务领域跨越了多个行业。

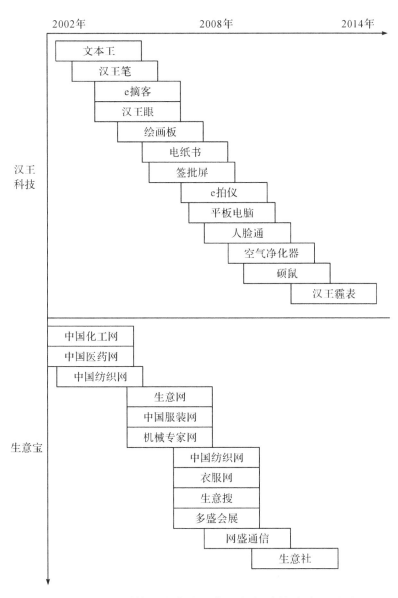

图 5.7　汉王科技和生意宝经营业务领域的移动、跃迁

　　进一步地，本章根据逐项复制和差别复制的案例研究方法，绘制如表 5.3 所示的两种科技型企业商业模式的演进历程。

表 5.3　两种科技型企业商业模式的演进历程

演进机制		汉王科技	生意宝
萌芽期	价值主张	（逐项复制） 顾客价值：主要提供手写识别产品； 市场定位：技术提供商	（差别复制） 顾客价值：致力于满足网商的化工、橡塑、冶金等方面的需求； 市场定位：先后在山东、上海、广州成立办事处
	价值创造	（逐项复制） 资源禀赋：软件开发和技术集成； 价值网络：与诺基亚、三星、索爱、联想等企业合作，为它们提供汉王手写技术，并成为微软在内地的唯一合作伙伴	（差别复制） 资源禀赋：立足于企业的市场信息整合能力； 价值网络：和浙江省石化厅信息中心建立了合作关系
	价值分配与获取	（逐项复制） 成本结构：研发成本、管理成本和销售成本等； 收入模式：将软硬件结合，通过销售终端产品和专利技术获得盈利	（差别复制） 成本结构：注册和建立企业之初需要投入较大的成本，随着入驻的企业日益增多，企业的边际成本越来越小，逐渐趋于零； 收入模式：通过收取会员费和广告费用获取盈利
扩张期（成长期）	价值主张	（逐项复制） 顾客价值：进军电纸书市场； 市场定位：锁定礼品市场，远离具有较低购买力的广大普通消费者群体	（差别复制） 顾客价值：满足服装、机械、化工、医药、纺织等多个领域的顾客价值； 市场定位：在东北、湖北，甚至韩国等国内外多地都设有办事处
	价值创造	（逐项复制） 资源禀赋：突破了无线压感技术，有效地解决了电脑笔输入的难题，与日本企业的产品相比，汉王绘画板的压力感受区间更大、更灵敏，压力感受区间达到了 7～500 克； 价值网络：与微软合作，并于 2010 年全面推出了商务平板电脑产品	（差别复制） 资源禀赋：上线了中国化工网行情中心，长期在中国化工网的经营，搜集了中国化工行业众多的信息情报； 价值网络：以 51% 的控制权并购了中国服装网，20% 参股机械专家网

续表

演进机制		汉王科技	生意宝
扩张期（成长期）	价值分配与获取	（逐项复制） 成本结构：在传统的技术授权领域始终非常注重研发，不管经营情况多么艰难，每年都要将主营业务收入的8%左右投入新产品研发； 收入模式：主要由两大部分构成，第一部分是依靠传统的终端销售（不包括电纸书的销售）和技术专利的销售额获取利润，第二部分来自微型商业生态系统	（差别复制） 成本结构：成本主要来自对新企业的收购和参与，以及成立新企业的需要； 收入模式：顾客会员费，以及广告费
调整期（衰退期）	价值主张	（逐项复制） 顾客价值：推出了新款彩屏阅读器； 市场定位：开展多样化经营，产品主要分为七大类，分别是电纸书、手写产品线、OCR产品线、人像识别、行业应用、技术授权和其他	（差别复制） 顾客价值：推出小、中、大的多层次不同产品； 市场定位：相继在上海、北京、南京、广州、成都等国内12个主要的经济发达城市设立营业点，并持续扩张
调整期（衰退期）	价值创造	（逐项复制） 资源禀赋：聚焦于三大核心技术领域，即手写识别技术、OCR技术和无线压感技术； 价值网络：同盛大公司合作，加大力度推进汉王书城的扩大化进程	（差别复制） 资源禀赋：推出云服务平台； 价值网络：收购阅海科技，与中国通信运营商合作，联合投资，设立项目公司网盛电信
	价值分配与获取	（逐项复制） 成本结构：销售费用和管理费用； 收入模式：采用以技术养内容、以技术养终端的收入模式	（差别复制） 成本结构：由收购、并购企业（如收购浙江阅海）所需要的资金，开发云计算平台所需要的研发费用，网站运营费用，新产品开发费用（如开发新产品生意社），以及为回惠顾客所提供的让利服务费组成； 收入模式：扩展到供应链金融、资金沉淀利息收入、交易佣金等方面

在萌芽期，汉王科技主要负责生产和提供手写识别产品，生意宝则为满足网商的化工、橡塑、冶金等方面的需求。二者一个提供实体产品，一个提供互联网相关产品。汉王科技以技术提供商的角色，通过技术拓展产品线，生意宝则通过布置网点逐步开拓市场。汉王科技以软件开发和技术集成为主，生意宝则立足于信息整合能力。汉王科技通过单个产品的生产获取收益，生意宝通过网站的会员费和广告费获得利润。在萌芽期，汉王科技以技术创新为主线，着力于开发新产品，通过产品销售实现赢利；生意宝则立足于信息整合能力，通过扩充网点，整合多种行业信息，扩大其网店的门户。

在成长期，汉王科技开始进军电纸书行业，而生意宝通过开办多元化门户网站发展。汉王科技通过突破无线压感技术实现产品创新，生意宝上线了中国化工网行情中心。汉王科技与微软合作，推出平板电脑；生意宝则开始了大规模并购的扩张。汉王科技在这一时期进行了明显的商业模式创新，建立起了以汉王书城为中心的微型商业生态系统；生意宝则加快了网点扩展和企业并购的速度。汉王科技的商业模式创新使得汉王电纸书热卖，电纸书产品的销售利润使汉王科技完成了上市前的准备；生意宝仍然奉行一步的多元化扩张战略，将产品扩张到服装、医药、纺织、机械等多个领域。

在调整期，随着 iPad 等产品进入中国市场，汉王电纸书销售受到极大冲击，汉王科技开始扩充产品线，包括电纸书、手写产品线、OCR 产品线、人像识别、行业应用、技术授权等；生意宝除了继续扩充地理网点和加快收购步伐外，推出了小、中、大的多层次的产品。汉王科技采用以技术养内容、以技术养终端的收入模式，聚焦于三大核心技术领域，即手写识别技术、OCR 技术和无线压感技术，并通过销售掉子公司汉王智通避免"被 ST"的命运；生意宝则与中国通信运营商合作，联合投资，设立项目公司网盛电信，推出了云服务平台，并将经营业务领域扩展到互联网金融。这一阶段，由于汉王科技没有进行及时的产品创新，微型商业生态系统也没有得到良好的发展，汉王科技曾一度面临"被 ST"的命运；相比之下，生意宝仍然步步为营，不但推出云服务平台，还将经营领域扩展到互联网金融业，企业也逐步实现了从 B2B 到 B2C 的转型。

比较两个企业的商业模式，汉王科技在萌芽期和成长期过多地将主营业务聚焦于电纸书产品，经营的产品较为单一，导致汉王科技"成也电纸书，败也电纸书"的命运。生意宝实行多元化发展战略，经营业务领域横跨化工、纺织、医药、机械，甚至互联网金融，多元化的产品线使得生意宝能够较好地应对风险，经受住市场的冲击。汉王科技虽然在成长期开展了商业模式创新，但以汉王书城为中心的微型商业生态系统没有得到很好运行，商业模式创新不但没有挽救汉王电纸书，反而使其成了汉王科技的负担。相比之下，生意宝在萌芽期、成长期和调整期始终坚持"小门户＋联盟"的商业模式，不仅在全球范围内扩充网点，还不断进行跨产业的电商并购，使"小门户＋联盟"的商业模式成为企业的核心竞争力所在。

汉王科技的商业模式演进是一个量变的过程，汉王科技商业模式演进的三个阶段（萌芽期、扩张期和调整期）是同一商业模式在不同时期的表现形式。汉王科技的商业模式（集聚型商业模式）以资源禀赋（企业所拥有的核心技术水平）为基础，聚焦顾客价值，创造价值并获取价值，该种商业模式对资源禀赋（核心技术水平）的要求较高。

生意宝的商业模式演进也是一个量变的过程，生意宝商业模式演进的三个阶段（萌芽期、扩张期和调整期）是同一商业模式在不同时期的表现形式。生意宝的商业模式（贫乏型商业模式）同样以资源禀赋（企业所拥有的核心技术水平）为基础，聚焦顾客价值，创造价值并获取价值。不同的是，生意宝的商业模式对资源禀赋（核心技术水平）要求相对较低，生意宝只能通过增设网点和并购其他电商企业，弥补资源禀赋不足的劣势。

科技型企业涌现出各种各样的商业模式，包括淘宝的平台商业模式、苹果的"iPad＋iTunes"模式、奇虎 360 的免费商业模式等，这些商业模式都聚焦于单个产品。学界也常常提及企业的商业模式，例如阿里巴巴的商业模式、腾讯的商业模式、汉王科技的商业模式、生意宝的商业模式，然而，现有研究并未清楚地界定企业商业模式和产品商业模式的区别与联系（Amit and Zott，2001；Chesbrough，2010；Itami and Nishino，2010；高峻峰和银路，2011；欧阳桃花和武光，2013；刘林艳和宋华，2013）。

　　每一个企业都会生产各种不同的产品，每一个产品又有其自身的商业模式，一个企业的商业模式是一个集合的概念，它代表了不同产品商业模式的组合。因此，汉王科技的商业模式是由汉王电纸书商业模式、手写识别产品商业模式、OCR 系列产品商业模式等组合起来的商业模式集合，它表现为对资源的依赖。因此，汉王科技的集聚型商业模式是产品商业模式的集合。同样地，生意宝商业模式也是由生意经商业模式、贷款通商业模式、检测通商业模式等不同的产品商业模式组合而成的。生意宝商业模式表现为资源相对不足的贫乏型商业模式，它同样是生意宝不同产品商业模式的集合。

　　从商业模式集合的角度说，生意宝的商业模式属于贫乏型商业模式，但从商业模式的表现形式来讲，2006 年之后，生意宝的商业模式又是"小门户＋联盟"模式，它将一个个具有不同行业背景的小门户网站展示出来，并用联盟的形式将这些小门户网站联结起来，生意宝是这个联盟的中央控制中心。从这个意义上讲，生意宝又是一个大平台，表现为平台商业模式（2006 年前，以中国化工网为主的生意宝属于平台；2006 年后，"小门户＋联盟"的生意宝更是一个大型综合平台）。所以，同一企业的商业模式从不同的分类角度看，分别属于不同的商业模式类型。

（一）商业模式要素组合变化规律

　　2011 年，集聚型商业模式影响绩效的核心要素是顾客价值、资源禀赋和收入模式。面对 iPad 的进攻，在遗传机制和变异机制的作用下，汉王科技不得不立足于资源禀赋（汉王科技较高的科技研发水平），提升顾客价值。然而，汉王科技的顾客价值转变得不及时，企业仍然在电纸书系列产品的研发上花大精力，着力于提供彩屏电纸书阅读器，并于 2012 年初推向市场。2012 年，影响绩效的核心要素是资源禀赋、收入模式和成本结构。电纸书产品在这一年的销售额持续下滑，在遗传机制和变异机制的作用下，汉王科技将经营的重点转移到行业应用产品线上，重构成本结构体系，试图寻找新的利润增长点。汉王科技改变传统的收入模式，采用以技术养内容、以技术养终端的收入模式。2013 年，集聚型商业模式影响绩效的核心要素是收入模式和资源禀赋。这一时期，汉王科技只有创新收入模式，才有可能尽快摆脱困境，然而，汉王科技仍然关注改进成本结构，将经营的主要精力放了 OCR 产品线。2014 年，影响绩效的核心要素是资源禀赋、顾客价值和收入模式。汉王科技推出了汉王霾表、空气净化器等产品（顾客价值），将经营业务领域聚焦于手写产品线，以技术养终端。然而，汉王科技在调整期，收入模式创新不明显，主营业务一会变为 OCR 产品线，一会变为手写产品线，一会又变为行业应用产品线。在 iPad、Kindle 阅读器等产品的冲击下，汉王科技有点"乱了方寸"，只是疲于应付，收入模式创新不明显，主营业务也随着技术创新水平不断调整。显然，汉王科技的商业模式遇到瓶颈了。

2011 年，贫乏型商业模式影响绩效的核心要素是顾客价值、价值网络和资源禀赋。面对阿里巴巴的战略调整，在遗传机制和变异机制的作用下，生意宝成立了上海生意社信息服务有限公司，旨在跟踪与国民经济相关的大宗商品、基础原料的产业动向和市场状况，为有需要的企业提供一手的数据分析资料，为企业的生产经营提供参考（聚焦于顾客价值）。2012 年，影响绩效的核心要素是资源禀赋、价值网络和成本结构。在遗传机制和变异机制的作用下，生意宝重拳出击，推出了生意宝云服务，为海量用户的同时访问提供技术支持。2013 年，影响绩效的核心要素是顾客价值、价值网络和资源禀赋。这一年，生意宝暂时没有什么大的动作。2014 年，影响绩效的核心要素是顾客价值、价值网络和资源禀赋。生意宝入股数新软件技术有限公司，面向有信息服务需求的企业客户。不同于阿里巴巴，生意宝实行差异化的经营战略，在扩张中"剑走偏锋"，重点突破信息服务领域，满足顾客差异化的信息需求。因此，本书的命题 1 得证。

（二）商业模式演进三大作用机制的变化规律

2011—2014 年，随着选择机制的增加，集聚型商业模式的遗传机制和变异机制均得到了较快的增加，其中变异机制的增加略多于遗传机制。汉王科技的遗传机制和变异机制运算次数增加，分别表现为汉王科技的商业模式创新与商业模式刚性的交互作用加强，且商业模式创新在这一时期占据上风。汉王科技在这一时期需要积极探索实现商业模式创新的路径和办法。

2011—2014年，随着选择机制的增加，贫乏型商业模式的遗传机制和变异机制的增加均较为缓慢，其中变异机制的增加略少于遗传机制。生意宝的遗传机制和变异机制运算次数增加缓慢，分别表现为生意宝的商业模式创新与商业模式刚性的交互作用减弱，且商业模式刚性在这一时期占据上风（生意宝在这一时期的商业模式较为稳定）。生意宝在这一时期，应该继续巩固原有商业模式，夯实商业模式基础，扩充价值网络，利用利益相关者的资源禀赋，建立壁垒。因此，本书的命题2得证。

第三节　本章小结

第一，汉王科技与生意宝的案例分别印证了第四章关于集聚型商业模式和贫乏型商业模式演进中，三大作用机制的变化规律：集聚型商业模式的遗传机制和变异机制都会随着选择机制运算次数的增加而增加，且变异机制的运算次数增加略多于遗传机制，汉王科技应该选择以新颖为中心的商业模式设计主题，积极创新商业模式，拓展收入源；贫乏型商业模式的遗传机制和变异机制随着选择机制运算次数的增加而缓慢增加，且变异机制的运算次数增加略少于遗传机制，生意宝应该选择以效率为中心的商业模式设计主题，以稳定和传承为主，保持前后商业模式设计的一致性。

第二，两个典型的科技型企业案例分别印证了第三章关于集聚型商业模式和贫乏型商业模式演进中，商业模式要素组合的变化规律：汉王科技应该聚焦于资源禀赋，创新收入模式，兼顾顾客价值和成本结构；生意宝应该聚焦于资源禀赋，扩充价值网络，兼顾顾客价值和成本结构。

第六章

结论、建议与展望

本章得出了科技型企业商业模式分类及其演进机制研究的结论和理论贡献。根据商业模式分类及其演进机制的研究成果（影响商业模式绩效的核心要素和商业模式演进三大作用机制的变化规律），本章探索性地提出了商业模式改进和完善的建议，并提出本书的研究不足，以及未来研究方向。

第一节 结论

通过对科技型企业（以信息技术业上市公司为例）商业模式分类及其演进机制的研究，本书有如下研究发现。

第一，价值创造视角下，商业模式研究可以划分为五种主要的研究主题。

通过对2002—2014年管理学界顶级期刊的梳理，本书得到了五种典型的商业模式研究主题：价值三维度研究框架、商业模式设计主题研究框架、商业模式治理框架、价值网络研究框架和价值创造动机研究框架。

在价值三维度研究框架中，价值主张是价值形成的源泉，它诠释了商业模式"从哪里来"的问题；价值创造是商业模式之魂，是一个企业商业模式的核心所在；价值分配与获取是商业模式的归宿，它揭示了商业模式"到哪里去"的问题。价值三维度研究框架围绕"价值主张—价值创造—价值分配与获取"这条主线进行，诠释了商业模式的价值创造视角，揭示了商业模式运营的内在机理。

商业模式设计主题研究框架以 Zott and Amit（2007）所提出的以新颖为中心的设计主题和以效率为中心的设计主题为代表，聚焦于商业模式的后端研究，侧重于商业模式的应用。此外，商业模式还包含其他设计主题，包括锁定设计（尝试保留股东）和补充设计（强调物资、活动、资源或技术集）（Amit and Zott，2001）。

商业模式治理框架同样是为价值创造服务的（Amit and Zott，2001）。商业模式设计主题侧重于设计，而商业模式治理更侧重于执行。商业模式治理是价值创造视角下的又一个研究分支，为公司层面的价值创造执行提供了依据。

　　价值网络研究框架来自价值网络理论，是价值三维度研究框架、商业模式治理研究框架和商业模式设计研究框架在价值网络上的串、并联，它偏重从价值网络层面研究关系特性、结构特性、战略创新、服务创新、竞争优势、价值创造等的相互关系。

　　价值创造动机研究框架是价值创造视角下商业模式的旁系研究，相关具有代表性的文献数量最少，是组织行为学与商业模式研究的交叉。

　　第二，2002—2014年，科技型企业（以信息技术业上市公司为例）可以分为四种典型的商业模式。

　　通过对2002—2014年信息技术业上市公司的横、纵向聚类分析，本书共得到四种典型的商业模式，分别是：猎豹型商业模式、集聚型商业模式、贫乏型商业模式和顾客型商业模式。猎豹型商业模式处于商业模式演进的萌芽期和成长期，在调整期来临前就消失了。集聚型商业模式和贫乏型商业模式处于商业模式的萌芽期、成长期与调整期。集聚型商业模式代表了资源禀赋状况良好的企业，通常有着良好的资金状况和产品研发技术水平，从而可以在新产品开发方面遥遥领先。贫乏型商业模式代表的企业资源禀赋状况相对欠佳，此类企业可以用其他利益相关者的资源禀赋优势弥补自身资源禀赋的劣势。顾客型商业模式只存在于科技型企业商业模式的调整期，其主要特征是注重顾客价值，一切围绕如何实现顾客价值进行。

　　不同于以往研究对企业商业模式的理解，本书认为一个企业的商业模式是由多个产品商业模式组合起来的集合。比如汉王科技的商业模式包括汉王电纸书商业模式、汉王绘画板商业模式、汉王OCR产品商业模式等多个产品的商业模式，是由多个产品的商业模式有机结合起来的，统称为集聚型商业模式。生意宝商业模式包括生意社商业模式、网盛会展商业模式、网盛电信商业模式等多个产品的商业模式，是由多个产品的商业模式有机结合起来的，统称为贫乏型商业模式。

　　第三，不同时期，影响每种科技型企业（以信息技术业上市公司为例）商业模式绩效的核心要素是不同的。

　　通过对2002—2014年价值创造视角下商业模式要素文献的梳理，本书得到了商业模式的六大要素，分别是：顾客价值、市场定位、资源禀赋、价值网络、成本结构和收入模式。在对 2002—2014 年信息技术业上市公司商业模式的逐步回归中，本书发现，在不同年份，影响科技型企业商业模式绩效的核心要素不同。

在统计期间，猎豹型商业模式从一开始的关注市场定位和价值网络，到 2006 年聚焦于成本结构和资源禀赋，再到 2007 年聚焦于资源禀赋；虽然集聚型商业模式在 2011—2014 年，资源禀赋和收入模式对绩效的影响始终显著，但也经历了 2011 年和 2014 年关注顾客价值，2012 年注重改良成本结构的变迁；同样，在统计期间，虽然贫乏型商业模式的价值网络和资源禀赋始终对绩效的影响显著，但其在 2011 年、2013 年和 2014 年，更加关注顾客价值，2012 年，成本结构对绩效的影响显著；顾客型商业模式在 2011—2014 年，虽然都聚焦于资源禀赋，但 2011 年，顾客价值和市场定位对绩效的影响更显著，而在 2014 年，价值网络对绩效的影响显著。

第四，每种商业模式类型都是处在不断发展运动中的，在科技型企业商业模式演进中，三大作用机制的变化规律各不相同。

通过对猎豹型商业模式、集聚型商业模式、贫乏型商业模式和顾客型商业模式演进过程的模拟仿真，本书发现每种类型商业模式都是在动态演进的，在科技型企业商业模式演进中，三大作用机制的变化规律各不相同。不同年份，同一商业模式的交叉运算和变异运算的次数都不一致（商业模式演进的三大机制运算次数可以体现商业模式的稳定性），同一年份，在不同类型商业模式演进中，三大机制的运算次数也不同。四种典型的科技型企业商业模式从稳定到不稳定依次为：贫乏型商业模式、猎豹型商业模式、顾客型商业模式和集聚型商业模式。贫乏型商业模式和猎豹型商业模式适合于以效率为中心的商业模式设计主题，集聚型商业模式和顾客型商业模式适合于以新颖为中心的商业模式设计主题。随着选择机制运算次数的增加，集聚型商业模式的变异机制运算次数增加的频率高于遗传机制，猎豹型商业模式的变异机制和遗传机制运算次数变化的频率基本同步，贫乏型商业模式的变异机制运算次数增加的频率略低于遗传机制，顾客型商业模式的变异机制和遗传机制的运算是交替进行的。

总的来说，每种类型的商业模式都是动态演进的，研究一个企业的商业模式，还需要结合企业商业模式所处的阶段来进行。科技型企业（以信

息技术业上市公司为例）商业模式分类及演进机制的结论可总结如图 6.1
所示，主要包括三点。

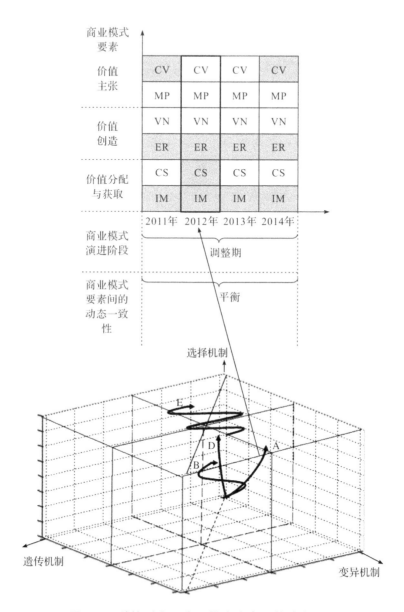

图 6.1　科技型企业商业模式分类及其动态演进

　　注：图中 A 代表集聚型商业模式，B 代表猎豹型商业模式，D 代表贫乏型商业模
式，E 代表顾客型商业模式。阴影部分代表对商业模式绩效影响显著的核心要素。

第一，科技型企业（以信息技术业上市公司为例）的商业模式可分为集聚型商业模式、猎豹型商业模式、贫乏型商业模式和顾客型商业模式四种典型的商业模式，每种类型的商业模式包含不同的发展阶段。其中，集聚型和贫乏型商业模式包括萌芽期、成长期和调整期；猎豹型商业模式包括萌芽期和成长期；顾客型商业模式只包括调整期。

第二，随着选择机制的增加，集聚型商业模式的变异机制增加的频率高于遗传机制，猎豹型商业模式的变异和遗传机制变化的频率基本同步，贫乏型商业模式的变异机制增加的频率略低于遗传机制，顾客型商业模式的变异机制和遗传机制是交替出现的。

第三，影响每种科技型企业商业模式绩效的核心要素都是随着时间动态变动的。集聚型商业模式主要聚焦于资源禀赋和收入模式，兼顾顾客价值和改善成本结构；影响猎豹型商业模式绩效的核心要素随时间变动较大，猎豹型商业模式主要关注市场定位、资源禀赋、价值网络、成本结构和收入模式；贫乏型商业模式主要聚焦于价值网络和资源禀赋，兼顾顾客价值和成本结构；顾客型商业模式主要聚焦于资源禀赋，兼顾顾客价值、市场定位和价值网络。

第二节　理论贡献

第一，基于组织生态学相关理论研究商业模式演进机制，为动态化研究商业模式提供了新的思路。

现有的商业模式研究主要以成本经济学、价值网络理论、长尾理论以及资源基础观（Amit and Zott，2001；王琴，2011；吴晓波等，2014；金杨华和潘建林，2014）等作为商业模式的理论切入口。成本经济学、价值网络理论、长尾理论、资源基础观等理论可以解释部分的商业模式运作机理，但却难以解释商业模式的动态演进问题。本书以组织生态学理论作为研究的切入点，结合商业模式演进的三大作用机制（遗传、变异和选择机制），提供了研究商业模式分类及演进机制的新思路。

第二，创造性地把商业模式要素、分类、演进加以逻辑整合，结构化地揭示商业模式分类及演进规律。

目前，学界的商业模式研究处于非系统化状态，导致难以预期的尴尬（Gambardella and McGahan，2010），学者们从各自的研究视角出发，商业模式要素、分类和演进之间是割裂的关系（程愚和谢雅萍，2005；Zott and Amit，2007；王翔等，2010；吴晓波等，2014；Morris et al.，2013；原磊，2007；罗小鹏和刘莉，2012），商业模式研究处于"只见树叶，不见森林"的现状。本书指出：一是不同年份，影响科技型企业商业模式绩效的核心要素是不同的；二是科技型企业的商业模式是动态变化的，每种类型的商业模式都经历了不同的发展阶段；三是商业模式要素是商业模式分类的基础，商业模式分类是商业模式演进研究的前提。

第三，使用逐年回归、横向、纵向聚类与遗传算法相结合的方法，揭示了科技型企业商业模式要素与商业模式演进三大作用机制在商业模式演进中的变化规律。

现有商业模式演进机制研究多为案例研究，通过追踪单个或多个企业商业模式的逐年变迁，归纳商业模式演进中的规律（Gillen，2006；原磊，2007；Demil and Lecocq，2010；罗小鹏和刘莉，2012；龚丽敏和江诗松，2012；Bohnsack et al.，2014；项国鹏和罗兴武，2015；徐蕾，2015）。现有商业模式研究大多是静态的横截面研究，难以动态把握商业模式的演进机制（龚丽敏和江诗松，2012；罗小鹏和刘莉，2012）。本书从横向、纵向两个维度进行商业模式的分类和演进研究：首次考虑不同的时间维度下，企业商业模式类型的动态演进问题；首次使用遗传算法，模拟仿真了科技型企业不同商业模式类型的演进过程，从商业模式演进的表现和内部机制揭示了商业模式演进的规律。本书发现，商业模式要素间的动态一致性变化和商业模式演化阶段具有较高的相关度，科技型企业的商业模式演进是商业模式演进的三大作用机制与历年影响商业模式绩效的核心要素之间相互作用的结果。

第三节　管理启示

本节对商业模式改进和完善的对策建议按照如下顺序展开。首先，根据商业模式演进三大作用机制的变化规律，提出了商业模式设计的启示，包括商业模式设计的模拟仿真，以及如何帮助企业有针对性地完善商业模式设计。然后，基于商业模式演进中影响绩效核心要素的变化规律，提出完善商业模式的对策建议，包括以每年影响商业模式绩效的核心要素为抓手和维持商业模式要素间平衡的动态一致性。

一、商业模式设计的启示

参照现有的商业模式设计相关研究（刘玉芹和胡汉辉，2010；欧阳桃花和武光，2013；Pateli and Giaglis，2005；丁浩等，2013；奥斯特瓦德和皮尼厄，2014），本书将商业模式设计划分为预处理阶段和实践阶段。

商业模式设计的预处理阶段。商业模式设计的第一步应该是认清企业所处的内外部环境。商业模式设计首先源于企业的战略选择和战略制定（刘玉芹和胡汉辉，2010；欧阳桃花和武光，2013），战略分析工具为战略选择和战略制定提供了科学的、定量的方法。因此，战略分析工具是商业模式设计的逻辑起点（刁玉柱和白景坤，2012）。

商业模式设计的实践阶段。丁浩等（2013）提出，商业模式设计的关键是建立商业模式创新图谱。参照商业模式创新图谱，指出商业模式创新的不同阶段应该采取的创新方法；通过商业模式创新图谱与商业模式创新方法一一对应，完成商业模式的设计（Pateli and Giaglis，2005）。类似于商业模式创新图谱，奥斯特瓦德和皮尼厄（2014）提出了商业模式设计的画布，并将商业模式画布成功运用到 45 个国家共 470 名实践者中。具体到商业模式创新方法，应该考虑商业模式构成要素，以及这些要素之间的相互关系（刘伟等，2014；吕鸿江，2015）。商业模式设计应该明确提出一种商业模式的决策支持系统，帮助设计、模拟和修正新商业模式（Li et al.，2008；吕鸿江，2015）。新颖型和效率型商业模式设计主题较好地涵盖了商业模式设计的类型（Amit and Zott，2001；Zott and Amit，2008；吕鸿江，2015）。

商业模式设计过程不是一蹴而就的，应该经过反复"试错"，以达到和环境的良好匹配。只有当商业模式同时满足企业内外部环境需求时，商业模式设计活动才应该停止（龚丽敏等，2013）。张敬伟和王迎军（2014）基于多案例的访谈，将新企业的商业模式设计过程划分为启动、重构和确立阶段，并提出，在新企业商业模式设计的不同阶段，应该采取不同的措施，商业模式设计是一种阶梯式上升的循环过程（张双文，2008）。

二、根据商业模式演进的三大作用机制，完善商业模式

不同类型的科技型企业在商业模式的演进中，三大作用机制的运算次数不一样，结合每种类型商业模式对每种机制的运算要求，进行商业模式的完善，有利于保证商业模式的稳定。

（一）猎豹型商业模式

猎豹型商业模式的遗传机制和变异机制的变化基本同步，稳定性适中。猎豹型商业模式适合于以效率为中心的设计主题，设计猎豹型商业模式一方面需要快速完成价值主张、价值创造、价值分配与获取中的各个环节，另一方面要兼顾对父系商业模式的传承以及商业模式创新。

（二）集聚型商业模式

集聚型商业模式的变异机制和交叉机制都会随着选择机制运算次数的增加而增加，且变异机制的增加频率要高于交叉机制的运算频率。集聚型商业模式最不稳定，适合于以新颖为中心的设计主题。在设计集聚型商业

模式的时候，主要应该进行商业模式的创新，尤其关注收入模式的创新。例如苹果公司成功的最大原因不是技术创新，而是商业模式的创新，尤其是苹果独创的"iPad＋iTunes"模式，将 iPad 平台开放出来，同时为有高品质 APP 需求的用户提供付费服务。诺基亚失败的最大原因不是技术创新水平不够，而是没有适时进行商业模式创新，诺基亚封闭的塞班系统不能支持用户对手机 APP 的修改个性化需求。

（三）贫乏型商业模式

贫乏型商业模式的变异机制和交叉机制随着选择机制运算次数的增加，增加得较为缓慢，且交叉机制的增加频率高于变异机制的运算频率。贫乏型商业模式在四种科技型企业商业模式中，稳定性最高，这种商业模式适合于以效率为中心的商业模式设计主题。在设计贫乏型商业模式的时候，应该主要关注对父系商业模式的继承，维持商业模式的稳定性是贫乏商业模式成功的关键。生意宝就因为始终秉承"小门户＋联盟"模式，在聚焦于资源禀赋的前提下，持续扩大价值网络，最终改善生意宝自身的资源禀赋状况。随着生意宝的"小门户"承载了越来越多的联盟企业，生意宝的商业模式壁垒也逐渐建立起来，形成了难以被竞争对手快速超越的可持续竞争优势。

（四）顾客型商业模式

顾客型商业模式的遗传机制和变异机制是交替进行的，顾客型商业模式的稳定性适中，适合于以新颖为中心的商业模式设计主题。在设计顾客型商业模式的时候，应该时刻关注顾客价值，不断满足顾客日益增长的需求，在顾客价值变化较大时候，创新商业模式，在顾客价值相对稳定的时候，维持商业模式的稳定。因此，顾客型商业模式设计的核心是始终把满足顾客需求放在第一位，根据顾客需要，考虑是否进行商业模式创新。

三、以核心要素为抓手，确定价值创造逻辑

要运用系统性思维，对六个商业模式要素加以结构化整合，获得匹配性效果，以主导性要素为抓手，确定价值创造逻辑。在商业模式萌芽阶段，商业模式设计的关键是如何整合内部资源，为进一步发展积蓄力量。进入扩张期，首先需要聚焦顾客价值，并定位市场；随着竞争者数量增加，顾客价值逐渐同质化，竞争焦点逐步转向内部的资源禀赋、成本结构等。在商业模式的调整期，企业逐步开始收获战略（聚焦收入模式），资源禀赋和成本结构是企业可持续发展的内部保证；随着企业经营逐渐稳定，需要重新聚焦顾客价值，在新的细分市场上，谋求发展。

（一）猎豹型商业模式

猎豹型商业模式影响绩效的核心要素随着时间的变动较大：2005 年，应该聚焦于价值网络，定位市场；2006 年，依托成本结构，创新收入模式；2007 年，聚焦于资源禀赋。猎豹型商业模式设计的价值创造逻辑是"价值主张＋价值创造→价值分配与获取→价值创造"。猎豹型商业模式设计的核心是效率为中心，缺点是对资源禀赋的依托不足，商业模式建立过于匆忙，所以在市场竞争中逐步被淘汰。未来企业的商业模式设计应该避免猎豹型商业模式。

（二）集聚型商业模式

集聚型商业模式在 2011—2014 年统计期间，始终注重聚焦于资源禀赋，创新收入模式，资源禀赋是集聚型商业模式之源，实现收入模式创新是最终目的。2011 年，集聚型商业模式设计聚焦于资源禀赋，确立顾客价值，兼顾收入模式；2012 年，在关注资源禀赋和收入模式的同时，注意优化成本结构；2013 年，聚焦于资源禀赋，确立主导收入模式；2014 年，注意力重新回到资源禀赋、顾客价值和收入模式上。集聚型商业模式的核

心是资源禀赋优势，这在 2011—2014 年统计期间影响绩效的核心商业模式要素中有所体现。集聚型商业模式设计目标明确，核心在于设计与众不同的收入模式。苹果的"iPad＋iTunes"产品模式就是集聚型商业模式成功的典型。苹果公司通过苹果商店，为有额外 APP 购买需求的用户提供付费服务，同时，开放 iPad 平台，让 APP 服务商竞标，由苹果公司选择优质的 APP，从而保证苹果产品具有超出用户预期的用户体验。苹果商业模式的核心就是聚焦于 iPad 平台（以苹果资源禀赋为基础开发出的平台），吸引 APP 服务商进驻（平台开放收费的收入模式），构成了"终端产品＋额外 APP 下载"的收入模式。集聚型商业模式设计的价值创造逻辑是"价值主张＋价值创造＋价值分配与获取→价值创造＋价值分配与获取→价值主张＋价值创造＋价值分配与获取"。集聚型商业模式设计的核心是以新颖为中心。集聚型商业模式适合于资源禀赋状况良好的企业，其核心是依托企业自身的资源禀赋，创新收入模式，丰富企业的收入来源。

（三）贫乏型商业模式

贫乏型商业模式在 2011—2014 年统计期间，始终注重价值网络和资源禀赋，与集聚型商业模式类似，资源禀赋同样是贫乏型商业模式之源，但贫乏型商业模式资源禀赋先天不足，注定无法像集聚型商业模式那样直接利用资源禀赋创新收入模式。贫乏型商业模式需要立足于自身资源禀赋，扩充价值网络，利用利益相关者的资源禀赋，弥补自身资源禀赋状况不佳的缺陷，比如将不熟悉的领域外包出去，做自己适合做的事情。2011年，贫乏型商业模式比如应该聚焦于资源禀赋和价值网络，同时关注顾客价值，确定企业需要实现什么样的顾客价值；2012 年，在聚焦于资源禀赋和价值网络的同时，优化成本结构；2013—2014 年，重新关注资源禀赋、价值网络和顾客价值。贫乏型商业模式设计的核心是聚焦于资源禀赋，扩充价值网络，通过与利益相关者合作，弥补自身资源禀赋状况不良的劣势。生意宝在 2011 年以来仍然持续不断地扩张着：2011 年，推出生意社和比购宝的创新产品（由资源禀赋研发出的新产品）；2014 年，入股杭州数新软件技术有限公司（扩张价值网络）；2015 年，与美亚财险合作（扩张价值网络）。生意宝商业模式的核心是求稳，并利用利益相关者数新软件技术有限公司的数字服务技术优势，以及美亚财险的保险业务优势，拓展经营业务，从而维持"小门户＋联盟"的经营模式。贫乏型商业模式设计的价值创造逻辑是"价值主张＋价值创造→价值创造＋价值分配与获取→价值主张＋价值创造"。贫乏型商业模式设计的核心是以效率为中心。贫乏型商业模式适合于资源禀赋状况不佳的企业，其核心是依托企业自身的资源禀赋，扩大价值网络，利用利益相关者的资源禀赋优势，共同做大市场的蛋糕。

（四）顾客型商业模式

顾客型商业模式在 2011—2014 年统计期间，始终注重聚焦于资源禀赋。2011 年，顾客型商业模式聚焦于资源禀赋，关注顾客价值，及时定位市场；2012—2013 年，着力提升资源禀赋状况；2014 年，聚焦于资源禀赋，扩大价值网络。与集聚型商业模式和贫乏型商业模式不同，顾客型商业模式仅仅诞生于商业模式演进的调整期，是新兴的科技型企业商业模式类型。顾客型商业模式的典型特征是商业模式要素指标值中，前五大顾客带来的营业收入比较高，企业对顾客价值的实现程度较高。这种商业模式的核心是聚焦于资源禀赋，满足日益增长的顾客需求。顾客型商业模式设计的价值创造逻辑是"价值主张＋价值创造→价值创造"。顾客型商业模式设计的核心是聚焦于资源禀赋，满足用户的需求，顾客型商业模式应该时刻围绕顾客价值进行。

四、维持商业模式要素间平衡的动态一致性

商业模式要素间的动态一致性是影响科技型企业商业模式稳定的重要因素。科技型企业应该注重培养前后均衡的动态一致性水平，避免"前轻后重"或者"前重后轻"的商业模式要素间动态一致性。

　　商业模式六要素之间的协同变化是成功实现商业模式创新的保证。过于注重"价值主张→价值创造"过程，轻"价值创造→价值分配与获取"过程，会导致企业资金链断裂，使得源源不断的生产、制造、研发活动得不到长久的资金补充，商业模式终将难以为继；过于注重"价值创造→价值分配与获取"过程，轻"价值主张→价值创造"过程，会导致商业模式创新动力不足，"现金牛"式的经营容易遭受到其他企业对企业现有商业模式的攻击，而企业对顾客价值关注度不够，研发没有及时跟进，又会导致难以对竞争对手的攻击行为给予及时的还击，最终会导致被竞争对手超越。因此，企业应该保持商业模式要素间动态一致性的平衡，实现顾客价值、市场定位、资源禀赋、价值网络、成本结构和收入模式之间的平衡互动与良好匹配，才能保证商业模式创新的成功，使企业始终保有竞争优势。

第四节　研究不足和展望

　　商业模式分类及其演进机制研究犹如人类基因组研究，两者都是从内核层面揭示有机系统的动态发展规律，意义重大。目前国内外关于商业模式演进的基础性研究太少，这使商业模式分类及演进机制研究极富挑战，也使本书不可避免地存在研究局限。首先，商业模式要素间动态一致性的衡量方法尚需进一步细化、改进。其次，本书划分的商业模式类型仅限于信息技术业的实证研究。再次，本书没有研究商业模式演进的驱动因素对演进的影响。最后，由于很多科技型企业上市时间较短，再加上统计分析对样本数量的要求，本书对四种典型的科技型企业商业模式演进的模拟也仅仅涵盖了较短的时期。

　　未来研究可以考虑以下四个方面。第一，商业模式要素间动态一致性衡量方法的优化研究。主要包括两个方面：商业模式要素间的匹配性衡量方法，改进本书描述模型所采取的价值三维度下各个要素指标间相关系数的简单平均法；商业模式要素对绩效的综合贡献度衡量方法，改进本书所采取的选择一个要素的指标作为中介指标反映要素对绩效综合贡献度的方法。第二，商业模式分类研究。研究信息技术业以外的典型行业的商业模式分类问题，为设计和选择合适的商业模式提供更多的数据支撑。第三，商业模式演进的驱动因素研究。研究商业模式演进的驱动因素，可以使企业从源头把握设计与变革商业模式的着力点，提高有效资源的集约化利用效益，有利于构建良性商业生态系统。第四，由于商业模式分类及演进机制研究对面板数据的要求，本书选择上市公司年报数据进行探索性研究，商业模式要素指标值属于连续变量，较难识别不同商业模式类型中要素指标的差异。未来研究可以结合历年上市公司商业模式各个要素的实际特征，对上市公司年报数据进行补充，以提高商业模式分类的区分度和可识别度。

参考文献

［1］ Adner R，Kapoor R，2010. Value creation in innovation ecosystems：How the structure of technological interdependence affects firm performance in new technology generations ［J］. Strategic Management Journal (31)：306-333.

［2］ Alt R，Zimmerman H D，2001. Introduction to special section on business models ［J］. Electron Mark (1)：3-9.

［3］ Amit R，Zott C，2001. Value creation in e-business ［J］. Strategic Management Journal (6/7)：493-520.

［4］ Anderson J C，et al.，2006. Customer value propositions in business markets ［J］. Harvard Business Review (3)：91-99.

［5］ Bock A J，Opsahl T，George G，et al.，2012. The effects of culture and structure on strategic flexibility during business model innovation ［J］. Journal of Management Studies (2)：279-305.

［6］ Bohnsack R，Pinkse J，Kolk A，2014. Business models for sustainable technologies：Exploring businessmodel evolution in the case of electric vehicles ［J］. Research Policy (43)：284-300.

［7］ Bonaccorsi A，Giannangeli S，Rossi C，2006. Entry strategies under competing standards：Hybrid business models in the open source software industry ［J］. Management Science (7)：1085-1098.

［8］ Brandenburger A J，Nalebuff B J，1996. Co-opetition ［M］. New York：Doubleday.

［9］ Bridoux F，et al.，2011. Heterogeneous motives and the collective creation of value ［J］. Academy of Management Review (4)：711-730.

［10］ Brousseau E，Penard T，2006. The economics of digital business models：A framework for analyzing the economics of platforms ［J］. Review of Network Economics (2)：81-110.

［11］ Bucherer E，Eisert U，Gassmann O，2012. Towards systematic business model innovation：lessons from product innovation management ［J］. Creativity And Innovation Management （2）： 183-198.

［12］ Burgi P，Victor B，Jody L，2004. Case study：Modeling how their business really works prepares managers for sudden change ［J］. Strategy & Leadership （2）：28-35.

［13］ Casadesus-Masanell R， Llanes G， 2011. Mixed source ［J］. Management Science （7）：1212-1230.

［14］ Casadesus-Masanell R，Zhu F，2013. Business model innovation and competitive imitation： The case of sponsor-based business models ［J］. Strategic Management Journal （4）：464-482.

［15］ Ceccagnoli M， Jiang L， 2013. The cost of integrating external technologies：Supply and demand drivers of value creation in the markets for technology ［J］. Strategic Management Journal （4）： 404-425.

［16］ Chatain O，2010. Value creation，competitionand performance in buyer-supplier relationships ［J］. Strategic Management Journal （1）：76-102.

［17］ Chesbrough H W, et al.，2006. Business models for technology in the developing world：The role of non-governmental organizations ［J］. California Management Review （3）：48-61.

［18］ Chesbrough H，2010. Business model innovation：Opportunities and barriers ［J］. Long Range Planning （2/3）：354-363.

［19］ Chesbrough H，2007. Business model innovation：It's not just about technology anymore ［J］. Strategy&Leadership （6）：12-17.

［20］ Chesbrough H，Rosenbloom R S，2002. The role of the business model in capturing value from innovation：Evidence from Xerox Corporation's technology spin-off companies ［J］. Industrial and Corporate Change （3）：529-555.

［21］ Demil B，Lecocq X，2009. Business models evolution towards a dynamic consistency view of strategy [J]. Universia Business Review (23): 86-107.

[22] Demil B, Lecocq X, 2010. Business model evolution: In search of dynamic onsistency [J]. Long Range Planning: 227-246.

[23] Desyllas P, Sako M, 2013. Profiting from business model innovation: Evidence from pay-as-you-drive auto insurance [J]. Research Policy: 101-116.

[24] Doz Y L, Kosonen M, 2010. Embedding strategic agility: A leadership agenda for accelerating business model renewal [J]. Long Range Planning: 370-382.

[25] Dubosson-Torbay M, Osterwalder A, Pigneur Y, 2002. E-business model design, classification, and measurements [J]. Thunderbird International Business Review (1): 5-23.

[26] Enkel E, Mezger F, 2013. Imitation processes and their application for business model innovation: An explorative study [J]. International Journal of Innovation Management (1): 1-34.

[27] Fjeldstad Ø D, Ketels C H M, 2006. Competitive advantage and the value network configuration [J]. Long Range Planning (2): 109-131.

[28] Freeman R E, Wicks A C, Parmar B, 2004. Stakeholder theory and "the corporate objective revisited" [J]. Organization Science (3): 364-369.

[29] Gambardella A, McGahan A M, 2010. Business-model innovation: General purpose technologies and their implications for industry structure [J]. Long Range Planning (2/3): 262-271.

[30] Gilbert N, Troitzsch K G, 2005. Simulation for the Social Scientist [M]. Berkshire: Open University Press, .

[31] Gillen D, 2006. Airline business models and networks: Regulation, competition and evolution in aviation markets [J]. Review of

Network Economics（4）：366-385.

［32］ Girotra K，Netessine S，2014. Four paths to business model innovation［J］. Harvard Business Review：98-103.

［33］ Glimstedt H，Lazonick W，Xie H，2006. The evolution and allocation of employee stock options：Adapting US-style compensation to the Swedish model［J］. European Management Review（3）：156-176.

［34］ Grahovac J，Miller D J，2009. Competitive advantage and Performance：The impact of value creation and costliness of imitation［J］. Strategic Management Journal（11）：1192-1212.

［35］ Hamel G，2001. Leading the Revolution［M］. Boston：Harvard Business School Press.

［36］ Hannan M T，Freeman J，1977. The population ecology of organizations［J］. American Journal of Sociology（5）：929-964.

［37］ Hienerth C，Keinz P，Lettl C，2011. Exploring the nature and implementation process of user-centric business models［J］. Long Range Planning（10）：344-374.

［38］ Hodge G，Cagle C，2004. Business-to-business e-business models：Classification and textile industry implications［J］. AUTEX Research Journal（4）：211-227.

［39］ Holcomb T R，et al.，2009. Making the most of what you have：Managerial ability as a source of resource value creation［J］. Strategic Management Journal（5）：457-485.

［40］ Husted B W，Allen D B，2007. Strategic corporate social responsibility and value creation among large firms lessons from the Spanish experience［J］. Long Range Planning（6）：594-610.

［41］ Itami H，Nishino K，2010. Killing two birds with one stone：Profit for now and learning for the future［J］. Long Range Planning（2/3）：364-369.

[42] James S D, et al., 2013. How firms capture value from their innovations [J]. Journal of Management (5): 1123-1155.

[43] Johnson M W, et al., 2008. Reinventing your business model [J]. Harvard Business Review (12): 51-59.

[44] Landau C, Bock C, 2013. Value creation through vertical intervention of corporate centres in single business units of unrelated diversified portfolios: The case of private equity firms [J]. Long Range Planning (1/2): 97-124.

[45] Lee C, 2013. Keeping abreast of Technology-driven business model evolution: A dynamic patent analysis approach [J]. Technology Analysis & Strategic Management (5): 487-505.

[46] Lepak D P, Smith K G, Taylor M S, 2007. Value creation and calue capture: Amultilevel perspective [J]. Academy of Management Review (1): 180-194.

[47] Li X C, Salleh R, Min K, 2008. Evolution of business model from WWW to WWWW [J]. Australian Journal of Basic and Applied Sciences (4): 1003-1011.

[48] Lindgreen A, Antioco M, Palmer R, et al., 2009. High-tech, innovative products: identifying and meeting business customers' value needs [J]. Journal of Business & Industrial Marketing (3/4): 182-197.

[49] Löfsten, 2014. Product innovation processes and the trade-off between product innovation performance and business performance [J]. European Journal of Innovation Management (1): 61-84.

[50] MacDonald G, Ryall M D, 2004. How do value creation and competition determine whether a firm appropriates value? [J]. Management Science (10): 1319-1333.

[51] Magretta J, 2002. Why business models matter [J]. Harvard Business Review (5): 3-8.

［52］ Mahadevan B，2000. Business models for internet-based e-commerce：An anatomy ［J］. California Management Review （4）：55-69.

［53］ Mason K J，Leek S，2008. Learning to build a supply network：An exploration of dynamic business models ［J］. Journal of Management Studies （4）：774-799.

［54］ McGrathRG，2010. Business Models：A Discovery Driven Approach ［J］. Long Range Planning （2-3）：247-261.

［55］ Möller K，et al.，2008. Service innovation myopia? A new recipe for client provider value creation ［J］. California Management Review （3）：31-47.

［56］ Morris M H，Shirokova G，Shatalov A，2013. The business model and firm performance：The case of Russian food service ventures ［J］. Journal of Small Business Management （1）：46-65.

［57］ Morris M，et al.，2005. The entrepreneur's business model：Toward a unified perspective ［J］. Journal of Business Research （6）：726-735.

［58］ Osterwalder A，Pigneur Y，Tucci C L，2005. Clarifying business models：Origins，present，and future of the concept ［J］. Communications of the Association for Information Systems （16）：1-25.

［59］ Pateli A G，Giaglis G M，2005. Technology innovation-induced business model change：A contingency approach ［J］. Journal of Organizational Change Management （2）：167-183.

［60］ Pellikka J T，Malinen P，2014. Business models in the commercialization processes of innovation among small high-technology firms ［J］. International Journal of Innovation and Technology Management （2）：1-20.

［61］ Penrose E T，1959. The Theory of the Growth of the Firm ［M］. New York：John Wiley.

［62］ Priem R L，2007． A consumer perspective on value creation ［J］． Academy of Management Review （1）：219-235.

［63］ Reydon TAC，Scholz M，2009． Why organizational ecology is not a darwinian research program ［J］． Philosophy of the Social Sciences （3）：408-439.

［64］ Sarkar M B，et al.，2009． Process capabilities and value generation in alliance portfolios ［J］． Organization Science （3）：583-600.

［65］ Schweizer L，2006． Evolution and dynamics of business models in the German biotechnology industry ［J］． Biotechnology （3/4）：265-284.

［66］ Seth A，et al.，2002． Value creation and destruction in cross-border acquisitions：An empirical analysis of foreign acquisitions of US firms ［J］． Strategic Management Journal （10）：921-940.

［67］ Shafer S M，Smith H J，Linder J C，2005． The power of business models ［J］． Business Horizons （3）：199-207.

［68］ Sinfield J V，Calder E，McConnell B，et al.，2012． How to identify new business models ［J］． MIT Sloan Management Review （2）：85-90.

［69］ Svejenova S，Planellas M，Vives L，2010． An individual business model in the making：A chef's quest for creative freedom ［J］． Long Range Planning （2/3）：408-430.

［70］ Teece D J，2010． Business models，business strategy and innovation ［J］． Long Range Planning （43）：172-194.

［71］ Thompson J D，MacMillanI C，2010． Business models：Creating new markets and societal wealth ［J］． Long Range Planning （2-3）：291-307.

［72］ Timmers P，1998． Business models for electronic markets ［J］． Journal on Electronic Markets （9）：3-8.

［73］ Velamuri V K，Bansemir B，Neyer A K，et al.，2013． Product service systems as a driver for business model innovation：Lessons learned from the manufacturing industry ［J］. International Journal of Innovation Management （1）：1-25.

［74］ Verwaal E，et al.，2009. Value creation and value claiming in strategic outsourcing decisions：A resource contingency perspective ［J］. Journal of Management （2）：420-440.

［75］ Weill P，Malone T W，Apel T G，2011. The business models investors prefer ［J］. MIT Sloan Management Review （4）：17-19.

［76］ Weill P，Vitale M R，2001. Place to Space ［M］. Boston：Harvard Business School Press.

［77］ Willamson P J，2010. Cost innovation：Preparing for a 'value-for-money' revolution ［J］. Long Range Planning （2-3）：343-353.

［78］ Wu J，et al.，2013. Customer knowledge management and IT-enabledbusiness model innovation：A conceptual frameworkand a case study from China ［J］. European Management Journal （4）：359-372.

［79］ Yang S S，Chandra Y，2013. Growing artificial entrepreneurs：Advancing entrepreneurship research using agent-based simulation approach ［J］. International Journal of Entrepreneurial Behavior&. Research （2）：210-237.

［80］ Yin R，1994. Case Study Research：Design and Methods ［M］. Thousand Oaks：Sage Publishing.

［81］ Yin R K，1989. Case Study Reserch：Design and Method ［M］. Beverly Hills，CA：Sage.

［82］ Yunus M，Moingeon B，Lehmann-Ortega L，2010. Building social business models：Lessons from the Grameen experience ［J］. Long Range Planning （2/3）：308-325.

［83］ Zott C，Amit R，Massa L，2011. The business model：Recent developments and future research ［J］. Journal of Management （4）：1-24.

［84］ Zott C，Amit R，2007. Business model design and the performance of entrepreneurial firms [J]. Organization Science (2)：181-199.

[85] Zott C，Amit R，2010. Business model design：An activity system perspective [J]. Long Range Planning：216-226.

[86] Zott C，Amit R，2008. The fit between product market strategy and business model：Implications for firm performance [J]. Strategic Management Journal (29)：1-26.

[87] Zott C，Amit R，2013. The business model：A theoretically anchored robust construct for strategic analysis [J]. Stratigic Organization (4)：403-411.

[88] 奥斯特瓦德，皮尼厄，2014. 商业模式新生代 [M]. 王帅，毛心宇，严威，译，北京：机械工业出版社.

[89] 波特，2005. 竞争优势 [M]. 陈小悦，译，北京：华夏出版社.

[90] 蔡莉，单标安，朱秀梅，等，2011. 创业研究回顾与资源视角下的研究框架构建——基于扎根思想的编码与提炼 [J]. 管理世界 (12)：160-169.

[91] 陈晓萍，徐淑英，樊景立，2012. 组织与管理研究的实证方法 [M]. 北京：北京大学出版社.

[92] 陈宇科，喻科，孟卫东，2009. 基于价值网的纵向合作创新网络建设——以重庆汽车产业为例 [J]. 科学学与科学技术管理 (2)：55-60.

[93] 程愚，孙建国，2013. 商业模式的理论模型：要素及其关系 [J]. 中国工业经济 (1)：141-153.

[94] 程愚，孙建国，宋文文，等，2012. 商业模式、营运效应与企业绩效——对生产技术创新和经营方法创新有效性的实证研究 [J]. 中国工业经济 (7)：83-95.

[95] 程愚，谢雅萍，2005. 商务模型与民营企业绩效 [J]. 中国工业经济 (6)：120-127.

[96] 崔楠，江彦若，2013. 商业模式设计与战略导向匹配性对业务绩效的影响 [J]. 商业经济与管理 (12)：45-53.

[97] 刁玉柱，白景坤，2012. 商业模式创新的机理分析：一个系统思考

框架［J］．管理学报（1）：71-81.

[98] 丁浩，王炳成，段洪亮，2013．科技型小微企业商业模式创新、创新合法性与员工企业家精神研究［J］．科技进步与对策（21）：80-85.

[99] 樊凡，2012．广西北部湾港口物联网商业模式研究［J］．商业研究（7）：125-129.

[100] 方润生，李垣，2002．基于价值网络的企业产出优势：特点与构成［J］．科研管理（2）：127-133.

[101] 高闯，关鑫，2006．企业商业模式创新的实现方式与演进机理——一种基于价值链创新的理论解释［J］．中国工业经济（11）：83-90.

[102] 高金余，陈翔，2008．互联网环境下的企业商业模式概念和定位研究［J］．管理工程学报（2）：152-154.

[103] 高峻峰，银路，2011．基于生命周期的网络企业商业模式研究——以腾讯公司和金山软件公司为例［J］．管理学报（3）：348-355.

[104] 龚丽敏，江诗松，2012．产业集群龙头企业的成长演进：商业模式视角［J］．科研管理（7）：137-145.

[105] 龚丽敏，江诗松，魏江，2011．试论商业模式构念的本质、研究方法及未来研究方向［J］．外国经济与管理（3）：1-8.

[106] 龚丽敏，魏江，董忆，等，2013．商业模式研究现状和流派识别：基于1997—2010年SSCI引用情况的分析［J］．管理评论（6）：131-140.

[107] 郭京京，陈琦，2014．电子商务商业模式设计对企业绩效的影响机制研究［J］．管理工程学报（3）：83-90.

[108] 韩松，蔡剑，2013．基于社交网站商业模式服务集成的价值创造研究［J］．管理评论（7）：20-27.

[109] 哈南，弗里曼，2014．组织生态学［M］．李熙，译．北京：科学出版社.

[110] 郝秀清，张利平，陈晓鹏，等，2013．低收入群体导向的商业模式创新研究［J］．管理学报（1）：62-69.

[111] 侯杰，陆强，石涌江，等，2011．基于组织生态学的企业成长演进：

有关变异和生存因素的案例研究［J］. 管理世界（12）：116-130.

［112］胡保亮，2012. 商业模式创新、技术创新与企业绩效关系：基于创业板上市企业的实证研究［J］. 科技进步与对策（3）：95-100.

［113］胡晓鹏，2010. 联网组织的盈利模式及其设计规则［J］. 中国工业经济（12）：76-85.

［114］黄莲琴，2015. 科技型企业内部控制质量问题研究［M］. 厦门：厦门大学出版社.

［115］江积海，2014. 国外商业模式创新中价值创造研究的文献述评及展望［J］. 经济管理（8）：187-199.

［116］姜大鹏，和炳全，2005. 顾客价值与持续竞争优势［J］. 商业研究（6）：18-20.

［117］金杨华，潘建林，2014. 基于嵌入式开放创新的平台领导与用户创业协同模式——淘宝网案例研究［J］. 中国工业经济（2）：148-160.

［118］荆浩，2014. 大数据时代商业模式创新研究［J］. 科技进步与对策（7）：15-19.

［119］荆浩，贾建锋，2011. 中小企业动态商业模式创新——基于创业板立思辰的案例研究［J］. 科学学与科学技术管理（1）：67-72.

［120］卡麦兹，2009. 建构扎根理论：质性研究实践指南［M］. 边国英，译. 重庆：重庆大学出版社.

［121］雷英杰，张善文，李续武，等，2005. MATLAB 遗传算法工具箱及应用［M］. 西安：西安电子科技大学出版社.

［122］李长云，2012. 创新商业模式的机理与实现路径［J］. 中国软科学（4）：167-176.

［123］李东，2008. 面向进化特征的商业生态系统分类研究——对 33 个典型核心企业商业生态实践的聚类分析［J］. 中国工业经济（11）：119-129.

［124］李东，王翔，张晓玲，等，2010. 基于规则的商业模式研究——功能、结构与构建方法［J］. 中国工业经济（9）：101-111.

［125］李飞，2010. 企业成长路径与商业模式的动态演进研究［D］. 天

津：天津大学.

[126] 李飞，米卜，刘会，2013. 中国零售企业商业模式成功创新的路径
——基于海底捞餐饮公司的案例研究 [J]. 中国软科学（9）：97-111.

[127] 李红，吕本富，申爱华，2012. SNS 网站竞争生存及商业模式创新
的关键因素实证研究 [J]. 管理评论（8）：79-87.

[128] 李强，揭筱纹，2013. 信息技术的商业生态系统健康、战略行为与
企业价值实证研究 [J]. 管理学报（6）：824-830.

[129] 李文莲，夏健明，2013. 基于"大数据"的商业模式创新 [J]. 中
国工业经济（5）：83-95.

[130] 李垣，刘益，2001. 基于价值创造的价值网络管理（Ⅰ）：特点与
形成 [J]. 管理工程学报（4）：38-41.

[131] 李志强，赵卫军，2012. 企业技术创新与商业模式创新的协同研究
[J]. 中国软科学（10）：117-124.

[132] 廖仁斌，2006. 转型中的电信企业商业模式重构探索——以湖北电
信商业模式再造实践为例 [J]. 管理工程学报（4）：130-134.

[133] 刘洁，2010. 基于协同演进的企业发展研究 [D]. 太原：山西大学.

[134] 刘林艳，宋华，2013. 利丰商业模式的演进和发展 [J]. 企业管理
（12）：60-63.

[135] 刘伟，黄紫微，丁志慧，2014. 商业孵化器商业模式创新描述性框
架——基于技术与资本市场的创新 [J]. 科学学与科学技术管理
（5）：110-119.

[136] 刘艳丽，2011. 科技企业孵化器的系统运行与绩效评价 [M]. 北
京：中国物资出版社.

[137] 刘玉芹，胡汉辉，2010. 商业模式的设计及其在企业管理中的应用
[J]. 科学学与科学技术管理（3）：134-138.

[138] 刘则渊，陈悦，侯海燕，2008. 科学知识图谱：方法与应用 [M].
北京：人民出版社.

[139] 罗公利，刘伟，边伟军，2012. 科技企业创业环境评价与建设研究
[M]. 北京：科学出版社.

[140] 罗珉，曾涛，周思伟，2005. 企业商业模式创新：基于租金理论的解释 [J]. 中国工业经济 (7)：73-81.

[141] 罗倩，李东，蔡玫，2012. 商业模式对高新技术企业业绩的影响——对 Zott 模型的改进研究 [J]. 科研管理 (7)：40-47.

[142] 罗小鹏，刘莉，2012. 互联网企业发展过程中商业模式的演变 [J]. 经济管理 (2)：183-192.

[143] 吕鸿江，2015. 企业如何设计商业模式适应环境？[J]. 外国经济与管理 (12)：16-28.

[144] 吕鸿江，程明，李晋，2012. 商业模式结构复杂性的维度及测量研究 [J]. 中国工业经济 (11)：110-122.

[145] 马凤岭，陈颉，2014. 基于扎根理论的孵化器商业模式演进机制研究 [J]. 科学学与科学技术管理 (5)：130-136.

[146] 马宁，官建成，2000. 我国工业企业技术创新一致性的分析 [J]. 科学学研究 (2)：77-82.

[147] 马文聪，朱桂龙，2011. 环境动态性对技术创新和绩效关系的调节作用 [J]. 科学学研究 (3)：454-460.

[148] 孟庆红，戴晓天，李仕明，2011. 价值网络的价值创造、锁定效应及其关系研究综述 [J]. 管理评论 (12)：139-147.

[149] 欧阳桃花，武光，2013. 基于朗坤与联创案例的中国农业物联网企业商业模式研究 [J]. 管理学报 (3)：336-346.

[150] 潘剑英，王重鸣，2014. 生态系统隐喻在组织研究中的应用与展望 [J]. 自然辩证法研究 (3)：65-69.

[151] 庞皓，2007. 计量经济学 [M]. 北京：科学出版社.

[152] 闪烁，2010. 海外并购热潮下的中国企业商业模式创新路径——以联想集团为例 [J]. 科学学研究 (4)：619-625.

[153] 邵永同，2014. 科技型中小企业融资模式创新研究 [M]. 北京：知识产权出版社.

[154] 石盛林，陈圻，张静，2011. 高管团队认知风格对技术创新的影响——基于中国制造企业的实证研究 [J]. 科学学研究 (8)：1251-1257.

[155] 宋春光，李长云，2013. 基于顾客价值的商业模式系统构建——以移动信息技术为主要视角 [J]. 中国软科学 (7)：145-153.

[156] 宋迎春，2004. 从顾客价值看彩电价格战及企业竞争战略转变 [J]. 商业研究 (15) 95-97.

[157] 苏江华，李东，2011. 商业模式的成型机理、类型划分与演化路径——基于中国战略新兴产业中 439 家企业的实证分析 [J]. 南京社会科学 (12)：28-35.

[158] 孙国强，2007. 管理研究方法 [M]. 上海：上海人民出版社.

[159] 孙敬水，马淑琴，2009. 计量经济学 [M]. 北京：清华大学出版社.

[160] 仝允桓，邵希，陈晓鹏，2011. 生命周期视角下的金字塔底层创新策略选择：一个多案例研究 [J]. 管理工程学报 (4)：36-43.

[161] 王宝花，刘丽文，2005. 基于供应链的中立 B2B 电子市场的商业模式研究 [J]. 管理评论 (12)：28-32.

[162] 王斌，张俊芳，2012. 光伏企业商业模式分析：以赛维为例 [J]. 科学学与科学技术管理 (8)：130-137.

[163] 王凤彬，刘松博，2012. 联想集团"波形"轨迹下的组织演变——"试误式学习"惯例与组织可塑性的交互作用 [J]. 中国工业经济 (3)：121-133.

[164] 王俊娜，李纪珍，褚文博，2012. 颠覆性创新的价值系统分析——以广东省 LED 照明行业为例 [J]. 科学学研究 (4)：614-621.

[165] 王茜，2011. IT 驱动的商业模式创新机理与路径研究 [J]. 管理学报 (1)：126-132.

[166] 王琴，2011. 基于价值网络重构的企业商业模式创新 [J]. 中国工业经济 (1)：79-88.

[167] 王伟，2005. 基于企业基因重组理论的价值网络构建研究 [J]. 中国工业经济 (2)：58-65.

[168] 王伟毅，李乾文，2005. 创业视角下的商业模式研究 [J]. 外国经济与管理 (11)：32-40.

[169] 王翔，2014. 商业模式对技术创新和获利间关系的调节效应研究

[J]. 管理学报（4）：555-561.

[170] 王翔，李东，后士香，2015. 商业模式结构耦合对企业绩效的影响的实证研究 [J]. 科研管理（7）：96-104.

[171] 王翔，李东，张晓玲，2010. 商业模式是企业间绩效差异的驱动因素吗？——基于中国有色金属上市公司的 ANOVA 分析 [J]. 南京社会科学（5）：20-26.

[172] 王晓明，谭杨，李仕明，等，2010. 基于"要素—结构—功能"的企业商业模式研究 [J]. 管理学报（7）：976-981.

[173] 王雪冬，董大海，2013. 国外商业模式表达模型评介与整合表达模型构建 [J]. 外国经济与管理（4）：49-61.

[174] 王雪冬，董大海，2012. 商业模式的学科属性和定位问题探讨与未来研究展望 [J]. 外国经济与管理（3）：2-9.

[175] 王砚羽，谢伟，2015. 基于传染病模型的商业模式扩散机制研究 [J]. 科研管理（7）：10-18.

[176] 王迎军，韩炜，2011. 新创企业成长过程中商业模式的构建研究 [J]. 科学学与科学技术管理（9）：51-58.

[177] 魏江，刘洋，应瑛，2012. 商业模式内涵与研究框架建构 [J]. 科研管理（5）：107-114.

[178] 翁君奕，2004. 介观商务模式：管理领域前"纳米"研究 [J]. 中国经济网络（1）：34-40.

[179] 吴菲菲，徐艳，黄鲁成，2010. 新技术引致商业模式创新的研究 [J]. 科技管理研究（19）：1-4.

[180] 吴晓波，姚明明，吴朝辉，等，2014. 基于价值网络视角的商业模式分类研究：以现代服务业为例 [J]. 浙江大学学报（人文社会科学版）（2）：64-76.

[181] 吴晓波，朱培忠，吴东，等，2013. 后发者如何实现快速追赶？——一个二次商业模式创新和技术创新的共演模型 [J]. 科学学研究（11）：1726-1735.

[182] 吴瑶，葛殊，2014. 科技企业孵化器商业模式体系构建与要素评价

[J]．科学学与科学技术管理（4）：163-170．

[183] 夏清华，娄汇阳，2014．商业模式刚性：组成结构及其演化机制 [J]．中国工业经济（8）：148-160．

[184] 项国鹏，韩思源，2008．资源环境约束下"浙商"企业商业模式创新——CESS价值创造模型及典型案例 [J]．商业经济与管理（6）：3-8．

[185] 项国鹏，李武杰，肖建忠，2009．转型经济中的企业家制度能力：中国企业家的实证研究及其启示 [J]．管理世界（11）：103-129．

[186] 项国鹏，罗兴武，2015．价值创造视角下浙商龙头企业商业模式演化机制——基于浙江物产的案例研究 [J]．商业经济与管理（1）：43-54．

[187] 项国鹏，杨卓，罗兴武，2014．价值创造视角下的商业模式研究回顾与理论框架构建——基于扎根思想的编码与提炼 [J]．外国经济与管理（6）：32-41．

[188] 项国鹏，周鹏杰，2013．商业模式对零售企业绩效的影响——基于顾客价值创造视角的分析 [J]．广东商学院学报（1）：25-33．

[189] 肖挺，刘华，叶芃，2013．高管团队异质性与商业模式创新绩效关系的实证研究：以服务行业上市公司为例 [J]．中国软科学（8）：125-135．

[190] 邢小强，全允桓，陈晓鹏，2011．金字塔底层市场的商业模式：一个多案例 [J]．管理世界（10）：108-124．

[191] 徐蕾，2015．基于设计驱动型创新的浙商商业模式演化研究——以万事利为例 [J]．商业经济与管理（1）：55-63．

[192] 闫春，2014．组织二元性对开放式创新绩效的作用机理——商业模式的中介作用 [J]．科学学与科学技术管理（7）：59-68．

[193] 颜安，周思伟，2011．虚拟整合的概念模型与价值创造 [J]．中国工业经济（7）：97-106．

[194] 阳双梅，孙锐，2013．论技术创新与商业模式创新的关系 [J]．科学学研究（10）：1572-1580．

[195] 姚俊，吕源，蓝海林，2006. 组织学习与演化的综合模型分析 [J]. 管理评论（1）：45-50.

[196] 姚明明，吴晓波，石涌江，等，2014. 技术追赶视角下商业模式设计与技术创新战略的匹配术——个多案例研究 [J]. 管理世界（10）：149-188.

[197] 姚伟峰，2011. 公司治理与商业模式创新路径的选择 [J]. 商业经济与管理（3）：24-27.

[198] 叶广宇，万庆良，陈静玲，2010. 政治资源、商业模式与民营企业总部选址 [J]. 南开管理评论（4）：62-70.

[199] 余东华，芮明杰，2005. 模块化. 企业价值网络与企业边界变动 [J]. 中国工业经济（10）：88-95.

[200] 袁春晓，2002. 供给链变迁与企业组织形式的演进 [J]. 管理世界（3）：130-136.

[201] 原磊，2007. 国外商业模式理论研究评介 [J]. 外国经济与管理（10）：17-25.

[202] 原磊，2009. 零售企业的商业模式创新 [J]. 经济管理（3）：75-78.

[203] 原磊，2008. 商业模式分类问题研究 [J]. 中国软科学（5）：35-44.

[204] 原磊，2007. 商业模式体系重构 [J]. 中国工业经济（6）：70-79.

[205] 臧维，方之翰，2015. 基于效益评价的软件上市公司商业模式研究 [J]. 科技进步与对策（9）：76-79.

[206] 曾萍，宋铁波，2014. 基于内外因素整合视角的商业模式创新驱动力研究 [J]. 管理学报（7）：989-996.

[207] 曾五一，朱平辉，2006. 统计学 [M]. 北京：北京大学出版社.

[208] 张敬伟，王迎军，2010. 基于价值三角形逻辑的商业模式概念模型研究 [J]. 外国经济与管理（6）：1-8.

[209] 张敬伟，王迎军，2011. 商业模式与战略关系辨析——兼论商业模式研究的意义 [J]. 外国经济与管理（4）：10-18.

[210] 张敬伟，王迎军，2014. 新企业商业模式构建过程解析——基于多案例深度访谈的探索性研究 [J]. 管理评论（7）：92-103.

［211］张明立，樊华，于秋红，2005．顾客价值的内涵、特征及类型［J］．管理科学（2）：71-77．

［212］张双文，2008．高科技初创企业的商务模式设计研究［J］．科技进步与对策（7）：40-42．

［213］张喜征，2004．对电子商务商业模式专利化的思考［J］．科学学与科学技术管理（6）：104-106．

［214］张晓军，席酉民，葛京，2013．基于核心要素创造视角的组织演化动力研究［J］．管理科学学报（1）：22-35．

［215］张新香，胡立君，2013．面向农村地区商业模式创新的实施机理及策略启示——一个跨案例的研究［J］．经济管理（4）：153-163．

［216］章立，2015．科技型中小企业的投融资风险管理［M］．北京：中国金融出版社．

［217］赵晶，关鑫，仝允桓，2007．面向低收入群体的商业模式创新［J］．中国工业经济（10）：5-12．

［218］郑称德，许爱林，赵佳英，2011．基于跨案例扎根分析的商业模式结构模型研究［J］．管理科学（4）：1-13．

［219］周文泳，胡雯，陈康辉，等，2012．低碳背景下制造业商业模式创新策略研究——以卡特彼勒公司为例［J］．管理评论（11）：20-27．

［220］朱开明，周镔，罗青军，2005．顾客价值创新战略：原理、模式与流程［J］．软科学（3）：51-60．

附录 1

描述性统计

表 1 2002 年我国信息技术业上市公司商业模式要素的描述性统计

变量	均值	标准差	CV	MP	NOJ	SOC	FC	NIA	CS	ARP	AFCP
CV	1.294	0.980	1.000	-0.566	-0.223	0.015	-0.101	0.463	0.270	0.218	0.148
MP	1.950	0.848	-0.566	1.000	0.097	-0.007	0.162	-0.537	0.182	0.251	-0.566
NOJ	2.390	3.908	-0.223	0.097	1.000	-0.507	-0.328	-0.066	0.097	0.107	0.213
SOC	3.850	3.913	0.015	-0.007	-0.507	1.000	0.897	0.270	-0.476	-0.623	0.037
FC	4.110	4.253	-0.101	0.162	-0.328	0.897	1.000	0.314	-0.513	-0.672	0.079
NIA	7.105	0.974	0.463	-0.537	-0.066	0.270	0.314	1.000	-0.618	-0.598	0.182
CS	0.910	0.269	0.270	0.182	0.097	-0.476	-0.513	-0.618	1.000	0.889	-0.219
ARP	0.127	0.092	0.218	0.251	0.107	-0.623	-0.672	-0.598	0.889	1.000	-0.222
AFCP	0.024	0.033	0.148	-0.566	0.213	0.037	0.079	0.182	-0.219	-0.222	1.000

表 2 2003 年我国信息技术业上市公司商业模式要素的描述性统计

变量	均值	标准差	CV	MP	NOJ	SOC	FC	NIA	CS	ARP	AFCP
CV	1.438	1.284	1.000	-0.318	-0.132	0.673	0.725	0.070	-0.857	-0.315	0.242
MP	1.960	0.865	-0.318	1.000	-0.102	-0.276	-0.294	-0.604	0.585	0.418	-0.072
NOJ	3.830	4.509	-0.132	-0.102	1.000	-0.367	-0.413	0.164	-0.121	0.249	-0.339
SOC	4.250	4.575	0.673	-0.276	-0.367	1.000	0.983	0.140	-0.536	-0.698	0.304
FC	4.250	4.372	0.725	-0.294	-0.413	0.983	1.000	0.111	-0.572	-0.644	0.415
NIA	7.218	1.023	0.070	-0.604	0.164	0.140	0.111	1.000	-0.217	-0.506	0.380
CS	0.985	0.019	-0.857	0.585	-0.121	-0.536	-0.572	-0.217	1.000	0.314	-0.084
ARP	0.194	0.095	-0.315	0.418	0.249	-0.698	-0.644	-0.506	0.314	1.000	-0.276
AFCP	0.028	0.041	0.242	-0.072	-0.339	0.304	0.415	0.380	-0.084	-0.276	1.000

表 3　2004 年我国信息技术业上市公司商业模式要素的描述性统计

变量	均值	标准差	CV	MP	NOJ	SOC	FC	NIA	CS	ARP	AFCP
CV	1.149	0.603	1.000	0.350	−0.367	−0.447	−0.367	0.014	0.312	−0.025	−0.140
MP	1.990	0.922	0.350	1.000	−0.300	−0.161	−0.124	−0.620	0.172	0.332	−0.082
NOJ	4.530	4.701	−0.367	−0.300	1.000	−0.381	−0.543	0.271	−0.056	−0.020	0.048
SOC	4.020	4.042	−0.447	−0.161	−0.381	1.000	0.936	0.215	−0.495	−0.547	0.268
FC	3.980	3.583	−0.367	−0.124	−0.543	0.936	1.000	0.130	−0.418	−0.339	0.286
NIA	7.389	0.763	0.014	−0.620	0.271	0.215	0.130	1.000	−0.257	−0.762	0.504
CS	0.911	0.270	0.312	0.172	−0.056	−0.495	−0.418	−0.257	1.000	0.542	0.060
ARP	0.194	0.075	−0.025	0.332	−0.020	−0.547	−0.339	−0.762	0.542	1.000	−0.251
AFCP	0.037	0.042	−0.140	−0.082	0.048	0.268	0.286	0.504	0.060	−0.251	1.000

表 4　2005 年我国信息技术业上市公司商业模式要素的描述性统计

变量	均值	标准差	CV	MP	NOJ	SOC	FC	NIA	CS	ARP	AFCP
CV	1.520	0.895	1.000	−0.196	−0.009	0.000	−0.186	0.228	0.087	−0.253	0.067
MP	2.020	0.814	−0.196	1.000	−0.111	0.252	0.401	−0.071	−0.024	0.358	−0.236
NOJ	4.290	4.931	−0.009	−0.111	1.000	0.069	−0.223	0.498	−0.100	−0.050	−0.166
SOC	3.810	3.600	0.000	0.252	0.069	1.000	0.683	0.108	−0.656	0.053	−0.221
FC	3.100	2.448	−0.186	0.401	−0.223	0.683	1.000	0.041	−0.732	−0.068	−0.241
NIA	7.360	0.637	0.228	−0.071	0.498	0.108	0.041	1.000	−0.122	−0.502	0.063
CS	0.981	0.033	0.087	−0.024	−0.100	−0.656	−0.732	−0.122	1.000	0.123	0.184
ARP	0.222	0.092	−0.253	0.358	−0.050	0.053	−0.068	−0.502	0.123	1.000	−0.472
AFCP	0.066	0.116	0.067	−0.236	−0.166	−0.221	−0.241	0.063	0.184	−0.472	1.000

表 5 2006 年我国信息技术业上市公司商业模式要素的描述性统计

变量	均值	标准差	CV	MP	NOJ	SOC	FC	NIA	CS	ARP	AFCP
CV	1.243	5.176	1.000	-0.299	-0.128	0.113	0.366	0.083	0.085	-0.137	0.371
MP	1.850	0.884	-0.299	1.000	-0.214	-0.117	-0.167	0.053	0.129	0.182	-0.196
NOJ	3.500	5.089	-0.128	-0.214	1.000	-0.144	-0.195	0.218	-0.079	-0.117	-0.245
SOC	4.060	3.120	0.113	-0.117	-0.144	1.000	0.637	-0.169	-0.452	-0.150	-0.160
FC	5.440	4.875	0.366	-0.167	-0.195	0.637	1.000	0.008	-0.291	0.264	-0.158
NIA	6.761	1.894	0.083	0.053	0.218	-0.169	0.008	1.000	0.382	0.123	-0.019
CS	0.983	0.C34	0.085	0.129	-0.079	-0.452	-0.291	0.382	1.000	0.246	0.053
ARP	0.208	0.C84	-0.137	0.182	-0.117	-0.150	0.264	0.123	0.246	1.000	-0.174
AFCP	0.066	0.111	0.371	-0.196	-0.245	-0.160	-0.158	-0.019	0.053	-0.174	1.000

表 6 2007 年我国信息技术业上市公司商业模式要素的描述性统计

变量	均值	标准差	CV	MP	NOJ	SOC	FC	NIA	CS	ARP	AFCP
CV	1.141	0.478	1.000	-0.145	-0.125	-0.212	-0.190	0.003	0.021	0.219	-0.148
MP	2.040	0.890	-0.145	1.000	0.040	0.024	-0.064	0.149	0.238	0.226	-0.152
NOJ	4.100	5.430	-0.125	0.040	1.000	-0.211	-0.207	0.201	0.053	-0.266	-0.222
SOC	4.460	4.267	-0.212	0.024	-0.211	1.000	0.830	-0.108	-0.584	-0.083	-0.069
FC	6.020	5.042	-0.190	-0.064	-0.207	0.830	1.000	-0.020	-0.390	0.030	-0.130
NIA	7.104	1.744	0.003	0.149	0.201	-0.108	-0.020	1.000	-0.036	0.031	0.078
CS	0.975	0.086	0.021	0.238	0.053	-0.584	-0.390	-0.036	1.000	0.058	-0.053
ARP	0.170	0.098	0.219	0.226	-0.266	-0.083	0.030	0.031	0.058	1.000	0.210
AFCP	0.067	0.076	-0.148	-0.152	-0.222	-0.069	-0.130	0.078	-0.053	0.210	1.000

表 7　2008 年我国信息技术业上市公司商业模式要素的描述性统计

变量	均值	标准差	CV	MP	NOJ	SOC	FC	NIA	CS	ARP	AFCP
CV	1.073	0.352	1.000	-0.043	0.026	-0.224	0.078	-0.034	0.294	-0.145	0.347
MP	2.040	0.865	-0.043	1.000	0.115	0.060	0.069	0.120	0.261	0.391	-0.020
NOJ	3.600	4.378	0.026	0.115	1.000	-0.100	0.093	0.065	0.089	-0.045	-0.199
SOC	4.960	4.895	-0.224	0.060	-0.100	1.000	0.519	0.080	-0.447	0.050	-0.140
FC	5.890	5.113	0.078	0.069	0.093	0.519	1.000	0.152	0.074	0.160	-0.117
NIA	7.118	1.654	-0.034	0.120	0.065	0.080	0.152	1.000	0.151	0.217	0.082
CS	9.793	0.032	0.294	0.261	0.089	-0.447	0.074	0.151	1.000	0.155	0.087
ARP	0.160	0.097	-0.145	0.391	-0.045	0.050	0.160	0.217	0.155	1.000	0.132
AFCP	0.060	0.072	0.347	-0.020	-0.199	-0.140	-0.117	0.082	0.087	0.132	1.000

表 8　2009 年我国信息技术业上市公司商业模式要素的描述性统计

变量	均值	标准差	CV	MP	NOJ	SOC	FC	NIA	CS	ARP	AFCP
CV	1.310	0.828	1.000	-0.073	0.056	-0.006	-0.086	-0.265	-0.151	0.207	-0.044
MP	2.190	0.872	-0.073	1.000	-0.004	0.102	0.013	0.114	0.325	0.363	-0.030
NOJ	3.110	4.226	0.056	-0.004	1.000	-0.112	0.082	0.037	-0.155	-0.219	-0.035
SOC	6.240	6.307	-0.006	0.102	-0.112	1.000	0.697	0.050	0.060	0.075	-0.134
FC	8.290	6.810	-0.086	0.013	0.082	0.697	1.000	0.077	0.042	0.102	-0.151
NIA	7.150	1.539	-0.265	0.114	0.037	0.050	0.077	1.000	0.209	0.115	0.016
CS	0.970	0.121	-0.151	0.325	-0.155	0.060	0.042	0.209	1.000	0.444	0.023
ARP	0.158	0.097	0.207	0.363	-0.219	0.075	0.102	0.115	0.444	1.000	0.098
AFCP	0.055	0.065	-0.044	-0.030	-0.035	-0.134	-0.151	0.016	0.023	0.098	1.000

表 9　2010 年我国信息技术业上市公司商业模式要素的描述性统计

变量	均值	标准差	CV	MP	NOJ	SOC	FC	NIA	CS	ARP	AFCP
CV	568131.105	5359722.974	1.000	0.108	-0.030	0.195	0.049	-0.021	0.044	0.019	0.050
MP	2.200	0.818	0.108	1.000	-0.100	0.072	0.035	0.139	0.028	0.257	0.123
NOJ	2.190	3.658	-0.030	-0.100	1.000	-0.108	0.097	0.044	-0.077	-0.202	-0.150
SOC	8.700	8.123	0.195	0.072	-0.108	1.000	0.518	-0.132	-0.236	0.195	0.502
FC	11.110	8.755	0.049	0.035	0.097	0.518	1.000	-0.047	-0.118	0.082	0.069
NIA	7.078	1.776	-0.021	0.139	0.044	-0.132	-0.047	1.000	0.458	0.091	0.033
CS	0.979	0.031	0.044	0.028	-0.077	-0.236	-0.118	0.458	1.000	0.321	0.116
ARP	0.159	0.103	0.019	0.257	-0.202	0.195	0.082	0.091	0.321	1.000	0.680
AFCP	0.000	0.000	0.050	0.123	-0.150	0.502	0.069	0.033	0.116	0.680	1.000

表 10　2011 年我国信息技术业上市公司商业模式要素的描述性统计

变量	均值	标准差	CV	MP	NOJ	SOC	FC	NIA	CS	ARP	AFCP
CV	1.312	0.586	1.000	-0.087	-0.066	0.214	0.030	0.066	0.016	0.090	0.086
MP	2.150	0.823	-0.087	1.000	-0.075	0.085	0.035	0.076	0.191	0.218	-0.273
NOJ	2.030	3.947	-0.066	-0.075	1.000	-0.081	0.052	0.031	0.011	-0.145	-0.127
SOC	10.050	8.852	0.214	0.085	-0.081	1.000	0.602	-0.187	0.033	0.267	-0.099
FC	12.240	9.731	0.030	0.035	0.052	0.602	1.000	-0.138	0.023	0.237	-0.025
NIA	7.186	1.528	0.066	0.076	0.031	-0.187	-0.138	1.000	-0.007	-0.053	-0.235
CS	0.972	0.087	0.016	0.191	0.011	0.033	0.023	-0.007	1.000	0.297	0.034
ARP	0.166	0.111	0.090	0.218	-0.145	0.267	0.237	-0.053	0.297	1.000	0.072
AFCP	0.040	0.050	0.086	-0.273	-0.127	-0.099	-0.025	-0.235	0.034	0.072	1.000

表11　2012年我国信息技术企业上市公司商业模式要素的描述性统计

变量	均值	标准差	CV	MP	NOJ	SOC	FC	NIA	CS	ARP	AFCP
CV	3.941	18.385	1.000	-0.031	-0.031	-0.070	-0.137	0.071	0.074	-0.120	0.033
MP	2.208	0.7951	-0.031	1.000	0.160	0.035	0.064	-0.002	0.311	0.237	-0.279
NOJ	1.700	2.793	-0.031	0.160	1.000	-0.028	0.235	0.028	0.117	0.096	-0.061
SOC	11.030	9.517	-0.070	0.035	-0.028	1.000	0.557	-0.225	0.046	0.246	-0.132
FC	10.810	9.377	-0.137	0.064	0.235	0.557	1.000	-0.026	0.141	0.222	-0.048
NIA	7.465	1.088	0.071	-0.002	0.028	-0.225	-0.026	1.000	0.135	0.039	-0.058
CS	0.977	0.079	0.074	0.311	0.117	0.046	0.141	0.135	1.000	0.329	-0.016
ARP	0.179	0.109	-0.120	0.237	0.096	0.246	0.222	0.039	0.329	1.000	-0.022
AFCP	0.037	0.050	0.033	-0.279	-0.061	-0.132	-0.048	-0.058	-0.016	-0.022	1.000

表12　2013年我国信息技术企业上市公司商业模式要素的描述性统计

变量	均值	标准差	CV	MP	NOJ	SOC	FC	NIA	CS	ARP	AFCP
CV	1.385	2.174	1.000	-0.106	-0.075	-0.090	-0.033	0.072	0.037	0.002	0.058
MP	2.270	0.779	-0.106	1.000	0.072	0.023	0.123	0.022	0.196	0.081	-0.264
NOJ	1.810	2.753	-0.075	0.072	1.000	-0.107	0.052	0.035	0.017	0.070	-0.089
SOC	11.880	10.404	-0.090	0.023	-0.107	1.000	0.621	-0.245	-0.042	0.149	-0.052
FC	12.830	11.088	-0.033	0.123	0.052	0.621	1.000	-0.017	0.034	0.135	-0.078
NIA	7.555	1.228	0.072	0.022	0.035	-0.245	-0.017	1.000	-0.020	0.079	-0.060
CS	0.986	0.013	0.037	0.196	0.017	-0.042	0.034	-0.020	1.000	0.329	-0.191
ARP	0.183	0.118	0.002	0.081	0.070	0.149	0.135	0.079	0.329	1.000	-0.155
AFCP	0.041	0.053	0.058	-0.264	-0.089	-0.052	-0.078	-0.060	-0.191	-0.155	1.000

表 13　2014 年我国信息技术企业上市公司商业模式要素的描述性统计

变量	均值	标准差	CV	MP	NOJ	SOC	FC	NIA	CS	ARP	AFCP
CV	2.226	11.019	1.000	-0.049	-0.103	-0.002	-0.127	0.018	0.052	-0.056	-0.044
MP	2.370	0.751	-0.049	1.000	0.078	0.059	0.184	-0.014	0.056	0.016	-0.231
NOJ	2.550	3.094	-0.103	0.078	1.000	0.011	0.056	0.011	-0.028	-0.083	-0.011
SOC	82.500	47.487	-0.002	0.059	0.011	1.000	0.207	-0.282	-0.031	-0.019	-0.098
FC	82.550	47.552	-0.127	0.184	0.056	0.207	1.000	-0.008	0.012	-0.077	-0.195
NIA	7.500	1.379	0.018	-0.014	0.011	-0.282	-0.008	1.000	-0.022	0.084	0.001
CS	0.987	0.013	0.052	0.056	-0.028	-0.031	0.012	-0.022	1.000	0.177	-0.130
ARP	0.183	0.126	-0.056	0.016	-0.083	-0.019	-0.077	0.084	0.177	1.000	-0.083
AFCP	0.044	0.067	-0.044	-0.231	-0.011	-0.098	-0.195	0.001	-0.130	-0.083	1.000

附录 2

科技型企业（以信息技术业上市公司为例）2002—2014 年数据的逐年逐步回归

一、2022 年

1. 因变量：ROA

第一步，用 ROA 对每一个解释变量做回归，选择对 ROA 贡献最大的解释变量所对应的回归方程作为基础。NIA 对 ROA 的贡献最大，可决系数为 0.261369，修正的可决系数为 0.187506，F 检验的显著性水平为 0.089361，NIA 的 t 检验显著性水平为 0.0894，常数项的显著性水平为 0.0003。因此，把 NIA 对 ROA 的回归方程作为基础方程，逐步引入其他变量。

第二步，在基础模型的基础上，分别引入其他解释变量。加入 MP 后，修正的可决系数变为 0.418493，F 检验的显著性水平变为 0.035344，NIA 的 t 检验显著性水平变为 0.0404，常数项的显著性水平为 0.0003。加入 MP 之后，明显改进了方程中修正的可决系数和 F 检验，且其他回归参数的 t 检验在统计上仍然是显著的，所以，在模型中保留 MP。

第三步，在模型中继续引入其他解释变量。在模型中加入 FC 之后，修正的可决系数变为 0.491406，F 检验的显著性水平变为 0.038619，NIA 的 t 检验显著性水平变为 0.0479，常数项的显著性水平变为 0.0001，MP 的显著性水平变为 0.0592。加入 FC 之后，明显改进了方程中修正的可决系数和 F 检验，且其他回归参数的 t 检验在统计上仍然是显著的，所以，在模型中保留 FC。

第四步，在模型中继续引入其他解释变量，都无法在不影响其他参数 t 检验显著性水平的情况下，显著改进可决系数和方程的 F 检验。所以，2002 年，商业模式要素组合对 ROA 的回归方程为：

$$\text{ROA} = 1.325766 - 0.405460\text{NIA} - 0.380098\text{MP} - 0.357647\text{FC} \quad (1)$$

在式（1）中引入控制变量 SIZE 和 AGE，可得：

$$\text{ROA} = 1.562657 - 0.899565\text{NIA} - 0.667321\text{MP} + 0.164660\text{FC} +$$
$$0.634459\text{SIZE} - 0.254257\text{AGE} \quad (2)$$

2. 因变量：ROE

第一步，用 ROE 对每一个解释变量做回归，选择对 ROE 贡献最大的解释变量所对应的回归方程作为基础。CS 对 ROE 的贡献最大，可决系数为 0.408227，修正的可决系数为 0.349050，F 检验的显著性水平为 0.025315，CS 的 t 检验显著性水平为 0.0253，常数项的显著性水平为 0.0000。因此，把 CS 对 ROA 的回归方程作为基础方程，逐步引入其他变量。

第二步，在基础模型的基础上，分别引入其他解释变量。加入 SOC 后，修正的可决系数变为 0.469710，F 检验的显著性水平变为 0.023342，CS 的 t 检验显著性水平变为 0.0142，常数项的显著性水平为 0.0000。加入 SOC 之后，明显改进了方程中修正的可决系数和 F 检验，且其他回归参数的 t 检验在统计上仍然是显著的，所以，在模型中保留 SOC。

第三步，在模型中继续引入其他解释变量。在模型中加入 FC 之后，修正的可决系数变为 0.833899，F 检验的显著性水平变为 0.000498，CS 的 t 检验显著性水平变为 0.0000，常数项的显著性水平为 0.0000，SOC 的显著性水平变为 0.0140。加入 FC 之后，明显改进了方程中修正的可决系数和 F 检验，且其他回归参数的 t 检验在统计上仍然是显著的，所以，在模型中保留 FC。

第四步，在模型中继续引入其他解释变量，都无法在不影响其他参数 t 检验显著性水平的情况下，显著改进可决系数和方程的 F 检验。所以，2002 年，商业模式要素组合对 ROE 的回归方程为：

$$ROE = 1.003355 - 0.036792CS + 1.159614SOC - 1.814049FC \qquad (3)$$

在式（3）中引入控制变量 SIZE 和 AGE，可得：

$$ROE = 0.876678 - 0.049994CS + 1.525496SOC - 2.119269FC + 0.251169SIZE + 0.016643AGE \qquad (4)$$

二、2003 年

1. 因变量：ROA

第一步，用 ROA 对每一个解释变量做回归，选择对 ROA 贡献最大的解释变量所对应的回归方程作为基础。CV 对 ROA 的贡献最大，可决系数为 0.939233，修正的可决系数为 0.933157，F 检验的显著性水平为 0.000000，CV 的 t 检验显著性水平为 0.0000，常数项的显著性水平为 0.0000。因此，把 CV 对 ROA 的回归方程作为基础方程，逐步引入其他变量。

第二步，在基础模型的基础上，分别引入其他解释变量。加入 MP 后，修正的可决系数变为 0.968777，F 检验的显著性水平为 0.000000，CV 的 t 检验显著性水平为 0.0000，常数项的显著性水平为 0.0000。加入 MP 之后，明显改进了方程中修正的可决系数和 F 检验，且其他回归参数的 t 检验在统计上仍然是显著的，所以，在模型中保留 MP。

第三步，在模型中继续引入其他解释变量。在模型中加入 SOC 之后，修正的可决系数变为 0.972906，F 检验的显著性水平为 0.000000，CV 的 t 检验显著性水平为 0.00000，常数项的显著性水平为 0.0000，MP 的显著性水平变为 0.0194。加入 SOC 之后，明显改进了方程中修正的可决系数和 F 检验，且其他回归参数的 t 检验在统计上仍然是显著的，所以，在模型中保留 SOC。

第四步，在模型中继续引入其他解释变量。在模型中加入 CS 之后，修正的可决系数变为 0.980402，F 检验的显著性水平变为 0.000001，CV 的 t 检验显著性水平为 0.0000，常数项的显著性水平为 0.0000，MP 的显著性水平变为 0.0056，SOC 的显著性水平变为 0.4590。加入 CS 之后，明显改进了方程中修正的可决系数和 F 检验，且其他回归参数的 t 检验在统计上仍然是显著的，所以，在模型中保留 CS。

第五步，在模型中继续引入其他解释变量。在模型中加入 NOJ 之后，修正的可决系数变为 0.982999，F 检验的显著性水平变为 0.000005，CV 的 t 检验显著性水平变为 0.00001，常数项的显著性水平为 0.0000，MP 的显著性水平变为 0.0052，SOC 的显著性水平变为 0.2702，CS 的显著性水平变为 0.0434。加入 NOJ 之后，明显改进了方程中修正的可决系数和 F 检验，且其他回归参数的 t 检验在统计上仍然是显著的，所以，在模型中保留 NOJ。

第六步，在模型中继续引入其他解释变量，都无法在不影响其他参数

t 检验显著性水平的情况下，显著改进可决系数和方程的 F 检验。所以，2003 年，商业模式要素组合对 ROA 的回归方程为：

$$ROA = 1.194121 - 1.121508CV + 0.152472MP - 0.067504SOC$$
$$- 0.250190CS - 0.051200NOJ \tag{5}$$

在式（5）中引入控制变量 SIZE 和 AGE，可得：

$$ROA = 1.120281 - 1.106728CV + 0.115111MP - 0.018010SOC -$$
$$0.192648CS - 0.038743NOJ + 0.088821SIZE - 0.018659AGE$$
$$\tag{6}$$

2. 因变量：ROE

第一步，用 ROE 对每一个解释变量做回归，选择对 ROE 贡献最大的解释变量所对应的回归方程作为基础。CV 对 ROE 的贡献最大，可决系数为 0.926541，修正的可决系数为 0.919195，F 检验的显著性水平为 0.000001，CV 的 t 检验显著性水平为 0.0000，常数项的显著性水平为 0.6667。因此，把 CV 对 ROE 的回归方程作为基础方程，逐步引入其他变量。

第二步，在基础模型的基础上，分别引入其他解释变量。加入 NOJ 后，修正的可决系数变为 0.923245，F 检验的显著性水平变为 0.000004，CV 的 t 检验显著性水平为 0.0000，常数项的显著性水平变为 0.6385。加入 NOJ 之后，明显改进了方程中修正的可决系数和 F 检验，且其他回归参数的 t 检验在统计上仍然是显著的，所以，在模型中保留 NOJ。

第三步，在模型中继续引入其他解释变量。在模型中加入 NIA 之后，修正的可决系数变为 0.939865，F 检验的显著性水平变为 0.000009，CV 的 t 检验显著性水平为 0.0000，常数项的显著性水平变为 0.2861，NOJ 的显著性水平变为 0.1364。加入 NIA 之后，明显改进了方程中修正的可决系数和 F 检验，且其他回归参数的 t 检验在统计上仍然是显著的，所以，在模型中保留 NIA。

第四步，在模型中继续引入其他解释变量。在模型中加入 CS 之后，修正的可决系数变为 0.967624，F 检验的显著性水平变为 0.000006，CV 的 t 检验显著性水平为 0.0000，常数项的显著性水平变为 0.0165，NOJ 的显著性水平变为 0.4804，NIA 的显著性水平变为 0.0169。加入 CS 之后，明显改进了方程中修正的可决系数和 F 检验，且其他回归参数的 t 检验在统计上仍然是显著的，所以，在模型中保留 CS。

第五步，在模型中继续引入其他解释变量。在模型中加入 AFCP 之后，修正的可决系数变为 0.968652，F 检验的显著性水平变为 0.000032，CV 的 t 检验显著性水平变为 0.0001，常数项的显著性水平变为 0.0288，NOJ 的显著性水平变为 0.6220，NIA 的显著性水平变为 0.0576，CS 的显著性水平变为 0.0461。加入 AFCP 之后，明显改进了方程中修正的可决系数和 F 检验，且其他回归参数的 t 检验在统计上仍然是显著的，所以，在模型中保留 AFCP。

第六步，在模型中继续引入其他解释变量，都无法在不影响其他参数 t 检验显著性水平的情况下，显著改进可决系数和方程的 F 检验。所以，2003 年，商业模式要素组合对 ROE 的回归方程为：

$$ROE = -0.369229 + 1.218442CV - 0.024139NOJ + 0.123557NIA + 0.288399CS + 0.069979AFCP \tag{7}$$

在式（7）中引入控制变量 SIZE 和 AGE，可得：

$$ROE = -0.369767 + 1.240966CV - 0.025776NOJ + 0.129663NIA + 0.299192CS + 0.069716AFCP - 0.007491SIZE - 0.025517AGE \tag{8}$$

三、2004 年

1. 因变量：ROA

第一步，用 ROA 对每一个解释变量做回归，选择对 ROA 贡献最大的解释变量所对应的回归方程作为基础。CV 对 ROA 的贡献最大，可决系数为 0.368239，修正的可决系数 0.305063，F 检验的显著性水平为 0.036416，CV 的 t 检验显著性水平为 0.0364，常数项的显著性水平为 0.0001。因此，把 CV 对 ROA 的回归方程作为基础方程，逐步引入其他变量。

第二步，在基础模型的基础上，分别引入其他解释变量。加入 MP

后，修正的可决系数变为 0.468204，F 检验的显著性水平变为 0.023642，CV 的 t 检验显著性水平变为 0.0107，常数项的显著性水平为 0.0001。加入 MP 之后，明显改进了方程中修正的可决系数和 F 检验，且其他回归参数的 t 检验在统计上仍然是显著的，所以，在模型中保留 MP。

第三步，在模型中继续引入其他解释变量。在模型中加入 CS 之后，修正的可决系数变为 0.535584，F 检验的显著性水平变为 0.027341，CV 的 t 检验显著性水平变为 0.0058，常数项的显著性水平变为 0.0028，MP 的显著性水平变为 0.0629。加入 CS 之后，明显改进了方程中修正的可决系数和 F 检验，且其他回归参数的 t 检验在统计上仍然是显著的，所以，在模型中保留 CS。

第四步，在模型中继续引入其他解释变量。在模型中加入 ARP 之后，修正的可决系数变为 0.578452，F 检验的显著性水平变为 0.035605，CV 的 t 检验显著性水平变为 0.0044，常数项的显著性水平变为 0.0026，MP 的显著性水平变为 0.0358，CS 的显著性水平变为 0.0757。加入 ARP 之后，明显改进了方程中修正的可决系数和 F 检验，且其他回归参数的 t 检验在统计上仍然是显著的，所以，在模型中保留 ARP。

第五步，在模型中继续引入其他解释变量，都无法在不影响其他参数 t 检验显著性水平的情况下，显著改进可决系数和方程的 F 检验。所以，2004 年，商业模式要素组合对 ROA 的回归方程为：

$$ROA = 0.589193 - 0.939913CV + 0.303467MP + 0.405543CS - 0.288650ARP \tag{9}$$

在式（9）中引入控制变量 SIZE 和 AGE，可得：

$$ROA = 0.555226 - 0.945578CV + 0.247018MP + 0.437031CS - 0.275183ARP + 0.251924SIZE - 0.143346AGE \tag{10}$$

2. 因变量：ROE

第一步，用 ROE 对每一个解释变量做回归，选择对 ROE 贡献最大的解释变量所对应的回归方程作为基础。CV 对 ROE 的贡献最大，可决系数为 0.274976，修正的可决系数为 0.202474，F 检验的显著性水平为 0.080083，

CV 的 t 检验显著性水平为 0.0801，常数项的显著性水平为 0.0001。因此，把 CV 对 ROE 的回归方程作为基础方程，逐步引入其他变量。

第二步，在基础模型的基础上，分别引入其他解释变量。加入 CS 后，修正的可决系数变为 0.340051，F 检验的显著性水平变为 0.062463，CV 的 t 检验显著性水平变为 0.0299，常数项的显著性水平变为 0.0029。加入 CS 之后，明显改进了方程中修正的可决系数和 F 检验，且其他回归参数的 t 检验在统计上仍然是显著的，所以，在模型中保留 CS。

第三步，在模型中继续引入其他解释变量。在模型中加入 MP 之后，修正的可决系数变为 0.423820，F 检验的显著性水平变为 0.061788，CV 的 t 检验显著性水平变为 0.0159，常数项的显著性水平变为 0.0059，CS 的显著性水平变为 0.0969。加入 MP 之后，明显改进了方程中修正的可决系数和 F 检验，且其他回归参数的 t 检验在统计上仍然是显著的，所以，在模型中保留 MP。

第四步，在模型中继续引入其他解释变量，都无法在不影响其他参数 t 检验显著性水平的情况下，显著改进可决系数和方程的 F 检验，所以，2004 年，商业模式要素组合对 ROE 的回归方程为：

$$ROE = 0.574860 - 0.785538CV + 0.349930CS + 0.199516MP \qquad (11)$$

在式（11）中引入控制变量 SIZE 和 AGE，可得：

$$ROE = 0.508846 - 0.784892CV + 0.401278CS + 0.113943MP +$$
$$0.341570SIZE - 0.145659AGE \qquad (12)$$

四、2005 年

1. 因变量：ROA

第一步，用 ROA 对每一个解释变量做回归，选择对 ROA 贡献最大的解释变量所对应的回归方程作为基础。FC 对 ROA 的贡献最大，可决系数为 0.240229，修正的可决系数 0.200241，F 检验的显著性水平为 0.024097，FC 的 t 检验显著性水平为 0.0241，常数项的显著性水平为 0.0000。因此，把 FC 对 ROA 的回归方程作为基础方程，逐步引入其他变量。

第二步，在基础模型的基础上，分别引入其他解释变量。加入 MP 后，修正的可决系数变为 0.387984，F 检验的显著性水平变为 0.004667，FC 的 t 检验显著性水平变为 0.0084，常数项的显著性水平为 0.0000。加入 MP 之后，明显改进了方程中修正的可决系数和 F 检验，且其他回归参数的 t 检验在统计上仍然是显著的，所以，在模型中保留 MP。

第三步，在模型中继续引入其他解释变量。在模型中加入 CS 之后，修正的可决系数变为 0.396840，F 检验的显著性水平变为 0.008623，FC 的 t 检验显著性水平变为 0.0153，常数项的显著性水平变为 0.0182，MP 的显著性水平变为 0.0116。加入 CS 之后，明显改进了方程中修正的可决系数和 F 检验，且其他回归参数的 t 检验在统计上仍然是显著的，所以，在模型中保留 CS。

第四步，在模型中继续引入其他解释变量。在模型中加入 NOJ 之后，修正的可决系数变为 0.502611，F 检验的显著性水平变为 0.003656，FC 的 t 检验显著性水平变为 0.0022，常数项的显著性水平变为 0.0025，MP 的显著性水平变为 0.0029，CS 的显著性水平变为 0.0550。加入 NOJ 之后，明显改进了方程中修正的可决系数和 F 检验，且其他回归参数的 t 检验在统计上仍然是显著的，所以，在模型中保留 NOJ。

第五步，在模型中继续引入其他解释变量。在模型中加入 CV 之后，修正的可决系数变为 0.512995，F 检验的显著性水平变为 0.005695，FC 的 t 检验显著性水平变为 0.0018，常数项的显著性水平变为 0.0018，MP 的显著性水平变为 0.0032，CS 的显著性水平变为 0.0454，NOJ 的显著性水平变为 0.0432。加入 CV 之后，明显改进了方程中修正的可决系数和 F 检验，且其他回归参数的 t 检验在统计上仍然是显著的，所以，在模型中保留 CV。

第六步，在模型中继续引入其他解释变量，都无法在不影响其他参数 t 检验显著性水平的情况下，显著改进可决系数和方程的 F 检验。所以，2005 年，商业模式要素组合对 ROA 的回归方程为：

$$ROA = 1.112468 - 0.984582FC + 0.299082MP - 0.584203CS -$$
$$0.290528NOJ - 0.146971CV \tag{13}$$

在式（13）中引入控制变量 SIZE 和 AGE，可得：

$$ROA = 1.107601 - 0.900225FC + 0.282231MP - 0.562925CS -$$
$$0.276788NOJ - 0.122713CV + 0.100037SIZE - 0.114402AGE$$

$$(14)$$

2. 因变量：ROE

第一步，用 ROE 对每一个解释变量做回归，选择对 ROE 贡献最大的解释变量所对应的回归方程作为基础。FC 对 ROE 的贡献最大，可决系数为 0.372481，修正的可决系数为 0.339453，F 检验的显著性水平为 0.003302，FC 的 t 检验显著性水平为 0.0033，常数项的显著性水平为 0.0000。因此，把 FC 对 ROE 的回归方程作为基础方程，逐步引入其他变量。

第二步，在基础模型的基础上，分别引入其他解释变量。加入 MP 后，修正的可决系数变为 0.546211，F 检验的显著性水平变为 0.000316，FC 的 t 检验显著性水平变为 0.0005，常数项的显著性水平为 0.0000。加入 MP 之后，明显改进了方程中修正的可决系数和 F 检验，且其他回归参数的 t 检验在统计上仍然是显著的，所以，在模型中保留 MP。

第三步，在模型中继续引入其他解释变量。在模型中加入 NIA 之后，修正的可决系数变为 0.644416，F 检验的显著性水平变为 0.000112，FC 的 t 检验显著性水平变为 0.0002，常数项的显著性水平为 0.0000，MP 的显著性水平变为 0.0020。加入 NIA 之后，明显改进了方程中修正的可决系数和 F 检验，且其他回归参数的 t 检验在统计上仍然是显著的，所以，在模型中保留 NIA。

第四步，在模型中继续引入其他解释变量。在模型中加入 CS 之后，修正的可决系数变为 0.650284，F 检验的显著性水平变为 0.000254，FC 的 t 检验显著性水平变为 0.0015，常数项的显著性水平变为 0.0023，MP 的显著性水平变为 0.0014，NIA 的显著性水平变为 0.0185。加入 CS 之后，明显改进了方程中修正的可决系数和 F 检验，且其他回归参数的 t 检验在统计上仍然是显著的，所以，在模型中保留 CS。

第五步，在模型中继续引入其他解释变量。在模型中加入 ARP 之后，修正的可决系数变为 0.652047，F 检验的显著性水平变为 0.000553，FC 的 t 检验显著性水平变为 0.0013，常数项的显著性水平为 0.0023，MP 的显著性水平变为 0.0013，NIA 的显著性水平变为 0.0142，CS 的显著性水平变为 0.2466。加入 ARP 之后，明显改进了方程中修正的可决系数和 F 检验，且其他回归参数的 t 检验在统计上仍然是显著的，所以，在模型中保留 ARP。

第六步，在模型中继续引入其他解释变量，都无法在不影响其他参数 t 检验显著性水平的情况下，显著改进可决系数和方程的 F 检验。所以，2005 年，商业模式要素组合对 ROE 的回归方程为：

$$ROE=1.127709-0.864594FC+0.347364MP-0.455445NIA-$$
$$0.282552CS-0.184832ARP \tag{15}$$

在式（15）中引入控制变量 SIZE 和 AGE，可得：

$$ROE=1.154477-0.734138FC+0.312312MP-0.449964NIA-$$
$$0.270110CS-0.165510ARP+0.194066SIZE-0.216750AGE \tag{16}$$

五、2006 年

1. 因变量：ROA

第一步，用 ROA 对每一个解释变量做回归，选择对 ROA 贡献最大的解释变量所对应的回归方程作为基础。FC 对 ROA 的贡献最大，可决系数为 0.434230，修正的可决系数为 0.416550，F 检验的显著性水平为 0.000023，FC 的 t 检验显著性水平为 0.0000，常数项的显著性水平为 0.0000。因此，把 FC 对 ROA 的回归方程作为基础方程，逐步引入其他变量。

第二步，在基础模型的基础上，分别引入其他解释变量。加入 NIA 后，修正的可决系数变为 0.448928，F 检验的显著性水平变为 0.000037，FC 的 t 检验显著性水平变为 0.0005，常数项的显著性水平为 0.0000。加入 NIA 之后，明显改进了方程中修正的可决系数和 F 检验，且其他回归参数的 t 检验在统计上仍然是显著的，所以，在模型中保留 NIA。

第三步，在模型中继续引入其他解释变量。在模型中加入 CS 之后，修正的可决系数变为 0.466801，F 检验的显著性水平变为 0.000063，FC 的 t 检验显著性水平变为 0.0002，常数项的显著性水平为 0.0000，NIA 的显著性水平变为 0.1636。加入 CS 之后，明显改进了方程中修正的可决系数和 F 检验，且其他回归参数的 t 检验在统计上仍然是显著的，所以，在模型中保留 CS。

第四步，在模型中继续引入其他解释变量，都无法在不影响其他参数 t 检验显著性水平的情况下，显著改进可决系数和方程的 F 检验。所以，2006 年，商业模式要素组合对 ROA 的回归方程为：

$$ROA = 0.790222 - 0.420384FC - 0.269978NIA + 0.205091CS \qquad (17)$$

在式（17）中引入控制变量 SIZE 和 AGE，可得：

$$ROA = 0.811418 - 0.376130FC - 0.278102NIA + 0.197765CS +$$
$$0.073849SIZE - 0.084590AGE \qquad (18)$$

2. 因变量：ROE

第一步，用 ROE 对每一个解释变量做回归，选择对 ROE 贡献最大的解释变量所对应的回归方程作为基础。FC 对 ROE 的贡献最大，可决系数为 0.252742，修正的可决系数为 0.229390，F 检验的显著性水平为 0.002444，FC 的 t 检验显著性水平为 0.0024，常数项的显著性水平为 0.0000。因此，把 FC 对 ROE 的回归方程作为基础方程，逐步引入其他变量。

第二步，在基础模型的基础上，分别引入其他解释变量。加入 SOC 后，修正的可决系数变为 0.352934，F 检验的显著性水平变为 0.000445，FC 的 t 检验显著性水平变为 0.0001，常数项的显著性水平为 0.0000。加入 SOC 后，明显改进了方程中修正的可决系数和 F 检验，且其他回归参数的 t 检验在统计上仍然是显著的，所以，在模型中保留 SOC。

第三步，在模型中继续引入其他解释变量。在模型中加入 CV 之后，修正的可决系数变为 0.363358，F 检验的显著性水平变为 0.000829，FC 的 t 检验显著性水平为 0.0001，常数项的显著性水平为 0.0000，SOC 的显著性水平变为 0.0071。加入 CV 之后，明显改进了方程中修正的可决系数和 F 检验，且其他回归参数的 t 检验在统计上仍然是显著的，所以，在模型中保留 CV。

第四步，在模型中继续引入其他解释变量，都无法在不影响其他参数 t 检验显著性水平的情况下，显著改进可决系数和方程的 F 检验。所以，2006 年，商业模式要素组合对 ROE 的回归方程为：

$$ROE=0.937262-0.557770FC+0.358739SOC+0.145566CV \quad (19)$$

在式（19）中引入控制变量 SIZE 和 AGE，可得：

$$ROE=0.900358-0.585428FC+0.377311SOC+0.142294CV+$$
$$0.023078SIZE+0.055284AGE \quad (20)$$

六、2007 年

1. 因变量：ROA

第一步，用 ROA 对每一个解释变量做回归，选择对 ROA 贡献最大的解释变量所对应的回归方程作为基础。CS 对 ROA 的贡献最大，可决系数为 0.793152，修正的可决系数为 0.787848，F 检验的显著性水平为 0.000000，CS 的 t 检验显著性水平为 0.0000，常数项的显著性水平为 0.8175。因此，把 CS 对 ROA 的回归方程作为基础方程，逐步引入其他变量。

第二步，在基础模型的基础上，分别引入其他解释变量。加入 SOC 后，修正的可决系数变为 0.854808，F 检验的显著性水平变为 0.000000，CS 的 t 检验显著性水平为 0.0000，常数项的显著性水平变为 0.0064。加入 SOC 后，明显改进了方程中修正的可决系数和 F 检验，且其他回归参数的 t 检验在统计上仍然是显著的，所以，在模型中保留 SOC。

第三步，在模型中继续引入其他解释变量，都无法在不影响其他参数 t 检验显著性水平的情况下，显著改进可决系数和方程的 F 检验。所以，2007 年，商业模式要素组合对 ROA 的回归方程为：

$$ROA=0.205732+0.702820CS-0.195523SOC \quad (21)$$

在式（21）中引入控制变量 SIZE 和 AGE，可得：

$$ROA=0.119653+0.750352CS-0.112333SOC+0.123851SIZE-$$
$$0.056823AGE \quad (22)$$

2. 因变量：ROE

第一步，用ROE对每一个解释变量做回归，选择对ROE贡献最大的解释变量所对应的回归方程作为基础。CV对ROE的贡献最大，可决系数为0.154328，修正的可决系数为0.132644，F检验的显著性水平为0.011063，CV的t检验显著性水平为0.0111，常数项的显著性水平为0.0000。因此，把CV对ROE的回归方程作为基础方程，逐步引入其他变量。

第二步，在基础模型的基础上，分别引入其他解释变量。加入CS后，修正的可决系数变为0.192865，F检验的显著性水平变为0.006438，CV的t检验显著性水平变为0.0074，常数项的显著性水平为0.0000。加入CS后，明显改进了方程中修正的可决系数和F检验，且其他回归参数的t检验在统计上仍然是显著的，所以，在模型中保留CS。

第三步，在模型中继续引入其他解释变量。在模型中加入FC之后，修正的可决系数变为0.272597，F检验的显著性水平变为0.001949，CV的t检验显著性水平变为0.0339，常数项的显著性水平变为0.0000，CS的显著性水平变为0.0079。加入FC之后，明显改进了方程中修正的可决系数和F检验，且其他回归参数的t检验在统计上仍然是显著的，所以，在模型中保留FC。

第四步，在模型中继续引入其他解释变量。在模型中加入NIA之后，修正的可决系数变为0.296947，F检验的显著性水平变为0.002012，CV的t检验显著性水平变为0.0287，常数项的显著性水平为0.0000，CS的显著性水平变为0.0053，FC的显著性水平变为0.0179。加入NIA之后，明显改进了方程中修正的可决系数和F检验，且其他回归参数的t检验在统计上仍然是显著的，所以，在模型中保留NIA。

第五步，在模型中继续引入其他解释变量，都无法在不影响其他参数t检验显著性水平的情况下，显著改进可决系数和方程的F检验。所以，2007年，商业模式要素组合对ROE的回归方程为：

$$ROE = 1.218216 + 0.223547CV - 0.377932CS - 0.182090FC - 0.136142NIA \tag{23}$$

在式（23）中引入控制变量 SIZE 和 AGE，可得：

$$ROE = 1.137640 + 0.195909CV - 0.344520CS - 0.116169FC -$$
$$0.171830NIA + 0.192945SIZE - 0.029277AGE \qquad (24)$$

七、2008 年

1. 因变量：ROA

第一步，用 ROA 对每一个解释变量做回归，选择对 ROA 贡献最大的解释变量所对应的回归方程作为基础。CS 对 ROA 的贡献最大，可决系数为 0.464332，修正的可决系数为 0.453829，F 检验的显著性水平为 0.000000，CS 的 t 检验显著性水平为 0.0000，常数项的显著性水平为 0.0000。因此，把 CS 对 ROA 的回归方程作为基础方程，逐步引入其他变量。

第二步，在基础模型的基础上，分别引入其他解释变量。加入 FC 后，修正的可决系数变为 0.495801，F 检验的显著性水平为 0.000000，CV 的 t 检验显著性水平为 0.0000，常数项的显著性水平为 0.0000。加入 FC 后，明显改进了方程中修正的可决系数和 F 检验，且其他回归参数的 t 检验在统计上仍然是显著的，所以，在模型中保留 FC。

第三步，在模型中继续引入其他解释变量。在模型中加入 SOC 之后，修正的可决系数变为 0.549432，F 检验的显著性水平为 0.000000，CS 的 t 检验显著性水平为 0.0000，常数项的显著性水平为 0.0000，FC 的显著性水平变为 0.0008。加入 SOC 之后，明显改进了方程中修正的可决系数和 F 检验，且其他回归参数的 t 检验在统计上仍然是显著的，所以，在模型中保留 SOC。

第四步，在模型中继续引入其他解释变量。在模型中加入 NIA 之后，修正的可决系数变为 0.567331，F 检验的显著性水平为 0.000000，CS 的 t 检验显著性水平为 0.0000，常数项的显著性水平为 0.0000，FC 的显著性水平变为 0.0004，SOC 的显著性水平变为 0.0883。加入 NIA 之后，明显改进了方程中修正的可决系数和 F 检验，且其他回归参数的 t 检验在统计上仍然是显著的，所以，在模型中保留 NIA。

第五步，在模型中继续引入其他解释变量，都无法在不影响其他参数 t 检验显著性水平的情况下，显著改进可决系数和方程的 F 检验。所以，2008 年，商业模式要素组合对 ROA 的回归方程为：

$$ROA=0.393763-0.394998CS-0.217195FC+0.187720SOC+$$
$$0.108750NIA \qquad (25)$$

在式（25）中引入控制变量 SIZE 和 AGE，可得：

$$ROA=0.338545-0.372055CS-0.216300FC+0.226244SOC+$$
$$0.071067NIA+0.093742SIZE+0.023077AGE \qquad (26)$$

2. 因变量：ROE

第一步，用 ROE 对每一个解释变量做回归，选择对 ROE 贡献最大的解释变量所对应的回归方程作为基础。CS 对 ROE 的贡献最大，可决系数为 0.568372，修正的可决系数为 0.559908，F 检验的显著性水平为 0.000000，CS 的 t 检验显著性水平为 0.0000，常数项的显著性水平为 0.0000。因此，把 CS 对 ROE 的回归方程作为基础方程，逐步引入其他变量。

第二步，在基础模型的基础上，分别引入其他解释变量。加入 SOC 后，修正的可决系数变为 0.571520，F 检验的显著性水平为 0.000000，CS 的 t 检验显著性水平为 0.0000，常数项的显著性水平为 0.0000。加入 SOC 后，明显改进了方程中修正的可决系数和 F 检验，且其他回归参数的 t 检验在统计上仍然是显著的，所以，在模型中保留 SOC。

第三步，在模型中继续引入其他解释变量。在模型中加入 FC 之后，修正的可决系数变为 0.604992，F 检验的显著性水平为 0.000000，CS 的 t 检验显著性水平为 0.0000，常数项的显著性水平为 0.0000，SOC 的显著性水平变为 0.0092。加入 FC 之后，明显改进了方程中修正的可决系数和 F 检验，且其他回归参数的 t 检验在统计上仍然是显著的，所以，在模型中保留 FC。

第四步，在模型中继续引入其他解释变量。在模型中加入 ARP 之后，修正的可决系数变为 0.628878，F 检验的显著性水平为 0.000000，CS 的 t 检验显著性水平为 0.0000，常数项的显著性水平为 0.0000，SOC 的显著性水平变为 0.0103，FC 的显著性水平变为 0.0171。加入 ARP 之后，明显改进了方程中修正的可决系数和 F 检验，且其他回归参数的 t 检验在统计上仍然是显著的，所以，在模型中保留 ARP。

第五步，在模型中继续引入其他解释变量，都无法在不影响其他参数 t 检验显著性水平的情况下，显著改进可决系数和方程的 F 检验。所以，2008 年，商业模式要素组合对 ROE 的回归方程为：

$$ROE = 0.553800 + 0.503015CS - 0.175705SOC + 0.139590FC -$$
$$0.104587ARP \tag{27}$$

在式（27）中引入控制变量 SIZE 和 AGE，可得：

$$ROE = 0.675977 + 0.455122CS - 0.232543SOC + 0.182055FC -$$
$$0.111849ARP - 0.037655SIZE - 0.094398AGE \tag{28}$$

八、2009 年

1. 因变量：ROA

第一步，用 ROA 对每一个解释变量做回归，选择对 ROA 贡献最大的解释变量所对应的回归方程作为基础。FC 对 ROA 的贡献最大，可决系数为 0.065600，修正的可决系数为 0.050529，F 检验的显著性水平为 0.041069，FC 的 t 检验显著性水平为 0.0411，常数项的显著性水平为 0.0000。因此，把 FC 对 ROA 的回归方程作为基础方程，逐步引入其他变量。

第二步，在基础模型的基础上，分别引入其他解释变量。加入 NOJ 后，修正的可决系数变为 0.084137，F 检验的显著性水平变为 0.025615，FC 的 t 检验显著性水平变为 0.0412，常数项的显著性水平为 0.0000。加入 NOJ 后，明显改进了方程中修正的可决系数和 F 检验，且其他回归参数的 t 检验在统计上仍然是显著的，所以，在模型中保留 NOJ。

第三步，在模型中继续引入其他解释变量。在模型中加入 CS 之后，修正的可决系数变为 0.140659，F 检验的显著性水平变为 0.006981，FC 的 t 检验显著性水平变为 0.0438，常数项的显著性水平为 0.0000，NOJ 的显著性水平变为 0.0392。加入 CS 之后，明显改进了方程中修正的可决系

数和 F 检验，且其他回归参数的 t 检验在统计上仍然是显著的，所以，在模型中保留 CS。

第四步，在模型中继续引入其他解释变量。在模型中加入 MP 之后，修正的可决系数变为 0.144744，F 检验的显著性水平变为 0.009851，FC 的 t 检验显著性水平变为 0.0492，常数项的显著性水平为 0.0000，NOJ 的显著性水平变为 0.0330，CS 的显著性水平变为 0.0155。加入 MP 之后，明显改进了方程中修正的可决系数和 F 检验，且其他回归参数的 t 检验在统计上仍然是显著的，所以，在模型中保留 MP。

第五步，在模型中继续引入其他解释变量，都无法在不影响其他参数 t 检验显著性水平的情况下，显著改进可决系数和方程的 F 检验。所以，2009 年，商业模式要素组合对 ROA 的回归方程为：

$$ROA = 0.769947 - 0.137920FC - 0.264359NOJ - 0.259919CS +$$
$$0.056987MP \tag{29}$$

在式（29）中引入控制变量 SIZE 和 AGE，可得：

$$ROA = 0.767926 - 0.054533FC - 0.217624NOJ - 0.227367CS +$$
$$0.037844MP + 0.294333SIZE - 0.262553AGE \tag{30}$$

2. 因变量：ROE

第一步，用 ROE 对每一个解释变量做回归，选择对 ROE 贡献最大的解释变量所对应的回归方程作为基础。AFCP 对 ROE 的贡献最大，可决系数为 0.105383，修正的可决系数为 0090953，F 检验的显著性水平为 0.008867，AFCP 的 t 检验显著性水平为 0.0089，常数项的显著性水平为 0.0000。因此，把 AFCP 对 ROE 的回归方程作为基础方程，逐步引入其他变量。

第二步，在基础模型的基础上，分别引入其他解释变量。加入 NOJ 后，修正的可决系数变为 0.147301，F 检验的显著性水平变为 0.002897，AFCP 的 t 检验显著性水平变为 0.0068，常数项的显著性水平为 0.0000。加入 NOJ 后，明显改进了方程中修正的可决系数和 F 检验，且其他回归参数的 t 检验在统计上仍然是显著的，所以，在模型中保留 NOJ。

第三步，在模型中继续引入其他解释变量。在模型中加入 CS 之后，修正的可决系数变为 0.174562，F 检验的显著性水平变为 0.002239，AFCP 的 t 检验显著性水平变为 0.0052，常数项的显著性水平为 0.0000，NOJ 的显著性水平变为 0.0162。加入 CS 之后，明显改进了方程中修正的可决系数和 F 检验，且其他回归参数的 t 检验在统计上仍然是显著的，所以，在模型中保留 CS。

第四步，在模型中继续引入其他解释变量。在模型中加入 MP 之后，修正的可决系数变为 0.184510，F 检验的显著性水平变为 0.002805，AFCP 的 t 检验显著性水平变为 0.0044，常数项的显著性水平为 0.0000，NOJ 的显著性水平变为 0.0127，CS 的显著性水平变为 0.0416。加入 MP 之后，明显改进了方程中修正的可决系数和 F 检验，且其他回归参数的 t 检验在统计上仍然是显著的，所以，在模型中保留 MP。

第五步，在模型中继续引入其他解释变量。在模型中加入 NIA 之后，修正的可决系数变为 0.246354，F 检验的显著性水平变为 0.000590，AFCP 的 t 检验显著性水平为 0.0044，常数项的显著性水平变为 0.0008，NOJ 的显著性水平变为 0.0035，CS 的显著性水平变为 0.0116，MP 的显著性水平变为 0.2385。加入 NIA 之后，明显改进了方程中修正的可决系数和 F 检验，且其他回归参数的 t 检验在统计上仍然是显著的，所以，在模型中保留 NIA。

第六步，在模型中继续引入其他解释变量。在模型中加入 SOC 之后，修正的可决系数变为 0.248453，F 检验的显著性水平变为 0.000895，AFCP 的 t 检验显著性水平变为 0.0030，常数项的显著性水平变为 0.0027，NOJ 的显著性水平变为 0.0091，CS 的显著性水平变为 0.0114，MP 的显著性水平变为 0.2602，NIA 的显著性水平变为 0.0151。加入 SOC 之后，明显改进了方程中修正的可决系数和 F 检验，且其他回归参数的 t 检验在统计上仍然是显著的，所以，在模型中保留 SOC。

第七步，在模型中继续引入其他解释变量，都无法在不影响其他参数 t 检验显著性水平的情况下，显著改进可决系数和方程的 F 检验。所以，2009 年，商业模式要素组合对 ROE 的回归方程为：

$$ROE = 0.346317 + 0.330123AFCP - 0.322129NOJ - 0.261953CS +$$
$$0.053999MP + 0.288622NIA + 0.082637SOC \quad\quad (31)$$

在式（31）中引入控制变量 SIZE 和 AGE，可得：

$$ROE = 0.289220 + 0.324264AFCP - 0.334421NOJ - 0.231584CS +$$
$$0.028846MP + 0.175585NIA + 0.195077SOC + 0.463944SIZE -$$
$$0.126408AGE \quad\quad (32)$$

九、2010 年

1. 因变量：ROA

第一步，用 ROA 对每一个解释变量做回归，选择对 ROA 贡献最大的解释变量所对应的回归方程作为基础。FC 对 ROA 的贡献最大，可决系数为 0.040349，修正的可决系数为 0.029319，F 检验的显著性水平为 0.059092，FC 的 t 检验显著性水平为 0.0591，常数项的显著性水平为 0.0000。因此，把 FC 对 ROA 的回归方程作为基础方程，逐步引入其他变量。

第二步，在基础模型的基础上，分别引入其他解释变量。加入 SOC 后，修正的可决系数变为 0.118053，F 检验的显著性水平变为 0.001678，FC 的 t 检验显著性水平变为 0.0013，常数项的显著性水平为 0.0000。加入 SOC 后，明显改进了方程中修正的可决系数和 F 检验，且其他回归参数的 t 检验在统计上仍然是显著的，所以，在模型中保留 SOC。

第三步，在模型中继续引入其他解释变量，都无法在不影响其他参数 t 检验显著性水平的情况下，显著改进可决系数和方程的 F 检验。所以，2010 年，商业模式要素组合对 ROA 的回归方程为：

$$ROA = 0.294573 - 0.164269FC + 0.160363SOC \quad\quad (33)$$

在式（33）中引入控制变量 SIZE 和 AGE，可得：

$$ROA = 0.277562 - 0.155367FC + 0.168228SOC + 0.062500SIZE -$$
$$0.018755AGE \quad\quad (34)$$

2. 因变量：ROE

第一步，用 ROE 对每一个解释变量做回归，选择对 ROE 贡献最大的解释变量所对应的回归方程作为基础。AFCP 对 ROE 的贡献最大，可决系数为 0.050344，修正的可决系数为 0.039428，F 检验的显著性水平为 0.034528，AFCP 的 t 检验显著性水平为 0.0345，常数项的显著性水平为 0.0000。因此，把 AFCP 对 ROE 的回归方程作为基础方程，逐步引入其他变量。

第二步，在基础模型的基础上，分别引入其他解释变量。加入 FC 后，修正的可决系数变为 0.067561，F 检验的显著性水平变为 0.018380，AFCP 的 t 检验显著性水平变为 0.0180，常数项的显著性水平为 0.0000。加入 FC 后，明显改进了方程中修正的可决系数和 F 检验，且其他回归参数的 t 检验在统计上仍然是显著的，所以，在模型中保留 FC。

第三步，在模型中继续引入其他解释变量。在模型中加入 MP 之后，修正的可决系数变为 0.068963，F 检验的显著性水平变为 0.028317，AFCP 的 t 检验显著性水平变为 0.0149，常数项的显著性水平为 0.0000，FC 的显著性水平变为 0.0631。加入 MP 之后，明显改进了方程中修正的可决系数和 F 检验，且其他回归参数的 t 检验在统计上仍然是显著的，所以，在模型中保留 MP。

第四步，在模型中继续引入其他解释变量，都无法在不影响其他参数 t 检验显著性水平的情况下，显著改进可决系数和方程的 F 检验。所以，2010 年，商业模式要素组合对 ROE 的回归方程为：

$$ROE = 0.280737 + 0.160821AFCP - 0.070728FC - 0.028330MP \quad (35)$$

在式（35）中引入控制变量 SIZE 和 AGE，可得：

$$ROE = 0.243054 + 0.199295AFCP - 0.069558FC - 0.033403MP + 0.049753SIZE + 0.032333AGE \quad (36)$$

十、2011 年

1. 因变量：ROA

第一步，用 ROA 对每一个解释变量做回归，选择对 ROA 贡献最大的解释变量所对应的回归方程作为基础。CV 对 ROA 的贡献最大，可决系数为 0.142193，修正的可决系数为 0.135438，F 检验的显著性水平为 0.000011，CV 的 t 检验显著性水平为 0.0000，常数项的显著性水平为 0.0000。因此，把 CV 对 ROA 的回归方程作为基础方程，逐步引入其他变量。

第二步，在基础模型的基础上，分别引入其他解释变量。加入 FC 后，修正的可决系数变为 0.163562，F 检验的显著性水平变为 0.000005，CV 的 t 检验显著性水平为 0.0000，常数项的显著性水平为 0.0000。加入 FC 后，明显改进了方程中修正的可决系数和 F 检验，且其他回归参数的 t 检验在统计上仍然是显著的，所以，在模型中保留 FC。

第三步，在模型中继续引入其他解释变量。在模型中加入 CS 之后，修正的可决系数变为 0.176884，F 检验的显著性水平变为 0.000005，CV 的 t 检验显著性水平为 0.0000，常数项的显著性水平为 0.0000，FC 的显著性水平变为 0.0227。加入 CS 之后，明显改进了方程中修正的可决系数和 F 检验，且其他回归参数的 t 检验在统计上仍然是显著的，所以，在模型中保留 CS。

第四步，在模型中继续引入其他解释变量。在模型中加入 SOC 之后，修正的可决系数变为 0.179153，F 检验的显著性水平变为 0.000009，CV 的 t 检验显著性水平为 0.0000，常数项的显著性水平为 0.0000，FC 的显著性水平变为 0.0127，CS 的显著性水平变为 0.0862。加入 SOC 之后，明显改进了方程中修正的可决系数和 F 检验，且其他回归参数的 t 检验在统计上仍然是显著的，所以，在模型中保留 SOC。

第五步，在模型中继续引入其他解释变量，都无法在不影响其他参数 t 检验显著性水平的情况下，显著改进可决系数和方程的 F 检验。所以，2011 年，商业模式要素组合对 ROA 的回归方程为：

$$ROA＝0.752517＋0.248640CV－0.091433FC－0.129724CS＋$$
$$0.048653SOC \tag{37}$$

在式（37）中引入控制变量 SIZE 和 AGE，可得：

$$ROA＝0.729375＋0.235036CV－0.086577FC－0.138605CS＋$$
$$0.074623SOC＋0.112269SIZE－0.023582AGE \tag{38}$$

2. 因变量：ROE

第一步，用 ROE 对每一个解释变量做回归，选择对 ROE 贡献最大的解释变量所对应的回归方程作为基础。CV 对 ROE 的贡献最大，可决系数为 0.102734，修正的可决系数为 0.095669，F 检验的显著性水平为 0.000213，CV 的 t 检验显著性水平为 0.0002，常数项的显著性水平为 0.0000。因此，把 CV 对 ROE 的回归方程作为基础方程，逐步引入其他变量。

第二步，在基础模型的基础上，分别引入其他解释变量。加入 ARP 后，修正的可决系数变为 0.113068，F 检验的显著性水平变为 0.000193，CV 的 t 检验显著性水平变为 0.0003，常数项的显著性水平为 0.0000。加入 ARP 后，明显改进了方程中修正的可决系数和 F 检验，且其他回归参数的 t 检验在统计上仍然是显著的，所以，在模型中保留 ARP。

第三步，在模型中继续引入其他解释变量。在模型中加入 AFCP 之后，修正的可决系数变为 0.131979，F 检验的显著性水平变为 0.000119，CV 的 t 检验显著性水平变为 0.0003，常数项的显著性水平为 0.0000，ARP 的显著性水平变为 0.0919。加入 AFCP 之后，明显改进了方程中修正的可决系数和 F 检验，且其他回归参数的 t 检验在统计上仍然是显著的，所以，在模型中保留 AFCP。

第四步，在模型中继续引入其他解释变量。在模型中加入 CS 之后，修正的可决系数变为 0.143613，F 检验的显著性水平变为 0.000108，CV 的 t 检验显著性水平为 0.0003，常数项的显著性水平为 0.0000，ARP 的显著性水平变为 0.0356，AFCP 的显著性水平变为 0.0507。加入 CS 之后，明显改进了方程中修正的可决系数和 F 检验，且其他回归参数的 t 检验在统计上仍然是显著的，所以，在模型中保留 CS。

　　第五步，在模型中继续引入其他解释变量。在模型中加入 NIA 之后，修正的可决系数变为 0.150189，F 检验的显著性水平变为 0.000127，CV 的 t 检验显著性水平变为 0.0004，常数项的显著性水平为 0.0000，ARP 的显著性水平变为 0.0361，AFCP 的显著性水平变为 0.0318，CS 的显著性水平变为 0.0950。加入 NIA 之后，明显改进了方程中修正的可决系数和 F 检验，且其他回归参数的 t 检验在统计上仍然是显著的，所以，在模型中保留 NIA。

　　第六步，在模型中继续引入其他解释变量。在模型中加入 FC 之后，修正的可决系数变为 0.162234，F 检验的显著性水平变为 0.000098，CV 的 t 检验显著性水平为 0.0004，常数项的显著性水平为 0.0000，ARP 的显著性水平变为 0.0158，AFCP 的显著性水平变为 0.0425，CS 的显著性水平变为 0.0768，NIA 的显著性水平变为 0.3343。加入 FC 之后，明显改进了方程中修正的可决系数和 F 检验，且其他回归参数的 t 检验在统计上仍然是显著的，所以，在模型中保留 FC。

　　第七步，在模型中继续引入其他解释变量。在模型中加入 NOJ 之后，修正的可决系数变为 0.169180，F 检验的显著性水平变为 0.000102，CV 的 t 检验显著性水平变为 0.0002，常数项的显著性水平为 0.0000，ARP 的显著性水平变为 0.0114，AFCP 的显著性水平变为 0.0481，CS 的显著性水平变为 0.0636，NIA 的显著性水平变为 0.5101，FC 的显著性水平变为 0.0807。加入 NOJ 之后，明显改进了方程中修正的可决系数和 F 检验，且其他回归参数的 t 检验在统计上仍然是显著的，所以，在模型中保留 NOJ。

　　第八步，在模型中继续引入其他解释变量，都无法在不影响其他参数 t 检验显著性水平的情况下，显著改进可决系数和方程的 F 检验。所以，2011 年，商业模式要素组合对 ROE 的回归方程为：

$$\text{ROE} = 0.760748 + 0.198998\text{CV} + 0.102352\text{ARP} + 0.089940\text{AFCP} -$$
$$0.134485\text{CS} + 0.036134\text{NIA} - 0.047766\text{FC} + 0.087390\text{NOJ} \qquad (39)$$

在式（39）中引入控制变量 SIZE 和 AGE，可得：

$$ROE=0.756133+0.207107CV+0.085257ARP+0.067823AFCP-$$
$$0.132021CS+0.007676NIA-0.035576FC+0.031934NOJ+$$
$$0.111615SIZE+0.006683AGE \tag{40}$$

十一、2012 年

1. 因变量：ROA

第一步，用 ROA 对每一个解释变量做回归，选择对 ROA 贡献最大的解释变量所对应的回归方程作为基础。FC 对 ROA 的贡献最大，可决系数为 0.207770，修正的可决系数为 0.202625，F 检验的显著性水平为 0.000000，FC 的 t 检验显著性水平为 0.0000，常数项的显著性水平为 0.0000。因此，把 FC 对 ROA 的回归方程作为基础方程，逐步引入其他变量。

第二步，在基础模型的基础上，分别引入其他解释变量。加入 SOC 后，修正的可决系数变为 0.282409，F 检验的显著性水平为 0.000000，FC 的 t 检验显著性水平为 0.0000，常数项的显著性水平为 0.0000。加入 SOC 后，明显改进了方程中修正的可决系数和 F 检验，且其他回归参数的 t 检验在统计上仍然是显著的，所以，在模型中保留 SOC。

第三步，在模型中继续引入其他解释变量。在模型中加入 CS 之后，修正的可决系数变为 0.331634，F 检验的显著性水平为 0.000000，FC 的 t 检验显著性水平为 0.0000，常数项的显著性水平变为 0.0005，SOC 的显著性水平变为 0.0001。加入 CS 之后，明显改进了方程中修正的可决系数和 F 检验，且其他回归参数的 t 检验在统计上仍然是显著的，所以，在模型中保留 CS。

第四步，在模型中继续引入其他解释变量。在模型中加入 NIA 之后，修正的可决系数变为 0.332802，F 检验的显著性水平为 0.000000，FC 的 t 检验显著性水平为 0.0000，常数项的显著性水平为 0.0005，SOC 的显著性水平变为 0.0041，CS 的显著性水平变为 0.0068。加入 NIA 之后，明显改进了方程中修正的可决系数和 F 检验，且其他回归参数的 t 检验在统计上仍然是显著的，所以，在模型中保留 NIA。

第五步，在模型中继续引入其他解释变量，都无法在不影响其他参数 t 检验显著性水平的情况下，显著改进可决系数和方程的 F 检验。所以，2012 年，商业模式要素组合对 ROA 的回归方程为：

$$ROA = 2.467448 - 0.314880FC + 0.133964SOC - 0.195129CS - $$
$$0.224753NIA \tag{41}$$

在式（41）中引入控制变量 SIZE 和 AGE，可得：

$$ROA = 2.426000 - 0.310649FC + 0.146982SOC - 0.189446CS - $$
$$0.292262NIA + 0.149514SIZE - 0.051263AGE \tag{42}$$

2. 因变量：ROE

第一步，用 ROE 对每一个解释变量做回归，选择对 ROE 贡献最大的解释变量所对应的回归方程作为基础。FC 对 ROE 的贡献最大，可决系数为 0.236239，修正的可决系数为 0.231279，F 检验的显著性水平为 0.000000，FC 的 t 检验显著性水平为 0.0000，常数项的显著性水平为 0.0000。因此，把 FC 对 ROE 的回归方程作为基础方程，逐步引入其他变量。

第二步，在基础模型的基础上，分别引入其他解释变量。加入 SOC 后，修正的可决系数变为 0.263455，F 检验的显著性水平为 0.000000，FC 的 t 检验显著性水平为 0.0000，常数项的显著性水平为 0.0000。加入 SOC 后，明显改进了方程中修正的可决系数和 F 检验，且其他回归参数的 t 检验在统计上仍然是显著的，所以，在模型中保留 SOC。

第三步，在模型中继续引入其他解释变量。在模型中加入 AFCP 之后，修正的可决系数变为 0.336522，F 检验的显著性水平为 0.000000，FC 的 t 检验显著性水平为 0.0000，常数项的显著性水平为 0.0000，SOC 的显著性水平变为 0.0002。加入 AFCP 之后，明显改进了方程中修正的可决系数和 F 检验，且其他回归参数的 t 检验在统计上仍然是显著的，所以，在模型中保留 AFCP。

第四步，在模型中继续引入其他解释变量。在模型中加入 CS 之后，修正的可决系数变为 0.342474，F 检验的显著性水平为 0.000000，FC 的 t

检验显著性水平为 0.0000，常数项的显著性水平变为 0.0204，SOC 的显著性水平变为 0.0003，AFCP 的显著性水平变为 0.0000。加入 CS 之后，明显改进了方程中修正的可决系数和 F 检验，且其他回归参数的 t 检验在统计上仍然是显著的，所以，在模型中保留 CS。

第五步，在模型中继续引入其他解释变量。在模型中加入 MP 之后，修正的可决系数变为 0.347379，F 检验的显著性水平为 0.000000，FC 的 t 检验显著性水平为 0.0000，常数项的显著性水平变为 0.0089，SOC 的显著性水平变为 0.0002，AFCP 的显著性水平变为 0.0000，CS 的显著性水平变为 0.0504。加入 MP 之后，明显改进了方程中修正的可决系数和 F 检验，且其他回归参数的 t 检验在统计上仍然是显著的，所以，在模型中保留 MP。

第六步，在模型中继续引入其他解释变量。在模型中加入 ARP 之后，修正的可决系数变为 0.362991，F 检验的显著性水平为 0.000000，FC 的 t 检验显著性水平为 0.0000，常数项的显著性水平变为 0.0013，SOC 的显著性水平变为 0.0006，AFCP 的显著性水平变为 0.0000，CS 的显著性水平变为 0.0143，MP 的显著性水平变为 0.3321。加入 ARP 之后，明显改进了方程中修正的可决系数和 F 检验，且其他回归参数的 t 检验在统计上仍然是显著的，所以，在模型中保留 ARP。

第七步，在模型中继续引入其他解释变量。在模型中加入 NIA 之后，修正的可决系数变为 0.374322，F 检验的显著性水平为 0.000000，FC 的 t 检验显著性水平为 0.0000，常数项的显著性水平变为 0.0011，SOC 的显著性水平变为 0.0192，AFCP 的显著性水平变为 0.0000，CS 的显著性水平变为 0.0231，MP 的显著性水平变为 0.3536，ARP 的显著性水平变为 0.0190。加入 NIA 之后，明显改进了方程中修正的可决系数和 F 检验，且其他回归参数的 t 检验在统计上仍然是显著的，所以，在模型中保留 NIA。

第八步，在模型中继续引入其他解释变量，都无法在不影响其他参数 t 检验显著性水平的情况下，显著改进可决系数和方程的 F 检验。所以，2012 年，商业模式要素组合对 ROE 的回归方程为：

$$ROE=2.534584-0.338650FC+0.113862SOC+0.328739AFCP-$$
$$0.174824CS+0.026462MP+0.141226ARP-0.208266NIA \quad (43)$$

在式（43）中引入控制变量 SIZE 和 AGE，可得：

$$ROE=2.486105-0.348539FC+0.138470SOC+0.311675AFCP-$$
$$0.171065CS+0.021282MP+0.138944ARP-0.239531NIA+$$
$$0.067526SIZE+0.016868AGE \quad (44)$$

十二、2013 年

1. 因变量：ROA

第一步，用 ROA 对每一个解释变量做回归，选择对 ROA 贡献最大的解释变量所对应的回归方程作为基础。FC 对 ROA 的贡献最大，可决系数为 0.157039，修正的可决系数为 0.151704，F 检验的显著性水平为 0.000000，FC 的 t 检验显著性水平为 0.0000，常数项的显著性水平为 0.0000。因此，把 FC 对 ROA 的回归方程作为基础方程，逐步引入其他变量。

第二步，在基础模型的基础上，分别引入其他解释变量。加入 SOC 后，修正的可决系数变为 0.183900，F 检验的显著性水平为 0.000000，FC 的 t 检验显著性水平为 0.0000，常数项的显著性水平为 0.0000。加入 SOC 后，明显改进了方程中修正的可决系数和 F 检验，且其他回归参数的 t 检验在统计上仍然是显著的，所以，在模型中保留 SOC。

第三步，在模型中继续引入其他解释变量，都无法在不影响其他参数 t 检验显著性水平的情况下，显著改进可决系数和方程的 F 检验。所以，2013 年，商业模式要素组合对 ROA 的回归方程为：

$$ROA=0.659718-0.269784FC+0.128874SOC \quad (45)$$

在式（45）中引入控制变量 SIZE 和 AGE，可得：

$$ROA=0.527116-0.262391FC+0.171378SOC+0.282086SIZE-$$
$$0.055228AGE \quad (46)$$

2. 因变量：ROE

第一步，用 ROE 对每一个解释变量做回归。选择对 ROE 贡献最大的解

释变量所对应的回归方程作为基础。FC 对 ROE 的贡献最大，可决系数为
0.156422，修正的可决系数为 0.151083，F 检验的显著性水平为 0.000000，
FC 的 t 检验显著性水平为 0.0000，常数项的显著性水平为 0.0000。因此，
把 FC 对 ROE 的回归方程作为基础方程，逐步引入其他变量。

第二步，在基础模型的基础上，分别引入其他解释变量。加入 AFCP
后，修正的可决系数变为 0.171262，F 检验的显著性水平为 0.000000，
FC 的 t 检验显著性水平为 0.0000，常数项的显著性水平为 0.0000。加入
AFCP 后，明显改进了方程中修正的可决系数和 F 检验，且其他回归参数
的 t 检验在统计上仍然是显著的，所以，在模型中保留 AFCP。

第三步，在模型中继续引入其他解释变量。在模型中加入 SOC 之后，
修正的可决系数变为 0.186016，F 检验的显著性水平为 0.000000，FC 的 t
检验显著性水平为 0.0000，常数项的显著性水平为 0.0000，AFCP 的显著
性水平变为 0.0148。加入 SOC 之后，明显改进了方程中修正的可决系数
和 F 检验，且其他回归参数的 t 检验在统计上仍然是显著的，所以，在模
型中保留 SOC。

第四步，在模型中继续引入其他解释变量。在模型中加入 ARP 之后，
修正的可决系数变为 0.197538，F 检验的显著性水平为 0.000000，FC 的 t
检验显著性水平为 0.0000，常数项的显著性水平变为 0.0204，AFCP 的显
著性水平变为 0.0072，SOC 的显著性水平变为 0.0633。加入 ARP 之后，
明显改进了方程中修正的可决系数和 F 检验，且其他回归参数的 t 检验在
统计上仍然是显著的，所以，在模型中保留 ARP。

第五步，在模型中继续引入其他解释变量，都无法在不影响其他参数
t 检验显著性水平的情况下，显著改进可决系数和方程的 F 检验。所以，
2013 年，商业模式要素组合对 ROE 的回归方程为：

$$\mathrm{ROE} = 0.796471 - 0.268212\mathrm{FC} + 0.217041\mathrm{AFCP} + 0.099336\mathrm{SOC} +$$
$$0.109008\mathrm{ARP} \tag{47}$$

在式（47）中引入控制变量 SIZE 和 AGE，可得：

$$ROE=0.645176-0.273521FC+0.194898AFCP+0.153465SOC+$$
$$0.087595ARP+0.240195SIZE-0.015388AGE \qquad (48)$$

十三、2014 年

1. 因变量：ROA

第一步，用 ROA 对每一个解释变量做回归，选择对 ROA 贡献最大的解释变量所对应的回归方程作为基础。FC 对 ROA 的贡献最大，可决系数为 0.433714，修正的可决系数为 0.430219，F 检验的显著性水平为 0.000000，FC 的 t 检验显著性水平为 0.0000，常数项的显著性水平为 0.0000。因此，把 FC 对 ROA 的回归方程作为基础方程，逐步引入其他变量。

第二步，在基础模型的基础上，分别引入其他解释变量。加入 CV 后，修正的可决系数变为 0.436805，F 检验的显著性水平为 0.000000，FC 的 t 检验显著性水平为 0.0000，常数项的显著性水平为 0.0000。加入 CV 后，明显改进了方程中修正的可决系数和 F 检验，且其他回归参数的 t 检验在统计上仍然是显著的，所以，在模型中保留 CV。

第三步，在模型中继续引入其他解释变量。在模型中加入 MP 之后，修正的可决系数变为 0.450468，F 检验的显著性水平为 0.000000，FC 的 t 检验显著性水平为 0.0000，常数项的显著性水平为 0.0000，CV 的显著性水平变为 0.0865。加入 MP 之后，明显改进了方程中修正的可决系数和 F 检验，且其他回归参数的 t 检验在统计上仍然是显著的，所以，在模型中保留 MP。

第四步，在模型中继续引入其他解释变量。在模型中加入 SOC 之后，修正的可决系数变为 0.457805，F 检验的显著性水平为 0.000000，FC 的 t 检验显著性水平为 0.0000，常数项的显著性水平为 0.0000，CV 的显著性水平变为 0.0656，MP 的显著性水平变为 0.0146。加入 SOC 之后，明显改进了方程中修正的可决系数和 F 检验，且其他回归参数的 t 检验在统计上仍然是显著的，所以，在模型中保留 SOC。

第五步，在模型中继续引入其他解释变量。在模型中加入 NIA 之后，修正的可决系数变为 0.492653，F 检验的显著性水平为 0.000000，FC 的 t 检验显著性水平为 0.0000，常数项的显著性水平为 0.0000，CV 的显著性水平变为 0.0715，MP 的显著性水平变为 0.0145，SOC 的显著性水平变为 0.0026。加入 NIA 之后，明显改进了方程中修正的可决系数和 F 检验，且其他回归参数的 t 检验在统计上仍然是显著的，所以，在模型中保留 NIA。

第六步，在模型中继续引入其他解释变量。在模型中加入 ARP 之后，修正的可决系数变为 0.494660，F 检验的显著性水平为 0.000000，FC 的 t 检验显著性水平为 0.0000，常数项的显著性水平为 0.0000，CV 的显著性水平变为 0.0877，MP 的显著性水平变为 0.0132，SOC 的显著性水平变为 0.0017，NIA 的显著性水平变为 0.0004。加入 ARP 之后，明显改进了方程中修正的可决系数和 F 检验，且其他回归参数的 t 检验在统计上仍然是显著的，所以，在模型中保留 ARP。

第七步，在模型中继续引入其他解释变量。在模型中加入 CS 之后，修正的可决系数变为 0.496706，F 检验的显著性水平为 0.000000，FC 的 t 检验显著性水平为 0.0000，常数项的显著性水平为 0.0000，CV 的显著性水平变为 0.0730，MP 的显著性水平变为 0.0110，SOC 的显著性水平变为 0.0022，NIA 的显著性水平变为 0.0006，ARP 的显著性水平变为 0.2973。加入 CS 之后，明显改进了方程中修正的可决系数和 F 检验，且其他回归参数的 t 检验在统计上仍然是显著的，所以，在模型中保留 CS。

第八步，在模型中继续引入其他解释变量。在模型中加入 NOJ 之后，修正的可决系数变为 0.497408，F 检验的显著性水平为 0.000000，FC 的 t 检验显著性水平为 0.0000，常数项的显著性水平为 0.0000，CV 的显著性水平变为 0.0631，MP 的显著性水平变为 0.0167，SOC 的显著性水平变为 0.0012，NIA 的显著性水平变为 0.0007，ARP 的显著性水平变为 0.3634，CS 的显著性水平变为 0.2053。加入 NOJ 之后，明显改进了方程中修正的可决系数和 F 检验，且其他回归参数的 t 检验在统计上仍然是显著的，所以，在模型中保留 NOJ。

第九步，在模型中继续引入其他解释变量，都无法在不影响其他参数 t 检验显著性水平的情况下，显著改进可决系数和方程的 F 检验。所以，2014 年，商业模式要素组合对 ROA 的回归方程为：

$$ROA = 0.607550 - 0.198787FC + 0.113698CV + 0.030708MP +$$
$$0.063506SOC + 0.134928NIA - 0.022727ARP - 0.045671CS +$$
$$0.032744NOJ \tag{49}$$

在式（49）中引入控制变量 SIZE 和 AGE，可得：

$$ROA = 0.552757 - 0.200102FC + 0.101722CV + 0.02818MP +$$
$$0.090309SOC + 0.134202NIA - 0.021259ARP - 0.045422CS +$$
$$0.014279NOJ + 0.086283SIZE + 0.010313AGE \tag{50}$$

2. 因变量：ROE

第一步，用 ROE 对每一个解释变量做回归，选择对 ROE 贡献最大的解释变量所对应的回归方程作为基础。FC 对 ROE 的贡献最大，可决系数为 0.377804，修正的可决系数为 0.373964，F 检验的显著性水平为 0.000000，FC 的 t 检验显著性水平为 0.0000，常数项的显著性水平为 0.0000。因此，把 FC 对 ROE 的回归方程作为基础方程，逐步引入其他变量。

第二步，在基础模型的基础上，分别引入其他解释变量。加入 CV 后，修正的可决系数变为 0.381875，F 检验的显著性水平为 0.000000，FC 的 t 检验显著性水平为 0.0000，常数项的显著性水平为 0.0000。加入 CV 后，明显改进了方程中修正的可决系数和 F 检验，且其他回归参数的 t 检验在统计上仍然是显著的，所以，在模型中保留 CV。

第三步，在模型中继续引入其他解释变量。在模型中加入 MP 之后，修正的可决系数变为 0.383806，F 检验的显著性水平为 0.000000，FC 的 t 检验显著性水平为 0.0000，常数项的显著性水平为 0.0000，CV 的显著性水平变为 0.0808。加入 MP 之后，明显改进了方程中修正的可决系数和 F 检验，且其他回归参数的 t 检验在统计上仍然是显著的，所以，在模型中保留 MP。

第四步，在模型中继续引入其他解释变量。在模型中加入 CS 之后，修正的可决系数变为 0.384509，F 检验的显著性水平为 0.000000，FC 的 t 检验显著性水平为 0.0000，常数项的显著性水平为 0.0000，CV 的显著性水平变为 0.0713，MP 的显著性水平变为 0.2000。加入 CS 之后，明显改进了方程中修正的可决系数和 F 检验，且其他回归参数的 t 检验在统计上仍然是显著的，所以，在模型中保留 CS。

第五步，在模型中继续引入其他解释变量。在模型中加入 ARP 之后，修正的可决系数变为 0.387344，F 检验的显著性水平为 0.000000，FC 的 t 检验显著性水平为 0.0000，常数项的显著性水平为 0.0000，CV 的显著性水平变为 0.0908，MP 的显著性水平变为 0.1955，CS 的显著性水平变为 0.3864。加入 ARP 之后，明显改进了方程中修正的可决系数和 F 检验，且其他回归参数的 t 检验在统计上仍然是显著的，所以，在模型中保留 ARP。

第六步，在模型中继续引入其他解释变量，都无法在不影响其他参数 t 检验显著性水平的情况下，显著改进可决系数和方程的 F 检验。所以，2014 年，商业模式要素组合对 ROE 的回归方程为：

$$ROE = 0.829956 - 0.217015FC + 0.139346CV + 0.02198MP -$$
$$0.042109CS + 0.043669ARP \tag{51}$$

在式（51）中引入控制变量 SIZE 和 AGE，可得：

$$ROE = 0.803119 - 0.213677FC + 0.129414CV + 0.017964MP -$$
$$0.043525CS - 0.039400ARP + 0.052238SIZE + 0.006144AGE \tag{52}$$

附录 3

科技型企业（以信息技术业上市公司为例）商业模式演进图谱

.

表 1　我国信息技术企业的商业模式演进图谱

企业	2002年	2003年	2004年	2005年	2006年	2007年	2008年	2009年	2010年	2011年	2012年	2013年	2014年
长城开发	A	B	B	B	B	B	A	A	A	A	A	A	A
中兴通讯	A	B	B	A	A	A	A	A	A	A	C	A	A
长城电脑	A	A	B	B	B	B	A	A	A	A	A	A	A
海虹控股	—	—	—	—	—	B	A	A	A	A	A	D	D
闽福发A	D	D	D	D	D	D	C	C	C	C	C	C	C
烽火电子	D	D	D	D	D	D	D	D	D	D	D	D	D
汇源通信	—	—	—	—	—	—	C	D	D	D	D	D	D
长城信息	A	B	B	B	B	B	A	A	A	A	A	A	A
四川九洲	A	B	A	B	B	B	A	A	A	A	A	A	A
电广传媒	A	A	A	A	A	A	A	A	A	A	A	A	A
紫光股份	A	A	A	A	A	A	A	A	A	A	A	A	A
南天信息	B	B	B	B	B	B	A	A	A	A	A	A	A
浪潮信息	A	B	B	B	B	D	D	A	A	A	A	A	A
新大陆	B	B	C	B	B	D	C	C	C	C	C	C	C
东信和平	—	—	—	B	B	A	A	A	A	A	A	A	A
七喜控股	—	—	—	—	B	B	C	A	A	A	A	D	D
同洲电子	—	—	—	—	—	—	A	A	A	A	A	A	A
远光软件	—	—	—	—	—	—	D	C	D	D	A	D	D
东华软件	—	—	—	—	—	—	—	—	—	—	—	—	—
新海宜	—	—	—	—	—	—	D	C	D	D	D	C	C
生意宝	—	—	—	—	—	—	D	D	D	D	D	D	D
三维通信	—	—	—	—	—	—	D	C	D	D	A	D	D
北斗星通	—	—	—	—	—	—	—	A	A	A	A	A	A
石基信息	—	—	—	—	—	—	—	C	A	A	A	D	D
远望谷	—	—	—	—	—	—	—	A	A	A	A	D	D
武汉凡谷	—	—	—	—	—	—	—	A	C	C	C	C	C
海隆软件	—	—	—	—	—	—	—	—	D	D	D	D	D

续表

企业	2002年	2003年	2004年	2005年	2006年	2007年	2008年	2009年	2010年	2011年	2012年	2013年	2014年
奥维通信	—	—	—	—	—	—	—	D	D	D	D	D	D
启明信息	—	—	—	—	—	—	—	A	C	C	C	C	C
天威视讯	—	—	—	—	—	—	—	A	A	A	A	A	A
川大智胜	—	—	—	—	—	—	—	C	D	D	D	D	D
拓维信息	—	—	—	—	—	—	—	A	A	A	A	A	A
卫士通	—	—	—	—	—	—	—	A	A	A	A	A	A
久其软件	—	—	—	—	—	—	—	—	D	D	D	D	D
新世纪	—	—	—	—	—	—	—	—	D	D	D	D	D
光迅科技	—	—	—	—	—	—	—	—	D	A	A	D	D
辉煌科技	—	—	—	—	—	—	—	—	D	D	D	C	C
威创股份	—	—	—	—	—	—	—	—	A	A	A	A	A
三泰电子	—	—	—	—	—	—	—	—	A	A	A	A	A
日海通讯	—	—	—	—	—	—	—	—	D	A	A	A	A
焦点科技	—	—	—	—	—	—	—	—	A	A	A	A	A
键桥通讯	—	—	—	—	—	—	—	—	D	D	D	D	D
汉王科技	—	—	—	—	—	—	—	—	—	A	A	A	A
太极股份	—	—	—	—	—	—	—	—	—	D	A	A	A
卓翼科技	—	—	—	—	—	—	—	—	—	D	A	D	D
*ST联信	—	—	—	—	—	—	—	—	—	D	D	D	D
新北洋	—	—	—	—	—	—	—	—	—	A	A	A	A
合众思壮	—	—	—	—	—	—	—	—	—	A	A	A	A
星网锐捷	—	—	—	—	—	—	—	—	—	A	A	A	A
中海科技	—	—	—	—	—	—	—	—	—	D	D	D	D
四维图新	—	—	—	—	—	—	—	—	—	A	A	A	A
广联达	—	—	—	—	—	—	—	—	—	A	A	D	D
三元达	—	—	—	—	—	—	—	—	—	D	D	D	D
达实智能	—	—	—	—	—	—	—	—	—	D	D	D	D

续表

企业	2002年	2003年	2004年	2005年	2006年	2007年	2008年	2009年	2010年	2011年	2012年	2013年	2014年
启明星辰	—	—	—	—	—	—	—	—	—	C	C	D	D
盛路通信	—	—	—	—	—	—	—	—	—	D	D	D	D
海格通信	—	—	—	—	—	—	—	—	—	A	A	A	A
二六三	—	—	—	—	—	—	—	—	—	A	A	A	A
榕基软件	—	—	—	—	—	—	—	—	—	A	A	D	D
银河电子	—	—	—	—	—	—	—	—	—	A	A	A	A
杰赛科技	—	—	—	—	—	—	—	—	—	C	A	C	C
雷柏科技	—	—	—	—	—	—	—	—	—	—	A	A	A
海能达	—	—	—	—	—	—	—	—	—	—	C	D	D
捷顺科技	—	—	—	—	—	—	—	—	—	—	A	D	D
安洁科技	—	—	—	—	—	—	—	—	—	—	A	A	A
荣之联	—	—	—	—	—	—	—	—	—	—	D	D	D
博彦科技	—	—	—	—	—	—	—	—	—	—	A	A	A
神州泰岳	—	—	—	—	—	—	—	—	A	A	A	A	A
立思辰	—	—	—	—	—	—	—	—	A	A	A	A	A
银江股份	—	—	—	—	—	—	—	—	C	C	A	A	A
华星创业	—	—	—	—	—	—	—	—	D	D	D	D	D
金亚科技	—	—	—	—	—	—	—	—	A	A	A	A	A
同花顺	—	—	—	—	—	—	—	—	D	D	D	D	D
超图软件	—	—	—	—	—	—	—	—	D	D	D	D	D
梅泰诺	—	—	—	—	—	—	—	—	D	D	D	D	D
朗科科技	—	—	—	—	—	—	—	—	A	A	A	A	A
赛为智能	—	—	—	—	—	—	—	—	D	D	D	D	D
天源迪科	—	—	—	—	—	—	—	—	D	D	A	C	C
三五互联	—	—	—	—	—	—	—	—	A	A	A	D	D
中青宝	—	—	—	—	—	—	—	—	A	A	A	A	A
东方财富	—	—	—	—	—	—	—	—	—	A	A	D	D

续表

企业	2002年	2003年	2004年	2005年	2006年	2007年	2008年	2009年	2010年	2011年	2012年	2013年	2014年
海兰信	—	—	—	—	—	—	—	—	—	A	A	D	D
华平股份	—	—	—	—	—	—	—	—	—	D	A	D	D
数字政通	—	—	—	—	—	—	—	—	—	D	A	D	D
GQY 视讯	—	—	—	—	—	—	—	—	—	A	A	D	D
数码视讯	—	—	—	—	—	—	—	—	—	A	A	A	A
银之杰	—	—	—	—	—	—	—	—	—	D	D	D	D
易联众	—	—	—	—	—	—	—	—	—	D	D	D	D
高新兴	—	—	—	—	—	—	—	—	—	D	D	D	D
振芯科技	—	—	—	—	—	—	—	—	—	A	A	A	A
乐视网	—	—	—	—	—	—	—	—	—	A	A	A	A
顺网科技	—	—	—	—	—	—	—	—	—	A	A	A	A
大富科技	—	—	—	—	—	—	—	—	—	A	C	C	C
世纪瑞尔	—	—	—	—	—	—	—	—	—	A	A	C	C
迪威视讯	—	—	—	—	—	—	—	—	—	D	D	D	D
万达信息	—	—	—	—	—	—	—	—	—	D	A	D	D
汉得信息	—	—	—	—	—	—	—	—	—	D	A	D	D
中海达	—	—	—	—	—	—	—	—	—	A	A	A	A
捷成股份	—	—	—	—	—	—	—	—	—	A	A	A	A
东软载波	—	—	—	—	—	—	—	—	—	A	C	C	C
美亚柏科	—	—	—	—	—	—	—	—	—	A	C	C	C
天泽信息	—	—	—	—	—	—	—	—	—	—	D	D	D
亿通科技	—	—	—	—	—	—	—	—	—	—	D	D	D
易华录	—	—	—	—	—	—	—	—	—	—	A	C	C
佳讯飞鸿	—	—	—	—	—	—	—	—	—	—	D	D	D
上海钢联	—	—	—	—	—	—	—	—	—	—	D	D	D
拓尔思	—	—	—	—	—	—	—	—	—	—	D	D	D
银信科技	—	—	—	—	—	—	—	—	—	—	D	D	D

续表

企业	2002年	2003年	2004年	2005年	2006年	2007年	2008年	2009年	2010年	2011年	2012年	2013年	2014年
天玑科技	—	—	—	—	—	—	—	—	—	—	A	A	A
新开普	—	—	—	—	—	—	—	—	—	—	A	A	A
初灵信息	—	—	—	—	—	—	—	—	—	—	D	D	D
卫宁软件	—	—	—	—	—	—	—	—	—	—	D	D	D
佳创视讯	—	—	—	—	—	—	—	—	—	—	D	D	D
中威电子	—	—	—	—	—	—	—	—	—	—	A	D	D
华宇软件	—	—	—	—	—	—	—	—	—	—	—	D	D
梅安森	—	—	—	—	—	—	—	—	—	—	A	D	D
海联讯	—	—	—	—	—	—	—	—	—	—	D	D	D
汇冠股份	—	—	—	—	—	—	—	—	—	—	A	A	A
飞利信	—	—	—	—	—	—	—	—	—	—	D	D	D
朗玛信息	—	—	—	—	—	—	—	—	—	—	D	D	D
荣科科技	—	—	—	—	—	—	—	—	—	—	A	A	A
富春通信	—	—	—	—	—	—	—	—	—	—	D	D	D
同有科技	—	—	—	—	—	—	—	—	—	—	D	D	D
歌华有线	—	—	—	—	—	—	—	—	A	A	A	A	A
中国联通	—	—	—	—	—	—	—	—	A	A	A	A	A
青鸟华光	—	—	—	—	—	D	C	D	D	D	D	D	D
中国卫星	—	—	—	B	B	B	A	A	A	A	A	A	A
波导股份	—	—	—	—	—	—	—	—	—	—	—	D	D
大唐电信	—	—	—	—	D	D	C	C	C	C	A	C	C
航天信息	—	—	—	—	A	B	A	A	A	A	A	A	A
大恒科技	—	—	—	—	—	A	A	C	C	C	C	C	C
亿阳信通	—	—	—	—	—	A	A	C	C	C	C	C	C
长江通信	—	—	—	—	—	D	C	C	C	D	A	D	D
国电南瑞	—	—	—	B	B	B	A	A	A	A	A	A	A
华胜天成	—	—	—	—	B	B	A	A	C	C	C	C	C

续表

企业	2002年	2003年	2004年	2005年	2006年	2007年	2008年	2009年	2010年	2011年	2012年	2013年	2014年
金证股份	—	—	—	—	B	D	C	C	D	C	D	C	C
湘邮科技	—	—	—	B	B	B	D	D	D	D	D	D	D
烽火通信	—	—	—	B	B	B	A	A	A	D	A	A	A
中国软件	—	—	—	B	B	D	C	C	C	C	C	C	C
恒生电子	—	—	—	—	B	D	C	C	C	C	C	D	D
用友软件	—	—	—	—	—	B	A	A	C	A	C	A	A
方正科技	—	—	—	B	B	B	A	A	A	A	A	A	A
百视通	—	—	—	—	B	A	A	A	A	A	A	A	A
上海普天	—	—	—	—	—	—	C	C	C	C	C	C	C
东软集团	—	—	—	B	B	B	A	A	C	C	C	C	C
佳都科技	—	—	—	—	—	—	A	A	A	D	D	A	A
浪潮软件	—	—	—	B	B	A	A	C	C	C	C	C	C
中电广通	—	—	—	—	D	D	C	C	C	D	D	D	D
综艺股份	—	—	—	—	—	—	A	A	A	A	A	A	A
南京熊猫	—	—	—	B	B	C	C	C	C	C	A	D	D
东方通信	—	—	—	—	B	D	C	C	C	C	C	C	C
浙大网新	—	—	—	B	B	A	C	C	C	C	C	C	C
鹏博士	—	—	—	—	—	—	A	A	A	A	A	A	A
广电网络	—	—	—	—	—	—	A	A	A	A	A	A	A
宝信软件	—	—	—	—	B	D	A	A	A	A	A	A	A
华东计算	—	—	—	—	—	B	A	A	A	A	A	A	A
四创电子	—	—	—	—	—	B	A	A	A	A	A	A	A
大智慧	—	—	—	—	—	—	—	—	—	—	—	C	C
吉视传媒	—	—	—	—	—	—	—	—	—	—	A	A	A

注：A 代表集聚型商业模式，B 代表猎豹型商业模式，C 代表顾客型商业模式，D 代表贫乏型商业模式，—表示数据缺失或者该年份企业未上市。

后　记

时间过得很快，转眼博士四年的研究和学习生活将要结束了。博士生活是一种体验，也是一个成长的过程，更是一种经历和回忆。此刻，我不知道该如何来表达我的心情，多少语言汇成一句话，就是感谢！感谢我读博期间，导师、同学、家人、朋友的帮助与陪伴、支持与鼓励！

首先，我要感谢我的导师项国鹏教授。项老师严谨的治学态度、宽广的胸怀、对学生无微不至的关怀深深地鼓舞着我。从阅读文献、寻找现有研究不足、论文选题，到文章构思和语言的精练，项老师都不厌其烦地耐心指导我，使我的论文写作水平得到了很大的提升。在项老师的指导下，我基本掌握了独立发现问题、解决问题的能力，使我真正领悟到做学问的真谛。

其次，我要感谢浙江工商大学工商管理学院的范钧老师、吴波老师和余琛老师，他们认真负责且耐心，对我论文的修改和完善提出了很多宝贵的建议。感谢博士生同学黄玮、罗兴武、姚燕云、宁鹏，他们对我论文写作和修改提出了宝贵建议。

再次，我要感谢博士生同学余建平、邱宏亮、林杰、周全、刘波、刘晓、潘建林、惠男男、葛米娜、周广澜、郭飞鹏、周冬梅、刘勇、孙金秀、陈东华等，还有沈栋师兄对我的帮助与支持。感谢研究生师弟、师妹姜水、魏唯、白磊、姚云雷、娄淑珍、项乐毅、欧阳恩松、吴经文、张旭、张志超、王俊、殷加娜、张文满等的帮助与鼓励。感谢李俊锋的支持与鼓励，帮我度过了博士研究生最艰难的时期。

最后，感谢我的家人为我提供默默的支持和无私的帮助，尤其是奶奶、爷爷、姥姥、姥爷对我的关怀与鼓励。上一辈、上上辈人的关心是永远无法报答的。

未来的路还很长，博士研究生毕业，仅仅是拉开了生活的一个帷幕，我将不断努力下去，感谢你们的支持与陪伴！

杨　卓

2022 年 10 月